2022长三角商业创新样本

上海长三角商业创新研究院 著

中国商业出版社

图书在版编目（CIP）数据

2022长三角商业创新样本 / 上海长三角商业创新研究院著. -- 北京 : 中国商业出版社, 2023.9
ISBN 978-7-5208-2609-9

Ⅰ. ①2… Ⅱ. ①上… Ⅲ. ①长江三角洲—商业模式—研究 Ⅳ. ①F727.5

中国国家版本馆CIP数据核字(2023)第164386号

责任编辑：朱丽丽

中国商业出版社出版发行

（www.zgsycb.com 100053 北京广安门内报国寺1号）

总编室：010-63180647 编辑室：010-63033100

发行部：010-83120835/8286

新华书店经销

杭州高腾印务有限公司印刷

*

787毫米×1092毫米 16开 15印张 288千字

2023年9月第1版 2023年9月第1次印刷

定价：188.00元

* * * *

序　言

创新力，作为当今中国经济增长的第一动能，已成为世界看好中国的重要因素。

根据国家统计局的数据，2013年至2021年，中国GDP年均增长6.6%，居世界主要经济体前列，远高于2.6%的同期世界平均增速和3.7%的发展中经济体平均增速。2022年，中国顶住下行压力实现GDP增长3.0%，经济总量达到121万亿元。

近十几年来，中国集中大量社会资源与资金投入到科技创新发展中积蓄培育的创新动能，正发挥着拉动经济增长的关键作用。同时，中国开放包容的经济政策和投资环境，越来越安全、健康的市场规范建设以及由数字科创、工业互联网、生命健康、绿色能源等领域蓬勃生长和实体经济高质量发展带来的机遇，共同驱动并助力着中国创新策源地的建设与发展。

作为活跃的增长极，长三角经济发展为全国稳增长发挥了"压舱石"作用。2018年至2022年间，长三角三省一市年均增速为5.5%，高于同期全国平均增速5.2%。尽管2022年的新冠疫情给长三角尤其是上海经济带来了巨大的影响，国际市场波动也造成产业链及供应链屡屡承压，但主要经济数据环比不断上升，进出口依旧表现强势，固定资产投资持续发力，消费市场逐步回暖，展现出韧性和活力。

党的二十大报告提出：坚持创新在我国现代化建设全局中的核心地位。无论是把握发展的时与势，有效应对前进道路上的重大挑战，还是提高发展的安全性，都把发展基点放在创新上。牢牢把握国际经济形势变化、在国家政策扶持下一路成长的企业，依靠不断生长的创新力量，紧跟甚至引领全球创新节奏，奋力实现着基础研究和原始创新的突破以及核心技术的自主可控，努力在数字经济、新能源等新兴产业方面加强全球创新资源的调配及建设能力，增强抵御风险的能力，构筑全球竞争优势，与世界同行。但是全球经济的不确定性带来的出口放缓、因新冠疫情带来的内需市场疲软，也给企业带来了新的挑战。幸而，投资跟上了变化和需求，成了不可或缺的动力，尤其在长三角地区的制造业领域、绿色发展之路上扮演着"挑大梁"的角色，坚定了信心。

"安危不贰其志，险易不革其心。"历史证明，越是困难时刻，越要坚定信心。样本团队初心不移，压力之下，反而再一次刷新了初选样本的纪录，达到了70多家。不仅数量扩容，选样领域也更加多元。我们一如既往地寻找那些心怀使命与梦想、兢兢业业助力实体经济发展、针对性补上我国产业链、供应链短板弱项，高水平开放、高质量发展的代表性企业和创新力量。

和往年一样，2022年度选样指标依旧关注自主创新能力、产业价值生态、战略领先、组织创新和人才战略等，但也有了新变化、新特征。我们首次增加了金融服务领域企业的甄选——经过不断深化改革，金融机构实力大大增强，尤其近年来采取的一系列创新举措，让更多资金投向科技创新、制造业转型升级及绿色发展，并取得了重要的阶段性成果。本年度择取的交银金租、东吴证券在创新支持实体经济发展、助力科技创新上积极作为，实现了自身的特色化、专业化建设，是时代需要的多元化金融服务发展与创新的样本。武田中国、安旭生物、世和基因等作为罕见病、体外诊断、精准诊疗等领域的佼佼者，持续不懈地提升研发、生产制造和服务水平，以新的发展范式惠及更多人群。此外，合合信息作为数字商业服务的领先者，是人工智能赛道为数不多已实现盈利的公司，通过人工智能技术链接全球市场资源，共享资源创新成果，已布局服务了百余家金融、制造等领域的世界500强企业，引领搭建全球智能文字产业新生态；制造业代表横店东磁和莱克电气，已是各自赛道上的出海领军者，坚持长期主义价值，主动变革，聚焦绿色智造升级，构建新增长曲线；解决“卡脖子”难题并实现全球领先的科百特，服务于全球产业巨头，积极助力生物医药、半导体等先进集群发展。

面对重重挑战，它们守正创新，逆势而上，以优秀的成绩，印证着对全球发展的洞察能力、中国市场的信心、企业组织蓬勃的生命力、创新的推动力，展现了独有的企业特质。

一、洞察市场，主动变革，积极拥抱不确定性，构建协同创新生态

中国有世界规模最大的中等收入群体，2021年人均国内生产总值突破1.2万美元，是全球最具成长性的超大规模消费市场。并且，具备了发达市场的稳定与高质量，又有新兴市场快速增长的潜力。尤其新时期，先进制造业与生产性服务业加速融合，数字科创、绿色低碳、生命健康等领域的快速成长，使得中国进入消费升级、模式创新的快车道，迎来新发展格局。

洞察市场，战略先行，引领变革，依托协同创新和生态系统创新，推动组织向长期价值贡献的方向改革，实现在不确定性中对确定性的把握，为市场的可持续发展不断注入活力，成了考验企业的重要内容。

不满足于磁材龙头地位的横店东磁，2009年即看准绿色能源市场，布局光伏构建新增长极，并平移战略优势，加大项目投资、加强技术创新等，提升各产业板块综合竞争力，让企业稳健面对产业周期波动挑战，高质量发展。

交银金租全力推进二次创业和转型发展，培育并发力新科技、新能源等新赛道，进一步凸显"融物特色"，增加"绿色属性"，提升"科技含量"，为建设中国式现代化贡献力量。

洞察市场需求的莱克电气，以电机为核心实现从ODM到OBM跨越式发展。2015年投入大量资金和资源进军核心零部件并推进"智改数转"，成为苏州的一张名片，并变革创建消费品业务和核心零部件业务协同发展的生态化经营模式，实现企业持续发展。

东吴证券全面对接注册制改革，发挥差异化领先优势，提供全生命周期金融服务，助力长三角城市发展，服务国家战略；同时积极向"数字化智能券商"全面转型，赋能组织与业务，实现自身快速成长。

合合信息洞悉数字化转型的全球趋势，早早将技术在一个个场景中落地应用，通过商务场景搭建、征信认证、商业信息化服务等，构建了数字世界的商业生态，赋能全球现代服务业。

科百特认准全球经济进入供应链时代，提前布局构建包括核心膜研发生产在内的完整过滤分离产业链，固化"研产用"一体，让企业自主可控调配资源，近五年来跑出了年均复合增长率超过30%的加速度，进入全球第一梯队，焕新中国"膜力"。

世和基因积极与国内外巨头展开多元合作与深度探索，携手打造以创新和价值为核心的个体化医疗体系，为患者提供更加精准的医疗解决方案；安旭生物正形成从上游核心生物原料到诊断试剂、仪器的产业链一体化布局，同时不断优化产业链和供应链，构建生命健康产业生态；武田中国积极开拓外部创新，探究引入最具创新潜力的药物研发及模式，通过创新孵化器TakedaSpark等模式链接各方伙伴，共建创新生态圈。

恒者行远，思者常新。李强总理在2023年7月6日召开的经济形势专家座谈会上表示，要注重把握转型的"窗口期"，围绕高质量发展这一首要任务，聚焦现代化产业体系建设、全国统一大市场建设、区域协调发展等，在转方式、调结构、增动能上下更大功夫。在新征程上，用创新的方法拥抱不确定性，用组织建设转变、对抗不利因素，让事情往好的方向发展，考验着企业家的智慧和洞察能力，同时也考验着企业的组织力、文化力——在可以预见和难以预见的惊涛骇浪中，做好自己的事，才能协同更多的力量共创未来。

二、积极助力中国创新策源地建设，科创驱动，自立自强，掌握发展主动权

加快构建新发展格局，推动高质量发展，加快实现科技自立自强，我们就一定能够不断提高我国发展的竞争力和持续力，在日趋激烈的国际竞争中把握主动、赢得未来。党的二十大报告更是将科技创新的战略意义提升到新的高度。

莱克电气拥有业内最强的研发人才和独有的创新研发理论体系，并将“提升质量标准品牌意识”作为重点工作第一项，使得产品“心脏”——电机的技术和质量一直处于世界领先水平，并以诸多“首创”奠定了行业领先地位，成为中国创造在全球市场的新标杆。

横店东磁建立的研究院、事业部技术开发部、工厂技术科“三级协同创新”研发模式，让创新贯穿于每一个环节。企业近百个产品技术达到国际领先或国际先进水平，多项技术和产品填补了行业空白，打破了国外垄断，为企业发展注入点“磁”成金力量，助力新能源赛道的快速成长，成为全球首批获得低碳认证的光伏组件制造企业，位列彭博全球光伏组件制造商第一梯队。

科百特将自主创新贯穿到了从研发到生产、从原料筛选到加工至成品的全链中，技术持续迭代，累计已开发出了十多种独一无二的核心材料，研发出产品近2万款，让中国自主创新的过滤产品全面参与全球战略性新兴产业集群的建设。

合合信息专注智能文字识别16年，将技术做到了世界领先水平，支持超过50种复杂语言的识别，为全球化、多语言背景下的信息智能识别提供了技术支撑，是业内少有的在人工智能、大数据两个领域均具有行业领先的核心自主研发技术的科技企业。

安旭生物和世和基因始终聚焦精准医疗，以突破性的技术和技术布局实现行业领先，并让技术从实验室走向生活，助力健康中国建设；武田参与中国发展30年，让全球最具创新性的药物、突破性疗法等以超预期的速度进入中国市场，让创新成果惠及中国患者。2020年启动的“全球链接”人力项目，计划五年实现100位关键人才的跨国输出和输入，让武田中国成为公司未来的创新之源。

交银金租和东吴证券作为金融“活水”，自我创新亦助力创新。它们突出产融，精准发力，通过诸多行业“首单”“首次”，主动参与国际市场竞争和行业规则制定，探索金融创新服务实体经济的路径和方式，全力服务实体经济高质量发展。

打造创新策源地，关键在于强化自主创新能力建设、打造人才自主培养体系、培育世界一流企业梯队、优化融合产业生态，等等。全力做强创新引擎的企业家们勇蹚激流，兼程并进，以只争朝夕的使命感、责任感、紧迫感，吸纳人才，强化组织筋骨，抢抓全球科

技发展先机。在基础前沿领域奋勇争先，努力在原始创新上取得新突破，在重要领域实现跨越发展，推动核心技术自主可控，掌握发展主动权。

三、高水平开放，面向两个市场输出实力，重塑新优势，再造新动能

2022年，开放推动中国高质量发展稳步前行。

今天的中国，已是140多个国家和地区的主要贸易伙伴，吸收外资和对外投资居世界前列，中国出口对世界出口的贡献度稳居首位。我国实行更加积极主动的开放战略，构建面向全球的高标准自由贸易区网络。习近平总书记在中国国际进口博览会上指出：下一步，中国将秉持开放、合作、团结、共赢的信念，坚定不移全面扩大开放，将更有效率地实现内外市场联通、要素资源共享，让中国市场成为世界的市场、共享的市场、大家的市场，为国际社会注入更多正能量。

科百特是全球目前仅有的具备全产业链研发生产制造能力的三家企业之一，产品远销全球106个国家，为两万余家客户提供服务。同时，全力推进客户市场全球化、研发制造全球化以及投资并购全球化建设的战略，成长为全球最优秀的过滤企业。

安旭生物积极部署国际、国内营销网络，近三年来POCT试剂产能利用率超过97%，非新冠产品业务预期每年稳定增长，产品销往150多个国家和地区，成为行业领军者。通过丰富的产品线及不断完善的产品解决方案，企业正逐步打造体外诊断行业的全新时代。

莱克电气早已是全球清洁行业名副其实的冠军，产品遍布全球100多个国家和地区，进入全球零售终端超万家。同时，瞄准绿色发展、新能源赛道并结合自身优势布局构建的核心零部件业务，连续两年同比增长超过100%，成为引领行业高质量发展的又一擎动力。

横店东磁将磁性材料在欧洲市场长期深耕构建的网络和体系，赋能于新增长极——光伏和锂电赛道，境外业务营业收入占比逐年上升且增速更快；面向两个市场的超前布局，成绩斐然，成果显著。

交银金租积极践行着“头部金租”的使命担当，创新研发与细分行业、客户经营特征相匹配的产品创新体系，以“中国制造+中国金融+中国管理”的一体化方案打造中国金融租赁服务的新模式，以金融之力促产业之新，助力中国高端制造的全球崛起。同样将金融服务触角延伸到全球的还有东吴证券，抢抓沪苏同城化机遇、服务国内大循环，以专业的能力、优质的服务模式和解决方案，为中国企业的全球化进程助力。

合合信息为实现技术真正有用、真正好用，进行“智能文字识别+商业大数据”双轮驱动的创新模式探索，是少数国内、国际市场同时布局且均取得了规模化用户和产值的企业。同时，其C端产品已经覆盖了全球百余个国家和地区的亿级用户，为全球客户提供更

高效、更智能的服务。世和基因作为中国肿瘤精准医学领域的倡行者，以核心技术与中国市场的经验禀赋双重优势，探索健康服务方案，积极为中国以及全球肿瘤患者提供更好的精准检测产品。

面向两个市场，意味着更高水平的发展、更高水平的对外开放。改革开放以来，中国经济以年均9.5%的高速度持续增长40余年，创造了世界范围内经济增长的奇迹。经济全球化的历史经验表明，全球经济出现新态势，就会有更多要素资源在全球范围内重构和重塑，这也为“好的国家和企业”加快发展带来了全新的机遇。全面参与全球竞争与建设的中国企业，在新变化情势下紧紧围绕核心动能，既用好全球市场和资源发展自己，调整创新资源和产品，重塑新优势，再造新动能，又开辟着全球战略新航道，推动世界共同发展。

国家主席习近平在二〇二三年新年贺词中表示：今天的中国，是充满生机活力的中国。2023年，全球主要经济体促进增长的宏观政策、全球产业链的恢复、数字经济等新经济模式的发展、全球国际合作的推进等，为世界经济逐步回归低速增长的轨道酝酿动力。2022年度的样本，让我们看到中国建设现代产业体系的决心与迈出的坚实步伐，中国企业精心运营和矢志创新地践行，珍视团结与合作，期盼全球市场贯通、产业链供应链安全稳定的强烈呼吁。同时，我们也看到了企业家精神与全球治理理念有机融合后带来的珍贵成果正在惠及更多的群体。中国经济实力、科技实力、综合国力显著增强，产业链、供应链、创新链稳定落实，发展的平衡性、协调性、包容性持续提高，必将继续引领全球经济的发展。

上海长三角商业创新研究院

《2022长三角商业创新样本》执委会

2023年7月

目　录

第一章

全球化赋能，让世界更高效

——上海合合信息科技股份有限公司

- **楔子：**直上青天揽星辰
- **企业概况：**领先的人工智能及大数据科技企业
- **创新解读：**

  第一节　时代之上，浪潮之中

  第二节　化数为能，构建数智创新新生态

  第三节　坚守本心，赋能全球
- **企业家专访：**重塑数智商业价值
- **专家点评：**为数字社会构建注入强劲动力

楔 子

直上青天揽星辰

文字是人类理解世界的基石，让机器读懂文字，是机器理解人类的开始，也是实现人工智能的重要基础。

合合信息成立十余年来，坚持自主研发与技术积累，将智能识别技术做到了世界领先水平，让机器读懂名片、读懂票据、读懂合同、读懂文档、读懂文言文，让纸质文本转化为二进制的信息，同时洞察用户需求，将技术在一个个场景中落地应用，描绘出现实管理世界的在线版本，通过商务场景搭建、征信认证、商业信息化服务等，构建了数字世界的商业生态，为数字经济奠基。

当技术做到尖端，技术真正有用、真正好用，商业化道路便水到渠成。合合信息真正做成每个人手边的应用，产品线的丰富多样、海外用户的亿级涌入、业务数据的指数级增长，帮助全球客户提升效率，解决管理难题。合合信息“智能文字识别+商业大数据”双轮驱动的模式，是行业内少有的在人工智能、大数据两个领域均具有行业领先的核心自主研发技术的科技企业；也是行业内少有的在C端产品与B端服务同时拥有完善布局矩阵的企业；更是行业内少有的在国内、国际市场同时布局且均取得了规模化用户和产值的企业，并成功连续数年实现规模化盈利。

直上青天揽星辰，星光熠熠照九州。我们正处于巨变的开端，人类有一个难能可贵的机会去打造未来。合合信息的创新实践契合数字中国高质量发展战略，用技术帮助世界更高效，同时为赋能百业的落地成果提供了新的案例和示范。它以对技术的孜孜追求、对数据的敬畏、对数字世界的无限想象，勾勒着数字商业服务新生态的轮廓与疆域，成长为数字信用创新的服务商、数字化建设的赋能者。

企业概况

领先的人工智能及大数据科技企业

上海合合信息科技股份有限公司（以下简称合合信息）成立于2006年，是行业领先的人工智能及大数据科技企业，致力于通过智能文字识别及商业大数据领域的核心技术、创新产品以及行业解决方案为全球企业和个人用户提供数字化、智能化服务。

自成立以来，企业业务发展迅速，备受政府与行业的关注，早在2012年即被谷歌评为“全球顶尖开发者（Google Play Top Developer）”。2013—2021年，企业连续9年被上海市经济和信息化委员会授予上海市专精特新中小企业资质。此外还荣获上海市“科技‘小巨人’企业”称号。

此外，企业的特色产品也在相应领域获得行业的认可——名片全能王、扫描全能王和启信宝三款App连续在2017年、2018年、2019年、2020年及2021年上半年入围《互联网周刊》、eNet研究院共同评选的年度高效办公App排行榜TOP10；2016年，名片全能王荣获第四届中国手机设计大赛的“2016中国手机应用天鹅奖”；2020年，扫描全能王荣获第八届中国手机设计大赛的天鹅奖单项奖“2020年度最佳手机应用App奖”；2022年度，启信宝获得上海大数据交易中心主办的全球数商大会颁发的“年度数据产品奖”。

一、数字信用创新服务商

在大数据创新开发过程中，合合信息积极响应国家发展第三方大数据服务产业、推进全社会信用体系的建设，将大数据与实体经济深度融合发展，在开发信用大数据服务业务上，凭借其核心技术水平和服务能力的积累寻求差异化发展，并形成了特色的产品与服务体系，其自主研发的一系列信用评价模型，已广泛应用于融资、授信、商务合作、公共服务等业务领域。

基于大数据挖掘、知识图谱、NLP技术，合合信息开发了启信宝App和启信慧眼等企业级产品，以及可服务于多种行业、多类型企业客户的商业大数据智能解决方案。企业为客户提供的核心价值是利用大数据和AI技术对多维度的商业大数据进行分析处理，将海量的商业数据转化成具有业务价值的信息，搭建知识和智能模型，驱动C端和B端客户的业务决策，提供风险管理、供应链管理、智能营销等服务价值。

启信宝是一款企业商业信息查询App，主要受众为泛金融、泛法务、泛商务、政务等行业的职场用户，为用户提供企业查询、商业尽调、风险管理、智能营销、企业服务等场景下的数据服务。商业大数据B端服务分为基础数据服务、标准化产品、场景化解决方案三种形态，应用场景广泛，已在银行、证券、保险、供应链金融、政府、制造、地产、物流等多个行业均实现广泛应用，满足合作企业改善风控、高效获客等业务痛点。

启信宝App使用场景介绍

此外，合合信息深入产业链研究，发布启信产业链数据库、企业科创能力评分等助力城市治理，协助进行区域经济运行监测、数字化精准招商、企业全生命周期管理，为产业数智化进程保驾护航。

基于领先的核心技术、对行业的深刻理解以及强大的技术落地能力，合合信息已成为独具优势的数字信用创新服务商。

二、全球智能文字识别行业龙头

合合信息从智能文字识别领域切入，致力于解决人类文字信息的机器理解难题。

企业自2006年成立起就将文字识别、图像处理作为核心研发方向，在智能文字识别领域已拥有超过10年的研发经验及技术积累。

合合信息当前拥有核心技术的发明专利过百项。智能文字识别方面的专利主要包括用于嵌入式设备的高性能低存储的文字检测和识别技术、基于深度学习的多语言文字检测和识别技术、手写文字检测和识别技术、智能图像去模糊及增强处理技术、基于视频的文档图像自动检测技术、超大规模知识图谱推理与挖掘技术、基于NLP的文档关键信息抽取与结构化技术等，在智能文字识别技术领域处于世界领先地位。

基于自主研发的智能文字识别核心技术，合合信息2009年推出名片全能王（智能名片及人脉管理App），2010年推出扫描全能王（智能扫描及文字识别App），截至2021年3月末，在App Store与Google Play应用市场的全球用户首次下载量累计超过6亿，2021年3月的月活合计超1亿。根据App Annie数据，截至2021年3月31日，扫描全能王在App Store 120个国家和地区（含中国）的效率类免费应用下载量排行榜位列第一，名片全能王在App Store 46个国家和地区（含中国）的商务类免费应用下载量排行榜位列第一。此外，从智能文字识别技术引擎出发，面向B端客户，企业形成了包括基础技术服务、标准化服务和场景化解决方案的业务矩阵，满足客户降本增效需求。

未来，企业将坚持对底层技术高水平的持续研发投入，加大人才培养力度，探索行业创新领域，同时通过技术创新及经验积累，以做精做深、服务为上的心态，为个人和企业用户提供“真有用、真好用”的产品和服务。与时代发展“合合”，与用户、与行业伙伴“合合”，共同建设数字经济时代管理新生态。

创新解读

第一节 时代之上，浪潮之中

当前全球人工智能及大数据的技术和产品呈现日新月异的发展，新技术、新产品、新模式的更迭速度非常快，人工智能（AI）与大数据均已呈现协同发展的新态势。智能文字识别是AI领域的一个重要分支，该技术融合了智能图像处理、基于深度学习的复杂场景文字识别、自然语言处理（NLP）等多项AI技术，具备更多认知与理解能力，可适应多语言、多版式、多样式等复杂场景，并可应用到多个商业化场景中，例如票据分类、证照票据结构化、合同关键信息抽取、智能审核等。

AI与大数据两者相辅相成，相互促进，共同推动技术应用落地。一方面，以深度学习为代表的AI算法的设计和优化需要由海量的高质量数据驱动，而大数据行业在进行数据采集、处理、分析时所获得的各行各业的海量数据恰巧能为更高级的AI算法提供素材；另一方面，AI的出现也让大数据分析变得更具预测性与规范性，同时AI模型可实现更高效、深层的数据挖掘。

2020年4月，国家发展和改革委员会首次将人工智能与数据中心明确为新基建建设的方向之一，从政策端加大建设投入，加速人工智能与大数据在各行各业的产业化应用。未来的新经济发展需要大数据、云计算、人工智能等新技术与实体经济融合，催生经济发展的新模式、新内容、新场景、新应用。

一、万亿可期的“黄金赛道”

近年来，我国关于数字化转型政策利好消息不断，建设数字经济成为“十四五”发展的重要目标，通过数字化转型整体驱动生产方式、生活方式和治理方式变革。人工智能（AI）和数字经济（Digital Economy）的结合已经成为当今商业和技术领域的重要趋势。AI技术在数字经济中扮演着关键角色，能够帮助公司处理和分析大量的数据、优化业务流程、提高效率、改善用户体验等。在AI和数字经济的结合方面，AI需要大量的数据来进行训练和学习，因此大量公司需要深度挖掘自身的数据资产的价值，并将其充分利用起来。该类市场的需求正伴随着AI技术的不断提升而得以释放，譬如AI技术可以帮助公司更好地理解和洞察用户的需求，从而提供更优质的产品和服务。

随着国家政策的倾斜和5G等相关基础技术的发展，中国人工智能产业在各方的共同推动下进入爆发式增长阶段，市场发展潜力巨大。艾瑞咨询的数据显示，2020年中国人工智能核心产业规模就已达1500亿元，2022年达到1958亿元，预计在2025年将达到4000亿元，2027年整体规模可达6000多亿元，未来有望发展为全球最大的人工智能市场。

与此同时，伴随着人工智能内容自动生成技术（AIGC）近期跳跃式发展（AIGC代表着AI技术从感知、理解世界到生成、创造世界的跃迁），正推动人工智能迎来智能创作时代。AIGC的商业化应用将快速成熟，市场规模会迅速壮大。当前AIGC已率先在传媒、电商、影视、娱乐等数字化程度高、内容需求丰富的行业取得重大发展，市场潜力逐渐显现。据东吴证券预计：2030年AIGC市场规模将超过万亿元人民币，AIGC在各行各业的应用场景快速落地，高应用价值下AIGC有望成为数字内容创新发展的新引擎，为数字经济发展注入全新动能。

随着企业与政府数字化、信息化与智能化需求的不断提高，将持续推动人工智能技术服务行业的发展。内驱力上，市场每年能保持20%左右的新增细分应用场景的挖掘；外驱力上，国家大力推动数字经济发展。从企业端来看，数字化技术商业化落地是实现企业数字化转型的必经之路；从个人用户端来看，用户对于个人数字资产管理意识和需求不断增加，新增细分应用场景和数字经济发展内外驱动力为人工智能带来稳定的市场增长动能。

二、数字中国按下“加速键”

随着近年物联网等技术的快速发展，大数据以爆炸方式增长。自2016年起，国家出台《大数据产业发展规划》《新一代人工智能发展规划》等政策大力发展数字经济，2021年3月，“加快数字化发展、建设数字中国”成为我国“十四五”纲要中的重要章节。纲要提出“加强关键数字技术创新应用、加快推动数字产业化、推进产业数字化转型”的要求，还提出了“加快建设数字经济、数字社会、数字政府，以数字化转型整体驱动生产方式、生活方式和治理方式变革”的目标。数字经济是继农业经济、工业经济之后的主要经济形态，是以数据资源为关键因素，以现代信息网络为主要载体，以信息通信技术融合应用、全要素数字化转型为重要推动力，促进公平与效率更加统一的新经济形态。建设数字中国是数字时代推进中国式现代化的重要引擎，是构筑国家竞争新优势的有力支撑。尤其是加快建设数字信息基础设施，推动数字经济和实体经济融合发展，赋能传统产业转型升级，催生新产业新业态新模式，不断做强做优做大我国数字经济，已成为新时代经济社会发展的重要指南。在这样的趋势下，打造数字经济新优势，加强数据基础设施建设，发挥海量数据和丰富应用场景优势，挖掘数据价值创造功能，促进数字经济与实体经济深度融合成为重要的内涵——以数据赋能企业实现价值创造为着力点，大数据赋能传统产业转型升级，打破时空限制、延伸产业链和重构价值创造模式，已成为把握新一轮科技革命和产业变革新机遇、推动经济高质量发展的战略选择。

《数字中国建设整体布局规划》将数字中国建设工作情况作为对有关党政领导干部考核评价的参考，并提出要保障资金投入，创新资金扶持方式，加强对各类资金的统筹引导，发挥国家产融合作平台等作用，引导金融资源支持数字化发展，鼓励引导资本规范参与数字中国建设，构建社会资本有效参与的投融资体系。

中国信息通信研究院发布的《中国数字经济发展报告（2022年）》披露，2021年中国数字经济规模达到45.5万亿元，占GDP比重达39.8%，较2016年提升9.5%。中国信息通信研究院预计到2025年我国数字经济规模将超60万亿元。数字经济政策催化新型智慧城市项目进一步发展。

大数据是数字化时代的新型战略资源，是驱动创新的重要因素，正在改变人类的生产和生活方式。受到大数据技术不断成熟、各地数字经济建设项目的开展、物联网终端的大规模落地等因素驱动，中国的数据量呈爆炸式增长，带动大数据服务市场快速增长。

其中，商业大数据行业的核心技术是知识图谱、NLP、智能分析挖掘等技术，是大数据产业中快速发展的细分行业之一，通过挖掘商业大数据得到的知识驱动个人用户与企业客户的智能决策，同时也助力客户实现业务在线化、数字化和智能化。

第二节　化数为能，构建数智创新新生态

潜精研思，合合信息聚焦人工智能领域，持续投入研发，实现技术全球领先；落地为王，合合信息从文字识别细小的需求点出发，不断挖掘和完善满足需求的整个链条，坚持做“真有用、真好用”的产品，C端和B端产品服务全球；化数为能，合合信息凭借“AI+大数据”技术，搭建“全球最高效的商业平台”，形成数智创新服务新生态，利用高效智能的服务平台，加速数字流转提升效率，成为中国数字化难题的破局者。

一、深耕主业，坚定AI+大数据赛道

近年来，人工智能技术与实体经济深度融合，应用场景不断增多，行业赛道十分火热，新技术、高估值、大额融资屡见不鲜。合合信息深知，人工智能和大数据是国际竞争的重点领域，也是抢占未来发展制高点的关键领域，必须坚守。

在与行业同行的路上，合合信息也曾面临诸多选择和诱惑。2014年前后，魔漫、脸萌等图像类App一夜爆红，火遍朋友圈。彼时，在图像处理领域深耕多年、拥有全球领先技术的合合信息在其内部实验室里，也完成了一款技术有相当竞争力的图像产品。然而，合合信息董事长镇立新最后还是没有选择将这款产品推向市场，而是再三坚定了企业业务的专注点：创业公司要集中资源，不能见异思迁，只有坚持与专注才能走得更远。他说："我们做产品很纯粹，就是给用户提供一个好用的工具。"

深耕AI算法的企业比比皆是，大数据公司也不少，但很早在AI+大数据双赛道占位，且后劲越发强劲的企业并不多。合合信息成为业内少数持AI和大数据技术双刀的企业，从一线业务的磨砺中，打造出后来者难以弯道超车的核心竞争力。

合合信息坚持在人工智能及大数据科技领域持续进行创新，提高人工智能及大数据科技行业在全球的技术竞争力，赋能各行各业实现数字化与智能化转型，尤其在针对各行各业客户数字化的转型痛点上，深入研究，开发、挖掘产品应用，强化及提升不同场景下的应用价值，直接有效提升AI+大数据在效能上的赋能。在AI领域，合合信息专注于解决文字信息的机器理解难题，帮助客户在各种复杂的场景中将非结构化的文档图像转化为结构化的文档数据，实现分析决策；在商业大数据领域，企业利用大数据和AI技术将海量的商业数据转化成具有业务价值的信息，搭建知识和智能模型，提供风险管理、供应链管理、智能营销等服务价值。同时，企业进一步提升B端与C端业务之间的协同性，在研发方面将B端业务积累的对不同行业的理解，继续运用在C端业务更多垂直场景的开发中，为用户打造更有价值的产品体验。

以扫描全能王为例，拿起手机拍照，即可将纸质资料保存成为电子文档，极致体验背后的技术并不简单，要考虑到光线强弱，要去除杂乱背景，要考虑纸张折叠、褶皱、弯曲、厚度，要识别多种语言。合合信息持续钻研的图像增强、文字检测、OCR文字识别、名片语义理解等十几项技术，保证了扫描的准确性。而且经过多年升级进化，扫描全能王更加全能，除了可以帮助学生一键还原空白试卷，单独将错题进行拼接，还可以智能擦除——对图像中的手写字体、笔头、电脑电视屏幕拍照的摩尔纹进行一键去除；同时还能进行照片高清修复，还原老照片；甚至可以对甲骨文、钟鼎文、古彝文进行学习和识别；等等。

合合信息智能文字识别技术识别钟鼎文

在智能文字识别领域B端市场，合合信息针对下游多种行业客户对证照、合同、票据、报表等各类文档的分类、录入、校对、解析等人工环节流程的数字化转型需求，在近30个行业实现商业化落地。此外，企业推出的TextIn智能文字识别产品，支持纸质文档电子化、办公文档/报表识别、教育类文本识别、快递面单识别、多种卡证、票据、报表高精准度识别等，可广泛应用于企业报销、用户管理、身份认证、快速录入等多种场景。据《互联网周刊》报道，太平洋保险在接入合合信息的AI+OCR智能解决方案后，最大限度简化了客户投保、承保流程。如客户在填写保单或申请理赔时，身份证、银行卡等个人信息均实现了自动填写，无须客户多次手动输入。合合信息研发的基于深度学习的OCR识别技术还帮助太平洋保险实现了全流程自动保全及理赔，节省了公司57%以上的人力成本。

此外，在智能数字身份认证风控领域，合合信息也大胆创新，利用在文字识别、文档管理等场景的技术和经验，借助腾讯云在云服务和海外市场服务的积累与优势，高效精准解决文档中各类语言、各类版式带来的审核效率问题，推动行业实现国际业务数字化、自动化的合规经营。以身份核验场景为例，某全球知名旅游业上市公司开发了一个在线应用App，涉及的第一个风险控制环节就是对用户证件信息的核验。在引入智能数字身份认证风控方案后，通过对港澳通行证、中国香港身份证、中国澳门身份证、菲律宾驾驶证、塞浦路斯身份证等多个国家和地区的不同版式证照进行识别，改变了原来的纸质文件登记作业模式，只需三秒即可完成——不仅大大缩短信息登记与核验时间，准确率高达99%以上，而且游客可在App上随时随地进行自助服务，大大强化了服务体验。

商业大数据是大数据产业的重要领域，将企业的各类原始数据采集、清洗之后加工形成结构化信息，将信息在深度挖掘后变为知识，知识再通过建模分析构建出智能数据资产，充分挖掘数据背后蕴藏的价值，提供风险预警、信用评价、供应链管理等附加价值。合合信息的商业大数据C端产品——启信宝就是在此价值理念的基础上，构建了数据的“三化”，即“资源化”“产品化”和“价值化”。

启信宝大数据实现了数据资源化——数据可“查”。启信宝汇集境内2.3亿家企业等机构信息，超过1000亿条实时动态企业大数据，覆盖过千数据维度。除了接入传统的工商、司法、知识产权数据外，启信宝数据库还与产品服务，产业园区，招投标及新闻舆情等行业数据资源融合应用，实现对企业的全景观测。

启信宝大数据形成海量数据产品化——数据可“用”。启信慧眼，基于合合信息商业大数据平台，结合人工智能技术，融合多种细分业务场景如绿色信贷、乡村振兴、关系排查、企业监控、应收账款风控、供应链监控等，打造标准化SAAS云平台，覆盖“拓客—尽调—风控—管理”，为企业客户实现商业调查、风控管理、营销拓客等多场景数字化管理，帮助企业快速智能地发展业务、管控风险。如在银行数字化转型和拓客场景中，启信慧眼推出了涵盖科创企业，制造业单项冠军、隐形冠军、服务型制造示范企业、雏鹰企业在内的超过20种科技认定企业库。通过使用科技企业、绿色企业名单挖掘功能，某股份制商业银行总行一年内累计从启信慧眼专题企业库中提取超过300万条营销名单，助力其2021年度绿色信贷增速120%。

启信宝大数据让数据资源价值化——数据可“信”。启信宝率先在业内创立了基于人工智能技术的可信的评估标准——启信分，完善企业信用评估体系。启信宝根据通过资本背景、经营质量、知识产权、风险情况、成长性和企业规模等多个维度的指标来计算企业的信用、实力或者风险，从而进行打分。启信宝还发布企业科创指数、《中国商务信用发展指数报告（2022）》、描绘产业地图等，促进数字产业化和产业数字化协同成长。2020年，启信宝获得上海大数据联盟颁发的“数字赋能先锋奖”。2022年，启信宝亮相全球数商大会，其数据产品“企势数达”斩获年度数据产品奖。

作为“人工智能+大数据”双领域落地应用实干先锋，合合信息始终坚持以产品创造价值的理念，在AI+大数据的赛道上坚持不懈地耕耘，为提升整体效率和水平构建创新生态，赋能世界。“不管是个人还是企业产品或者是解决方案，我们始终专注在‘效率’两个字上，此外做产品要会看市场趋势，要有持续的感知和预判。当然，优秀的产品经理和技术人员也是不可或缺的重要因素。”合合信息董事长镇立新表示。

启信宝数据产品“企势数达”获年度数据产品奖

二、锚定自主研发，技术创新加持

从2006年开始，全球人工智能进入了加速发展的新阶段，数字经济是全球发展的新趋势，核心抓好大数据、云计算、人工智能等新一代技术与产业的深度融合，形成自主创新，突破核心技术，关键技术做到自主可控，全面推进产业转型升级，实现高质量发展，加快建设科技强国。由于国家战略层面的高度重视以及中国本土企业的努力，中国已经成为全球人工智能领域的重要参与者。

技术是AI企业的根基，合合信息持续进行高强度的投入并取得了可观的成就。在底层技术方面，持续进行高水平的研发投入，同时通过技术创新及经验积累，继续保持复杂场景文字识别、智能图像处理、大数据挖掘、知识图谱、自然语言处理等核心技术在行业中的领先水平。企业自设立以来在智能文字识别、商业大数据等领域不断深耕，目前已经形成全方位、多层次、相交融的技术储备格局。

截至2022年12月31日，合合信息及其控股子公司已取得发明专利授权合计117项，其中境内发明专利授权78项，境外发明专利授权39项。同时，企业将核心技术的发明专利进行全球布局，已经覆盖美国、欧洲、日本、韩国等全球主要经济体。此外，合合信息积极参与各类国际会议、竞赛，锤炼技术能力——在2019年的国际文档分析识别大会（ICDAR）及2020年国际模式识别旗舰会议（ICPR）中，合合信息研发团队与百度、华为、上海交大、联想研究院、韩国互联网集团LINE旗下的Clova AI、美国财税软件集团Intuit、德国罗斯托克大学的CITlab、阿联酋的国家级人工智能研究院IIAI（Inception Institute of Artificial Intelligence）、日本的人文开放数据中心等知名企业、科研机构同台竞争并夺得冠军。2019年公司入选上海大数据联盟副理事长单位，荣获《财经界》杂志颁发的“中国人工智能与金融大数据领军企业”称号；2020年被上海市经济和信息化委员会列入2020年度上海市大数据服务供应商推荐目录；2021年企业牵头与华南理工大学共同完成的“复杂场景文档图像识别与理解关键技术及应用”荣获2021年度中国图像图形学学会科技进步奖二等奖。

合合信息参赛队伍获第三届CSIG图像图形技术挑战赛决赛冠军

合合信息技术的不断突破，离不开稳定的技术研发人员、高强度的研发投入和技术水平以及拥有一个独有的创新研发机制。在合合信息内部，有一个专注于人工智能和商业领域的新技术新趋势研究的R&D实验室。“合合信息的研发聚焦于领先三年以上的技术，更前沿的技术我们和高校一起合作研究。”镇立新董事长表示。同时，合合信息内部研发组织高效运营，“我们基于对行业、技术的理解选取可行性研究方向，根据方向特性选出几个研发人员形成虚拟小组，快速地做几个核心算法，验证想法是否可行，算法确定下来之后就快速立项”。

为此，企业内部设立智能创新事业部，负责核心技术研发创新。而产品创新则由各事业部进行，各事业部汇集了销售、产品设计、客服、行业专家等各职能人才，多视角洞察用户需求，不断优化产品，帮助用户解决实际问题。

与此同时，企业建立了完善的研发管理体系，建立了以产品为中心、以底层技术为支撑的研发机制。基于现有产品体系，合合信息的研发人员不断进行产品性能的优化和更新，提升用户体验；专注于复杂场景文字识别、智能图像处理、大数据挖掘、知识图谱、自然语言处理等技术的研发与创新，为上层产品提供底层技术支撑，针对各行业的多种应用场景，提供全方位的解决方案，并进行规模化示范应用。同时，合合信息也具有完善的知识产权的申请制度以保护研发成果。

为鼓励员工持续创新，合合信息设立了相对完善的公司技术人才培养体系，配套相应的培训、考核与激励相结合的机制，获得公司技术人员的高度认可；并且为了更好地激励公司骨干技术成员，实施了员工股权激励。此外每年会不定期对员工进行专利申请管理、产品研发、数据管理等方面的专业培训，启发员工不断地在研发过程中进行发明创造。合合信息现有研发体系、技术持续创新机制确保企业具备持续创新能力，在未来的竞争中得以保持领先。

三、深化数智一体，构建战略宏图

合合信息以技术创新的基因薪火传承，引领行业快速发展。在国家数字经济发展战略政策指引下，切准时代发展脉搏，不断完善中长期企业发展战略规划，整合利用“AI+大数据”，遵循“数据—信息—智能—价值”的数据价值挖掘路径，将核心技术与紧密围绕数智化转型升级的产业需求结合起来，不断迭代和创造基于先进技术的领先产品和平台服务，形成真正的价值替代，充分释放智能+数字价值潜能，为客户带来新价值、新体验，从而为加强数智生态的建设与发展提升市场空间，搭建起未来商业世界的桥梁。

企业的智能文字识别技术帮助政府及各行各业的企业客户及个人用户实现治理方式、生产方式、生活方式的数字化转型——产品不仅仅提供扫描服务，也提供进一步的文档分类、解析、校对及审核等高技术增值功能，节省了大量人工。企业C端产品使得全球数亿用户的智能文字识别体验解除了时间、地点的束缚，符合现代社会无纸化办公、移动办公的趋势，B端服务矩阵中的财报机器人、票据机器人、合同机器人等与客户业务场景紧密结合，助力客户降本增效。

2022年，《中共中央　国务院关于构建数据基础制度更好发挥数据要素作用的意见》

提出：支持第三方机构、中介服务组织加强数据采集和质量评估标准制定，推动数据产品标准化，发展数据分析、数据服务等产业。

合合信息商业大数据业务则利用大数据挖掘、知识图谱等技术，将企业多种实时动态的多源异构信息对齐、融合，对数据进行清洗、标注与分析，构建了数亿的节点、数十亿条关系的知识图谱，紧密跟随国家大数据研发及战略发展方向。

作为业内少有的同时将人工智能、大数据技术在C端App产品与B端企业服务领域形成商业化落地的企业，合合信息利用自身独特的优势加速数据要素的共享与流通，构建数字资产，赋能产业数智化转型，逐步形成了数字生态的独有创新实践，构建战略宏图。

1. 赋能实体产业，激发活力

当前，大数据、人工智能为代表的新兴技术一路高歌猛进，带动了数字浪潮席卷各行各业，在政策导向作用下，传统实体产业、制造业领域数字化需求急剧膨胀，合合信息紧随政策指引，运用创新自研AI+大数据技术，在加大算力、算法、场景化落地投入方向上，深化产业融合、围绕实体企业，以客户价值为导向，不断赋能传统实体产业的智能化升级。

譬如数据赋能产业创新方面，合合信息原先拥有的数据能力主要集中在企业的微观维度，通过几年的数据积累以及与高校和研究机构的合作，构建了启信产业链数据库，对产业链做了核心的上中下游节点的梳理和分析，并通过产品和服务与企业关联起来，可以清楚地知道某个产业链当中哪些节点是核心节点，这些核心节点对应哪些企业。目前，启信产业链数据库包含280多条产业链，7万多种标准化的产品和服务，覆盖1000多万家公司和1亿条核心的产业关系。

合合信息对各类企业库进行了精细化的梳理，包括新兴产业中的新农业、新基建、大金融、大能源、新材料等等热门的、主流的产业，可以按照产业级别梳理出企业的清单，并结合启信宝通过优先层级生成产业链核心节点中企业的排名。

通过对企业产业背景的洞察，利用360度的企业标签、事件和各个维度的数据聚合，合合信息结合人工智能模型开发出了企业的综合评分——启信分，可以根据客户的个性化情况进行权重的调优，得出适合业务的综合分数。决策层利用综合数据客观地评定决策，减少拍脑袋的决策。

此外，合合信息还开发了服务于供应商数字化风控的启信慧眼SaaS产品。例如在与某汽车制造企业的合作中，利用启信慧眼数字客商SaaS系统完成全球供应商寻源、后续准入排查、合作后风险监控分析等数字化管理。该企业面临着供应商体量庞大，缺少系统化风险监控体系、舆情信息滞后、信息多且杂需大量梳理工作，以及新供应商准入规则依据老采购经验没有数字化方法论沉淀。通过本次合作，业务成效显著，规避了海外合规风险，降低寻源成本30%，负面实时监控协助企业及时采取防控措施，防控供应中断风险15件+，月度定期分析报告，每1000家从至少2人×3天，转变为实时在线风险分析，一键导出即可，效率得到大大的提升。

人工智能技术一方面可以促进产业链纵向延伸，不断加大产业链长度，进而实现产业链重构；另一方面可以促进产业链的横向拓展，拓宽产业链的宽度并形成产业集群。此外，还可以结合大数据技术，不断提升产业链的内部关联性与外部协同，从而全面优化产业链，形成产业链新格局。

2. 推动政务数字化高质量发展

合合信息商业大数据在为政府服务过程中，也展现出其非凡的价值。譬如企业打造的产业经济大脑，可以助力地方政府打造以数据驱动的产业治理和创新服务“新基建”。把握产业创新提质和降本增效的主体需求，强化产业洞察、产业集聚、产业治理与产业服务能力，把产业数字化治理与产业创新生态构建结合，以数据流带动业务流，以业务流形成数据流，支撑经济治理的精准决策和调控。合合信息为上海市某政府部门开发的产业大脑解决方案，做到了将原本锁在各处室“小抽屉”里的数据，纳入产业数据中枢平台统一管理。另外，其构建的企业异动预警模型，还可以研判本市重点产业的重点企业发展动向，对企业异动进行实时动态预警，为治理数字化提供辅助决策支撑。

在参与某地区金融服务机构项目建设中，启信宝为该机构提供全网监控当地注册的2万家企业服务，以企业舆情监控为主，其他工商、开庭公告等司法涉诉监控维度为辅，为该机构预警“非法集资”和“金融诈骗”类企业。项目实施后效果非常显著，发现2万家企业中有19家企业存在“金融诈骗”风险，比该机构实际掌握的数据还要全面；根据舆情反映的风险，结合启信宝企业关联关系分析，帮助该机构全面掌握企业风险信报，有效进行关联企业风险排查。

3. 提升企业业务竞争力

合合信息商业大数据B端通过系列产品及解决方案来助力它们经营效率的提升，以此获得市场竞争力。如合合信息牵手钉钉，旗下名片全能王和钉钉基于“酷应用”生态打造的数字名片，通过各个场景连接着人和人，人和企业，企业和企业，适时出现在任何需要它的场景之中。截至2022年12月，钉钉名片在钉钉网络中覆盖用户量达4200万，用户通过名片沟通分享次数达2600万次，跨平台分享数百万次，覆盖超过10万家企业。某商业银行针对近千名员工群体启用了钉钉名片，仅在名片印刷成本这项开支上每年便可节省不少费用，同时通过访问轨迹分析发现客户的兴趣点，帮助银行创造新的价值。

沟通即业务！合合信息与钉钉联合打造数字名片

合合信息全面利用好商业大数据，为社会、政府、工作、生活提供全方位的数字化服务，让数据资产集成，产生洞察力，产生新商机。未来，合合信息将继续保持在人工智能及大数据科技行业的领先地位，坚持通过人工智能及大数据技术帮助客户实现数字化与智能化转型，构建数智创新新生态。

第三节　坚守本心，赋能全球

十六年风雨征程，潮起潮落，合合信息始终秉承着向上向善的价值理念——向上勇摘技术桂冠，向下落地至产业终端；向内严于律己、革新组织，向外拥抱全球。待用户以诚，引领搭建数字商业服务新生态，携合作伙伴前行，以“合合”之心赋能全球。

一、向上、向善，生成“合合”之心

早在2006年创立之初，合合信息就树立了“向上、向善、创新”的价值理念。

向上，即全球领先，由技术创新驱动产品创新，实现从0到1的突破，契合时代大潮，向上生长。

2008年，智能手机应用程序市场爆发，合合信息独辟蹊径，从名片角度切入，解决个人用户对商务社交管理的需求；2013年大数据发展迎来高潮，合合信息推出启信宝App，除了企业基础信息查询之外还提供拓客、风控等服务；2020年数字生态崛起，合合信息积极拥抱数字生态，与钉钉联合打造数字名片，与RPA自动机器人供应商合作推出联合解决方案，让管理更加智能。合合信息匠心独运，紧随时代趋势，用技术赋能产品为全球用户带来极致体验。

向善，即所作所为符合建设美好生活的价值导向，自律、敬畏并坚守道德底线。合合信息对外开放、协作共赢的经营理念也在不断强化其社会责任，在国家“双碳”目标指引下，公司积极推进绿色低碳可持续发展。

合合信息扫描全能王围绕“低碳”主题，统计并发布了一组用户扫描数据。数据显示，2022年，用户扫描次数超10亿次，累计减少碳排放量超10万吨，相当于多种植600多万棵树。自2021年起，我国把碳达峰、碳中和纳入生态文明建设整体布局，并确立了“实现2030年前碳达峰、2060年前碳中和”的目标。绿色低碳理念渗透社会方方面面，也极大地改变了生产生活方式。而科技产品的应用，让个人“减碳”触手可及，如在办公和日常生活中，通过扫描全能王等文字识别软件，扫描各种纸质文件，减少不必要的用纸。多扫描一份文件，就可能少打印几张纸，能够减少纸张生产、印刷、运输、处理等至少四个环节产生的碳排放。扫描不仅可以降低碳排放，也能够协助畅通无纸化办公渠道，提升办公效率。

在移动经济浪潮发展过程中，用户及用户数据曾是很多创业企业的“估值密码”，流量拥有着无限的“发挥空间”。合合信息C端产品拥有亿级用户，用户在合合信息的App上存储着大量的名片信息、个人文档、企业文档等，合合信息拥有一座数据宝矿。于合合信息而言，这更是一份沉甸甸的责任。对于用户及合作伙伴的数据，合合信息将其视为一份宝贵的信任，是伙伴寄存在公司的宝藏，必须用保险柜珍藏起来，保护好。这不是监管要求下的妥协，而是合合信息自成立之时的坚持。

同时，合合信息建立了一系列的数据安全内控制度，采用合规准入、安全防控、数据加密、权限管控、安全审计等流程和技术方式，以保障数据资源存储、使用的合规性，安全性、可靠性。智能文字识别业务上，合合信息坚持保护好用户的数据；商业大数据业务上，企业制定了《数据采购管理规范》并严格执行，在采购数据之前就数据来源，类型、用途等进行评估；通过多种方式，调查数据供应商资质、数据来源的合法性；要求数据供应商通过签署协议条款或者出具确认书等方式，确认其数据来源、业务开展的合法合规性。合合信息还成立了安全与合规管理委员会，规定了合规与信息安全的组织架构，明确了安全与合规管理委员会在业务合规、网络安全、数据安全和用户个人信息保护等方面的责任以及各部门的职责。

2022年3月，合合信息成为中国信息通信研究院云计算与大数据研究所牵头发起的“个人信息保护合规审计领航计划”参与单位之一。同年7月，被中国轻工业信息中心评为“2022年中国轻工业数字化转型战略合作伙伴”，同年12月，荣获“CDI优秀数字化技术服务商”，子公司上海生腾入选中国信息通信研究院“数据安全管理能力认证”首批参与认证企业。生腾数据数字设计中心获得上海市设计创新中心奖（上海市经济和信息化委员会）。与此同时，企业积极参与到行业相关的数据安全管理体系的建设中，参与编写了《移动互联网数据安全管理体系全景观察》，子公司上海生腾入选中国信息通信研究院首批“企业数据安全管理案例集”。

科技向上，产品向善，合合信息以一颗极致、诚挚的合合之心服务于全球用户。

二、向前、向外，开辟全球版图

中国经济已深度融入世界，同全球许多国家的产业关联和相互依赖程度较高。当前应以国内大循环为主体，国内国际双循环相互促进的新发展格局，利用国内国际两个市场、两种资源，提高企业在全球配置资源的能力。

合合信息向前迈进，向外共建生态，以数字化赋能中内外企业，与中国同频，与世界共振。企业早年精耕于全球市场，主动作为并善于作为，通过人工智能技术链接全球市场资源，共享资源创新成果，企业内部不断构建创新能力和配置力，参与多项国际合作，客户遍布全球。合合信息早已将视野放宽放远，积极拥抱各行业巨头，引领搭建全球智能文字产业新生态。截至目前，合合信息已服务于数字化转型的重点行业的众多头部客户，与全球企业管理软件与解决方案的技术领袖SAP、腾讯云建立深度战略合作关系，深度融入产业生态平台，为更多跨国企业提供数字化服务。董事长镇立新表示，“合合信息将与合作伙伴一道携手并进，致力于解决行业真实痛点，将人工智能技术和自身资源优势转化为成熟的解决方案，为产业升级和社会发展不断创造价值”。

2021年3月，合合信息与全球领先的办公空间服务平台WeWork达成战略合作，发布未来办公的三大趋势——从“集中办公”到“分布式办公”、从固定办公到移动办公；人工智能辅助办公成为潮流。

调查数据显示，65%的办公室白领在畅想未来办公环境时表示，如果工作状态能更自由灵动，办公空间更智能化，上班这件事也许会变成一种“爱好”。合合信息为满足职场人灵活办公的诉求，研发了多款移动办公工具软件，以满足职场人灵活办公的诉求。比如扫描全能王提供的智能文档管理方案，可将手机、平板、电脑变成随身携带的扫描仪、文件库，随时随心编辑文档，快速同步，时时分享，有效沟通。

名片全能王可以把名片扫描存储在手机里统一管理。2021年，经过改版后，名片全能王电子名片为企业用户提供了另一种整体形象的电子名片管理方案。仅在试用阶段，已经有300余家企业尝试了企业版电子名片。2021年年初，公司在App Annie “2021 Top publisher Awards”中与Google、Microsoft、Zoom Video Communications及Adobe被评选为全球前五大商业与效率应用企业（Top 5 publishers of Business & Productivity Apps）；同年，扫描全能王荣获华为应用市场颁发的“黄金口碑应用”奖项；2022年，扫描全能王荣获互联网出海服务商“扬帆出海”颁发的“金帆奖——年度杰出出海品牌”。

启信宝是企业信息查询工具，汇集中国境内2.3亿家的超过1000亿条实时动态企业大数据，提供包括工商信息、司法涉诉、诚信及失信、舆情、资产等超过1000多个数据维度，为用户提供企业查询、商业尽调、风险管理、智能营销、企业服务等场景下的数据服务。

不断拓展优化的办公应用，让视频会议、文档编辑、名片管理、企业查询、营销拓客都变得更加得心应手。手机办公软件的不断强大，不仅提升了效率，也让灵活办公成为可能。

作为数商代表，合合信息既是数据资源的“链接者”，也是数据价值的“掘金者”。在具体的应用场景中，通过优化业务流程、降低风险因子来帮助行业“降本增效”。

依托自身大数据能力，合合信息深入各产业链条，从原材料—产品—应用整理完整的产业链数据库，赋能产业上下游，协助进行产业监测和管理。根据产业全生态的综合资源整合的需求，合合信息推出以启信招商大脑为代表的商业大数据产品，赋能政府开展更加科学的招商引资工作，为区域经济发展带来新的机遇。企业还与西南地区某政府联合建立产业经济服务平台，从复杂的信息源中精确归集、掌握企业相关数据，精准匹配公共服务资源，提升社会服务数字化普惠水平。

近年来，国家高度重视数据作为新型生产要素参与市场分配，正在加快构建数据基础性制度体系。其中，数字征信体系的建设是维护金融安全运行、促进普惠金融发展、不断激发市场主体活力的必然选择。2020年7月1日，由合合信息旗下上海生腾数据科技有限公司作为发起单位之一的长三角征信机构联盟正式成立，构建区域性信用信息共享平台，积极推动长三角征信一体化。

为进一步提升数字信用的建设，2020年11月19日，合合信息旗下启信宝与人民网·人民数据（国家大数据灾备中心）签署了合作协议，双方共建人民数据金融数据中心，推出"人民启信"App，为金融行业提供权威、专业、真实、高效的企业征信大数据，助力金融行业提升风险防控能力，形成金融数据融合应用新格局。同时，合合信息作为数商单位代表签约上海、北京、深圳等多地各规模数交所展开合作。

用多维度大数据分析，积极推动建设现代数字信用体系，对公共企业信用数据深度开发利用，为企业"纾困解难"，合合信息充分发挥数字化对经济发展的先导、支撑和驱动作用，成为对公共数据开发利用的有力实践。

合合信息已成为AI大数据企业助力全球产业数字化转型的典范，也正积极通过数字信用的构建，重塑数字时代的信用价值，与全球企业、数字经济同频共振。

企业家专访

重塑数智商业价值

——专访上海合合信息科技股份有限公司董事长镇立新

《样本》：合合信息的产品在全球广受欢迎，用户量及月活用户数都非常可观，您认为合合信息产品如此成功的根本原因是什么？

镇立新：合合信息产品的成功在于技术上孜孜不倦地追求，也在于我们不断深耕主业，紧密贴合客户所需所想，打造并创造场景价值，并在技术助力下，切实解决痛点与难点，让世界因我们更加高效。我们从手写识别输入法起步，且起步较早。靠着前期的技术积累以及手机App的快速发展，从而建立起了技术先发优势。目前，我们的文字识别技术在工作场景中的降本增效作用是显著的。在C端市场推出名片全能王、扫描全能王、启信宝等App，打响了品牌口碑和知名度；在B端市场帮助企业降本增效，向数字化、智能化转型。

《样本》：于合合信息而言，创新包含的内涵有哪些？

镇立新：创新，根植在合合信息的基因中。合合信息时刻牢记这一点。我们的技术原则之一，是必须要做第一，而且是行业第一，这是合合信息快速成长的底气。我们的团队成员，全是做核心技术开发研究的。我们处在一个全新的赛道，技术能力够强，才能把产品做得更好。

当然，技术之外，我们还会去评估市场状况、公司运营能力。我们每选一个研发方向，基本看三年：一是核心技术三年内能否做到行业第一，二是三年以后核心技术能否在市场上得到应用，保障了技术上的领先性和前瞻性。

当小场景在市场端运用后，我们鼓励团队成员贴近用户，持续进行优化提升，以实现真正赋能用户，让产品真正好用。

《样本》：数据价值的发挥将是推动经济发展的新动力，数据安全治理也越来越受到重视，合合信息拥有超过6亿的全球用户累计首次下载量，拥有一座数据“富矿”，合合信息在用户数据安全方面是怎样做的？

镇立新：数据是无国界的，但数据的主体是有国界的。诚然合合信息庞大的用户量带来的巨量数据是一座宝藏。但是合合信息有自己的坚持：我们不允许作假。不允许碰用户数据。

从我们的产品由用户使用的第一天起，我就说过“用户数据是我们坚决不碰的底线”。合合信息的企业文化是“向上、向善、创新”，我一直认为商业首先要符合道德层面的标准。如今合合信息拥有超过6亿的全球用户累计首次下载量，我们的用户越多，能力越大，责任也越大，对约束我们道德的使命感越强。

用户数据在合合信息就像一个保险箱，我们重点去建设数据的防护机制，不只从制度、规定上做到符合数据安全治理的规定，从运营上、设备上、安全系统上也做到层层保障。

《样本》：在大数据领域，合合信息基于启信宝上千亿条商业数据，利用知识图谱及大数据挖掘技术打造智能商业服务平台，其应用和落地是怎样实现的？

镇立新：随着数字经济的发展，数据将越来越多、越来越清晰，能够为企业运营提供更加准确的指导。未来数字经济将发展成为一个容量非常可观的产业。

除了海量数据、AI技术之外，合合信息深入到行业中去，对具体产业、具体业务场景深入研究，与客户、行业专家共同探讨，提供解决客户切实痛点的产品和方案。同时，我们通过数字商务场景的服务，构建大众对数字世界商业信用价值的建设，助力数字经济的高质量发展。

未来，我们将继续深耕，探索人工智能技术、数据技术和产品在哪个行业可能真正发挥作用，挖掘更多的服务场景，作出真正帮助客户、客户用完之后离不开的产品。

《样本》：您如何看待行业的发展趋势？您认为合合信息在长三角区域以及在全球市场中应是一个怎样的角色？未来有怎样的规划？

镇立新：智能文字识别、大数据服务行业近几年都保持着不错的增速，市场潜力巨大。在智能文字识别领域已经开发了非常多的应用场景，未来发展方向是更精准、更便捷、更智能；而在大数据服务领域，在具体应用场景上仍处于早期探索阶段，在这一过程中各企业都在不断投入，构建技术壁垒。

合合信息诞生于长三角，是长三角区域经济的一部分。在长三角区域，我们服务的客户最多。合合信息的服务已经融入长三角区域经济的方方面面。

同时，合合信息的C端产品目前已经覆盖了全球百余个国家和地区的亿级用户。面向全球用户，我们希望直做技术的引领者，新产品、新服务的开拓者。

合合信息一直坚持从小到大慢慢做，小步快跑，我们坚持自己的节奏，选择合适的领域去引领技术创新，引领产品和服务创新，做出好用、有用的工具给到客户。合合信息目前推出的产品基本都是围绕为客户提供更高效、更智能服务的方向。希望通过合合信息的努力，让世界更高效，让管理更便捷。

专家点评

为数字社会构建注入强劲动力

站在信息革命的时代潮头，数字技术、数字经济成为世界科技革命和产业变革的先机，是新一轮国际竞争重点领域，拥有更多科技专利技术且产业转化能力强的国家有望占据未来经济竞争的优势地位。中国作为拥有全世界最为庞大数字社会的东方国度，在以合合信息为代表的一批科技企业的不懈努力和探索下，正日益彰显出巨大的发展潜力和创新活力。

未来的商业将是数字化的，产品将是服务化的，未来的新经济发展需要大数据、云计算、人工智能等新技术与实体经济融合，催生经济发展的新模式、新内容、新场景、新应用。在人工智能这一具有战略性、全局性、辐射带动性的科创高地上，合合信息勇登高峰，以十余年的潜心研发与充分的竞争，实现了智能文字识别技术的突破。该技术融合了智能图像处理、基于深度学习的复杂场景文字识别、自然语言处理（NLP）等多项 AI 技术，具备更多认知与理解能力，适应多语言、多版式、多样式等复杂场景，技术水平全球领先。

举一纲而万目张，当人工智能的准确率达到一定程度，无数被其赋能的新物种、新应用的大爆发也就水到渠成。基于深度学习算法、智能文字识别、NLP、知识图谱等前沿技术的能力建设，合合信息将其应用到多个商业化场景中，延伸出2B、2C各种场景下的智能产品，并通过智能文字识别及商业大数据领域的核心技术、C端和B端产品以及行业解决方案为全球企业和个人用户提供创新的数字化、智能化服务，成长为行业领先的人工智能及大数据科技企业，实现以技术赋能，让世界更高效的目标。

赋能，仅仅只是开始。数据要素是数字经济建设工作的重点，深度挖掘数据要素价值，可以有效促进数字经济和实体经济融合，众多产业将在数据驱动下快速进化、迭代、发展。中共中央、国务院颁布的《数字中国建设整体布局规划》指出，要强化数字中国关键能力。“数字中国”的建设，迈上了新的征程。合合信息通过AI大数据助力全球产业数字化转型，为数字经济的繁荣发展注入更多活力。它的创新探索，不仅仅只是提供一个好用的工具改变生产生活，而是在合规基础上，真正实现创新资源的整合，让世界更高效、更智能，其重大意义更在于对数字经济的贡献。文字信息的数字化、商业大数据挖掘都是数字经济的基础——无论是启信宝数据库将海量的商业数据转化成具有业务价值的信息，为企业及个人提供企业信息查询、风险管理、供应链管理、智能营销等多样化服务，还是从复杂的信息源中梳理完整的产业链数据库，链接上下游，应用于产业布局和产业链升级，都做到了优化资源配置，协助进行产业监测和管理，有效提升产业发展的风险管理和决策支持能力，提升社会服务数字化普惠水平。合合信息正在积极探索用技术赋能产品，与社会共享数智化成果，共建互信的数字信用商业生态，为数字中国战略的基础建设添砖加瓦。

做价值的创新者，做用户的朋友，用数字化、智能化赋能社会，提高效率，是合合信息的选择，也是时代的期待。在这个充满无限可能的时代，我们将共同见证数字经济带来的惊人变革，迎接更加美好的未来。

余玉刚　教授、中国科学技术大学管理学院院长

第二章
创新驱动，制造升级的中国样本
——横店集团东磁股份有限公司

- **楔子：** 内生者自胜
- **企业概况：** 东磁制造，世界领袖
- **创新解读：**

  第一节 “两化”融合促进高质量发展

  第二节 数字赋能，双轮驱动发展

  第三节 行而不辍，万里可期
- **企业家专访：** 坚守制造，坚持长期主义
- **专家点评：** 创新磁场是怎样炼成的

楔 子

内生者自胜

长期主义能够给企业带来真正的价值。

改革开放以来，横店东磁乘国家高速发展的整体趋势而增长。从1980年在横店大桥头创办第一家磁性器材厂开始，依靠技术创新和积累，从无到有，既赢得了国内市场，也为中国磁性材料进入国际市场做出重大贡献，更带动了中国磁材行业的快速发展。企业凭借科学管理，实现规模化经营，完成股份改制，业务延展至器件，发展进入快车道，收入利税、出口创汇、产品质量均跃居全国铁氧体行业首位，兑现了“世界磁钢出中国，中国磁钢出横店”的发展目标。

在新一轮科技革命背景下，横店东磁牢牢抓住新兴产业的成长机会，在优质的赛道获得加速增长。2009年开始，本着“做强磁性，发展新能源”的战略，企业进军光伏产业；2016年，正式进入锂电池产业；2019年，光伏实现团队、技术和市场优势的持续提升，实现高质量、高效率发展，业绩连创新高。历经十余年沉淀，企业逐步形成了“磁材+器件”“光伏+锂电”的两大产业格局。近年来，横店东磁苦练内功，降本增效，积极推动企业智能化绿色化改造，为磁性材料、新能源产业树立转型标杆。

积跬步者行千里。从一家5万元资金起步的乡镇小厂到营收近200亿元的高新技术民营企业，横店东磁是长期主义价值观的践行者。它的发展历程证明，长期主义不是经营的选择，而是内生的能力。

企业概况

东磁制造，世界领袖

横店集团东磁股份有限公司（以下简称横店东磁）创建于1980年，是一家拥有磁性材料、电子元器件、太阳能光伏、新能源电池等多个产业群的高新技术民营企业。

横店东磁是中国电子元件行业协会轮值理事长单位、全国铁氧体磁性材料行业的龙头企业、全球首批获得低碳认证的光伏组件制造企业以及国家级“绿色工厂”。

40余年来，企业高举产业报国的火炬，以“东磁制造，世界领袖”为使命，一路披荆斩棘，业绩连创新高，连续25年名列浙江省金华市工业企业第一纳税大户。

一、全球磁材龙头

2006年，横店东磁在深圳交易所上市。企业控股股东横店集团创立于1975年，涉及电气电子、医药健康、影视文旅、现代服务等，拥有一级子公司50余家，上市公司6家，拟上市公司1家，是中国特大型民营企业。横店集团是在专业化团队经营、子公司独立运营模式下，多元化产业的成功样板。

横店东磁成立时，主营业务是磁性材料。我国是磁性材料的主要生产国，产量全球占比60%以上，而横店东磁正是国内规模最大的铁氧体磁材生产企业。

历经40多年行业深耕，横店东磁已经形成了完整的产业产品布局。磁性材料产品主要包括预烧料、永磁、软磁、塑磁、金属磁粉心、纳米晶等。通过持续研发、精益生产管理及市场优势，企业的磁材业务始终保持核心竞争力。多年来，企业的磁材产业市场占有率仍稳步提升，不断巩固铁氧体磁性材料行业的领先地位。此外，喇叭磁、磁瓦和干压产品等的市场占有率也在不断提升。与诸多行业领军企业合作，是横店东磁重要的市场策略之一。因优秀的产品供应能力，被日本电产、韩国三星等国际知名企业评为“优秀供应商”，两次荣获博世全球最佳供应商大奖。

器件业务是磁材业务的纵向拓展延伸。企业的器件产品主要包括振动器件、电感、环形器/隔离器等。横店东磁作为全国主要的振动马达生产企业之一，其振动器件不仅在手机市场保持稳定的大客户占比，还在车用、健康护理等新兴领域拓展新客户；环形器/隔离器已实现批量稳定供货，同时在客户端持续认证更多的规格；电感业务稳步发展，一体式、叠层和薄膜电感，已在汽车电子、消费电子领域实现批量供货；合金类产品，如顶锤等，在人造金刚石产业拥有较高的市场占有率。

横店东磁荣获2021–2022年度博世全球最佳供应商大奖

多年来，横店东磁一直视创新为生命力。20世纪80年代，企业开发出彩电用色纯磁片，填补国内空白，成功替代日本进口；90年代，企业发明拉下式浮动合金模具，使生产效率提高十余倍，被称为"我国磁性材料行业的一次革命"；企业投产的"高性能永磁铁氧体出口基地"，结束了我国不能工业化生产相关系列产品的历史。

优异的成绩，也带来了诸多的荣誉。"铁氧体永磁元件"系列产品获评"全国制造业单项冠军产品"，软磁材料及关键技术、产业化项目先后获国家技术发明奖二等奖、国家科技进步奖二等奖……一次次突破，一项项进步，不断适应新的变化，为横店东磁发展注入点"磁"成金的力量，推动我国磁性材料的高速发展起到了关键作用，横店东磁因此成为行业标杆。

二、光伏行业后起之秀

进入21世纪，横店东磁统一思想，明确了“做强磁性，发展新能源”的战略思维。基于对自身制造优势以及未来发展的判断，企业2009年成立太阳能事业部，开辟“新能源”赛道，进军光伏产业，开始从事太阳能电池、组件的研发生产，目前已是国内太阳能光伏产业技术领先的生产企业。

企业为全球客户提供高效光伏产品以及系统解决方案，产品出口欧洲、美洲、韩国、日本、东南亚等80多个国家和地区，并建有多个海内外生产基地，境外收入占比超80%。成功入围彭博全球光伏组件制造商第一梯队，打造了全球黑组件和欧洲分布式市场的领导品牌。横店东磁的多款光伏产品入围国家级“绿色设计产品”，获得TÜV南德颁发的全球首张“智能组件”认证证书，连续多年荣获EUPD Research“顶级光伏组件品牌”和PVEL“全球组件最佳表现制造商”称号。2022年，横店东磁还首次入围PVTECH“全球光伏组件出货量TOP10”。

目前，横店东磁已建成8GW电池、7GW组件的产能布局，累计出货量超30GW。2023年，随着四川宜宾、江苏连云港两个新生产基地的相继建成，产能规模将提升至14GW电池、12GW组件，可满足更多全球客户的个性化需求。

横店东磁光伏园区

横店东磁始终重视科技创新与技术研发。企业建立了优秀的科研团队和国际技术交流平台，设有国家级博士后科研工作站、省级院士专家工作站、省级重点企业研究院、省级高新技术企业研发中心、省级太阳能光伏电池及组件工程研究中心等多个创新平台，是国家级企业技术中心、首批国家级知识产权示范企业、国家外贸转型升级基地、中国电子元件百强企业、浙江省创新型领军企业等。截至2023年7月，企业已主持或参与40多项国际、国家、行业标准、团队标准、联盟标准的制定，共申请专利2792件，授权有效专利1531件，其中发明655件，获多个国家专利优秀奖、浙江省专利金奖，位列浙江省企业创造力百强第15名。

坚守制造，坚持技术创新，推进转型升级，持续为客户创造价值，横店东磁在高新科技、绿色环保、智能制造的发展轨道上，不断超越自我，为制造业高质量发展与全球清洁能源转型屡立新功。近年来，建设了浙江省首家5G专网应用智能工厂、首批“未来工厂”——电池片六厂；打造了“智能制造”升级版——电池片七厂；承担实施了工业互联网平台集成创新应用试点示范项目等国家级项目，是浙江省首批工业互联网平台、省级制造业与互联网融合发展试点示范企业、省电子信息行业数字化领军企业。

从模仿到创新，从跟跑到领跑，从制造到智造，从磁材龙头到磁材与光伏双轮驱动，横店东磁始终以创新促发展，脚踏实地，展现出了属于自己的速度与风采。

创新解读

第一节　“两化”融合促进高质量发展

二十届中央财经委员会第一次会议强调，推进产业智能化、绿色化、融合化，建设具有完整性、先进性、安全性的现代化产业体系。

制造业是我国实体经济的基础，也是科技创新的主战场。本质上，智能化追求的是精益化、数字化和网络化，助力产品的全生命周期管理，实现降本提质增效；绿色化是通过效率的提高，以更小的消耗和排放来实现同样或者更大的产出价值。以物联网、人工智能、机器学习、机器视觉和数据分析为代表的数字技术为制造业产品设计、生产、供应链以及使用和回收的绿色化发展带来了重大机遇，有助于优化生产工艺，提高生产效率，降低能源消耗和碳排放。

新征程中，加快推动制造业绿色低碳发展，不仅是践行“绿水青山就是金山银山”理念，也是助力工业领域实现碳达峰、碳中和目标的必由之路，更是建设现代化产业体系、实现高质量发展的应有之义。

在新一轮科技革命和产业变革浪潮下，绿色化和智能化正加速融合，且二者的融合正在为推动制造业绿色高质量发展发挥叠加作用。

一、绿色发展，产业转型升级的主要抓手

后疫情时代，经济绿色复苏是重振全球经济的必然选择。抓住新一轮科技革命和产业变革的历史性机遇，推动世界经济“绿色复苏”已成为世界各国政府的共识。

欧盟、英国、挪威、加拿大等已经明确表示要走绿色复苏之路，努力实现在《巴黎协定》中承诺的中长期碳减排目标以及2050年前碳中和目标。美国总统拜登提出了2万亿美元的气候行动计划，用于基础设施、清洁能源等重点领域的投资。这些国家和地区都在举政府和民间之力，竞相抢占全球“绿色竞赛”先机，对氢能、蓄电池、碳循环、资源循环、新能源汽车等绿色环保产业进行集中投资和战略扶持。

2020年9月22日，中国在第七十五届联合国大会一般性辩论上宣布了我国2030年前二氧化碳达峰目标和2060年前碳中和愿景。

党的十九届五中全会和中央经济工作会议对碳达峰、碳中和工作作出了具体部署，充分彰显了以习近平同志为核心的党中央通过强化应对气候变化行动倒逼经济结构、能源结构、产业结构转型升级的坚定决心和推动构建人类命运共同体的责任担当，体现了党中央、国务院对应对气候变化工作前所未有的高度重视。

党的二十大报告提出，推动绿色发展，促进人与自然和谐共生。推动经济社会发展绿色化、低碳化是实现高质量发展的关键环节。

国家发展改革委国际合作中心的分析指出，经历多年规模扩张后，国内一些大宗和普通产品需求开始接近饱和，国际市场占有率高位再进难度增大，传统数量型增长空间趋于缩小。伴随经济水平持续提高，市场需求层次不断升级，中高端、品质化、多样化产品需求增多，产业结构和需求结构不协调的矛盾日益显现。同时，面对更加严峻的国际竞争压力，以创新引领制造业向高端领域和环节迈进成为必然选择。

党的十八大以来，我国制造业绿色转型取得显著成效。首先，产业结构调整取得明显成效。传统制造业在加快调整优化，先进制造业不断发展壮大。我国高技术制造业、装备制造业增加值占规模以上工业增加值比重分别从2012年的9.4%、28%提高到2022年的15.5%和31.8%。其次，能源资源利用效率持续提升。2021年，我国的钢铁、电解铝、水泥熟料、平板玻璃等单位产品综合能耗较2012年降低了9%以上，全国火电机组每千瓦时煤耗降到了302.5克标准煤，达到世界领先水平。再次，绿色供给能力显著增强。百万千瓦水轮发电机组顺利投产发电，多晶硅、硅片、电池、组件产量全球占比均超过70%，新能源汽车产销量连续8年居全球第一，LNG、甲醇等绿色动力船舶的国际市场份额接近50%。最后，基于数字技术与制造业快速融合发展，数字化和绿色化融合水平不断提高。重点领域关键工序数控化率由2012年的24.6%提升到了2021年的55.3%。制造业绿色发展成就弥足珍贵，但前路仍旧任重而道远。

其一，受资源禀赋限制，我国煤炭长期扮演着制造业领域主要能源供应品种的角色。例如，我国电解铝生产所需电力供应仍以煤电为主，而国际上使用水电等清洁能源生产铝已成为主流。其二，关键绿色低碳技术不够强。以企业为主、市场为导向、产学研用深度融合的技术创新体系还在建设过程中，整体创新效率有待提高。中小企业人力、物力、财力、技术实力等较为薄弱，面临着绿色低碳转型和生产成本加重的双重压力。

近年来，全国多地吹响制造业高质量发展、加快建设制造强国的号角。其中，高端化、智能化、绿色化成为重要抓手。这既是未来推进新型工业化的重要任务，也是实现中国式现代化的有力支撑。

二、数字化，制造业升级内的内在需求

制造业转型升级主要是指制造业产业结构调整和战略转变，具体指从生产劳动密集型的低附加值产品向生产资本密集型或技术密集型的高附加值产品转移。新一轮工业革命正在深化，发达国家纷纷实施再工业化战略。数字化、智能化技术深刻改变着制造业的生产模式和产业形态，成为新工业革命的核心技术。

近年来，通过数字技术在生产、流程和业务等实践活动中的应用，企业更加迅速和灵活地适应市场变化，提高企业的生产效率、产品质量、客户满意度和盈利能力。同时，随着社会经济的快速发展和数字化技术的不断进步，制造业数字化成为越来越多企业进行数字化转型的必要选择。尤其在当前全球经济形势下，市场需求日新月异，要求企业更为迅速、及时地适应市场需求的变化，并根据市场的反馈做出相应的调整。

数字经济促进制造业转型升级，是传统产业利用数字技术重塑业务、提质增效的过程。成功转型之道主要依赖于数字技术与传统制造业深度融合及技术创新、数据要素、精准需求和有效供给的驱动作用。因此，随着全球信息技术和工业技术的融合及进步，推动智能制造成为现代生产制造业转型升级的重要方向。数字化转型也有助于大大缓解企业人才短缺的困难，并更加精细地进行生产计划、物料管理、设备运维等活动，从而提高生产效率，降低生产成本。同时，数字化转型还可以通过产品质量的提高以及客户体验的增强，帮助企业赢得更多的客户，提高企业的盈利能力。

制造业数字化发展，是传统制造业理念变革的战略选择，也是转型升级的必由之路。“十四五”期间，我国要实现由“制造大国”到“制造强国”的历史性跨越，必须依靠以企业为主体的技术创新。到2030年，制造业主要领域全面推行智能制造模式。依托数字化赋能的制造企业，正在加快实现制造服务精准化和制造过程数字化，助力高质量发展，坚定走向现代化。

第二节 数字赋能，双轮驱动发展

40多年来，横店东磁曾多次成功跨界，也面临多个关键时刻，但都一一化解，稳健成长。它的历程说明，企业必须掌握核心的技术、精准的战略和灵活高效的决策，以应对行

业的快速变化，三者缺一不可。

一、做强磁性：从N到N+1

在企业发展过程中，唯有品牌才能够让企业基业常青。

技术创新是品牌的灵魂。只有掌握核心技术，品牌才能真正站牢站稳。横店东磁实现持续的增长，得益于颠覆性技术的接连推出。

40多年砥砺前行，横店东磁不断研制成功新产品，占领市场。大屏幕彩色偏转磁芯、计算机用显示偏转磁芯、通信用高导产品、EMI产品、铁粉磁芯……在没有交通、人才、资金等优势的情况下，横店东磁攻克了无数的难题，自主开发出许多优秀的工艺与产品，为民族制造业增添了荣光。可以说，横店东磁推动中国磁性材料进入了世界先进行列，打破了国外对高端材料的垄断，减少了采购成本，并有效降低了下游元器件的整体功耗。正因为有横店东磁的龙头带动作用，浙江省东阳市于2010年被中国电子元件行业协会正式授予“中国磁都”称号。

“世界磁钢出中国，中国磁钢出横店”。横店东磁不仅是名副其实的磁性材料龙头企业，更是代表中国磁材行业的全球品牌。根据中国磁性材料行业协会统计，早在20世纪末横店东磁的销售收入、利税、出口创汇、产品质量均居全国同行首位。企业的永磁铁氧体生产量居世界第一、永磁预烧料生产量世界第一，是全国最大的磁性材料生产和出口基地。

2006年，横店东磁在深圳证券交易所中小企业板挂牌上市。得到资本市场的助力，实现了公司磁性材料产业的拓展，并且不断突破，迈向高端产品制造，吸引了一大批世界一流企业客户。

结合磁性材料产业优势，横店东磁抓住5G发展机遇积极向下游延伸，2018年收购浙江省东阳市东磁诚基电子有限公司，正式拓展了电子器件领域，成为国内领先的振动马达生产制造企业。2019年，持续加大器件产业的投资力度，先后进入了射频器件和电感等产业，使企业的器件产业架构不断优化，打开了在磁材板块的发展新空间。

在“做强磁性，发展新能源”的战略思维指导下，横店东磁在磁材业务版图上的创新从N向N+1进阶。在做广材料的基础上，制定了做深器件的策略，不断突破强势业务发展的“天花板”，真正实现高质量成长。

横店东磁曾为某国际知名公司推出的高端鼠标量身定制的鼠标滚轮组件——鼠标模组的核心部分便是一例。客户在同类塑磁生产商开发受阻的情况下，机缘巧合中来到了横店东磁，抱着试试看的想法，将项目交给了该公司。企业团队一边攻克关键工艺与技术设计，一边开发模具、研发自动化设备，仅用了三个月时间就完成了开发工作，并通过了样品验证。它的圆形外径不到1.5厘米，厚度只有1.2厘米，依靠新颖的磁力设计，代替传统的机械式滚轮配件，在传递信号的同时，赋予了鼠标滚轮独特的使用触感。一个小小零件的背后，体现的是横店东磁出色的开发能力与产品管理能力，赢得了客户的信任。

在磁性材料领域，横店东磁主持及参与了40余项国际、国家、行业标准、团队标准、联盟标准的制定，为我国国民经济、国防建设和重大科学工程做出了重要贡献，并因此获得国家技术发明奖二等奖、国家科技进步奖二等奖等荣誉。

二、认准新能源，驱动新发展

进入21世纪，在全球环境问题加剧催生下，世界各国政府纷纷推出再生能源补贴计划，光伏产业开始高速发展。

我国先后颁布能源法、“金太阳工程”等专项政策促进光伏发电产业技术进步和规模化发展。政策推动下，2010年前后，我国的光伏产业进入快速成长期。根据彭博新能源财经数据，2021年，中国对于全球光伏新增装机量的贡献率为54.9%，市场占比达到30%。

光伏产业已成为我国具有国际竞争优势并实现端到端自主可控的产业之一。根据欧洲光伏协会估计，未来三年欧洲光伏市场的年复合增长率或将接近35%，远超全球平均增速。由于欧洲本土尚未建立完整的光伏产业链，目前本土产能无法满足市场需求。而中国是全球主要的光伏组件生产国和出口国，也是欧洲最主要的光伏进口商。

随着碳中和行动的全球化推进，光伏等可再生能源发电占全社会用电量的比重会逐年提高。因此，光伏产业的规模将不断扩大、技术升级和迭代不断加速，保持较好的增长态势。

“做强磁性，发展新能源”，基于对自身制造优势以及对行业的周期特征及未来发展的判断，横店东磁坚定决心，进军新能源产业。2009年，太阳能事业部成立，专业从事太阳能硅片、电池片、组件、光伏发电系统工程及相关应用产品的研发、制造、销售和售后服务。

横店东磁的光伏组件产品可分为：常规高效组件产品，包括P-PERC系列和N-TOP-Con系列，可满足户用、工商业分布式和集中式光伏电站的应用需求；全流程低碳设计和低碳组件；针对温室、停车场、市场等具体应用场景进行专门设计的组件。

企业充分借助磁材业务开拓的市场和制造优势，以“世界一流”为标准进行光伏产品的开发和品控，组件产品约有80%出口欧洲。

自2011年，横店东磁即开发欧洲市场，是全球首批通过法国低碳认证的光伏组件制造商，连续多年被列为BNEF“一级太阳能组件制造商”“PVEL组件最佳表现制造商”和“EUPD顶级品牌光伏组件”。EUPD是全球知名的太阳能行业权威认证机构，颁发的“顶级光伏品牌”奖项在国际光伏行业中拥有极高的认可度。在欧洲市场，基于磁性材料深耕多年的优势，横店东磁的客户认可度高，新能源的拓展具备先发优势。同时，横店东磁在荷兰、德国、西班牙等地建设销售服务中心和仓储物流中心，聘请当地专业的技术、销售、管理人员，搭建了高效的当地化服务团队，进行周边国家市场的开拓与售后服务。销售网络健全，本土化服务能力强，让市场黏度进一步增强。此外，横店东磁持续打造差异化竞争优势，赢得市场认可。

横店东磁是最早生产黑组件并推向市场的公司之一。黑组件的边框、背板、组件本体等均为黑色，在中北欧地区颇受青睐。南欧、英国及大洋洲等地以及国内江南一带白墙黑瓦的建筑多，也都适合推广黑组件。工艺方面，黑组件使用不同材料搭配、调整电池工艺，在提升组件功率的同时保持外观黑度良好，能够在保持品质和效益的前提下实现大规模出货。

重视市场的同时，横店东磁也不忘研发，并加快在新技术上的投资。光伏产业全面将正/背面栅线图形设计、浆料匹配接触传输、绒面陷光结构、扩散掺杂和膜层钝化等一系列最新研发成果高效导入量产环节。目前，PERC工艺生产的单晶电池的平均量产转换效率超过23.65%，最高效率达到了24.01%，接近理论极限值24.5%；N-TOPCon电池的量产转换效率达到了行业领先的25.25%，铸就了单晶电池片领跑者的地位。

横店东磁光伏电站助力绿色发展

作为我国光伏产业的后起之秀，横店东磁的深耕迎来收获期。光伏业务已经成长为公司业绩增长的主要推动力。财报显示，横店东磁的光伏业务销售收入从2020年的34.68亿元快速增至2022年的125.93亿元，两年增长了2.63倍，营收占比也从42.8%提升至2022年的64.7%。

三、领军数字化制造，打造未来工厂

作为中国数字经济强省的浙江，制造业数字化成为产业政策的重要组成部分。2020年，浙江省政府工作报告指出，加快推进“1+N”工业互联网平台体系建设，连接5000万台工业设备，服务10万家以上工业企业。建成5G基站5万个，实现县城以上全覆盖。

横店东磁的电池片六厂（以下简称六厂）是全省最早的5G专网应用智能工厂，也是全国光伏行业首家5G专网应用工厂。工厂建成后，2020年7月至2023年5月累计实现产量6.52GW，产值63.37亿元。

1. 成为国内光伏产业数字化制造的领军企业

制造业数字化转型需要从技术、流程和文化等多个方面进行改变，将传统生产方式转变为更高效、可持续的数字化生产模式。

随着5G通信、物联网、人工智能、新能源汽车等新兴技术及应用市场的不断开发，横店东磁拥有的磁材、光伏和锂电业务也随之蓬勃。但在蓬勃发展的背后，却是全产业在数字化建设方面的滞后。

作为全球最大的永磁铁氧体生产企业和全球最大的软磁材料制造企业，横店东磁还获得过太阳能制造的领跑者证书。在数字化转型之前，企业通过长时间的内外部调研，制定了明确的数字化转型策略，包括制定目标、确定所需资源以及执行时间表等。横店东磁对数字化转型的需求非常明确：实现生产系统的全流程数字化管理，为企业下属工厂提供标准的、一致的系统，并且能够打通产业链上下游，使用统一的平台进行数据汇总、分析、反馈并与业务协同。

2019年9月投资7.2亿元的六厂正式开工建设。过去，单晶电池片生产工序需要熟练工，每日一次次重复机械操作，劳动强度很大，招工变得越来越难。现在，六厂的插片和取片工作，则交给了30只机械手臂，机械手臂上装了多个传感器，通过5G网络控制操作，一次就能插28片，非常稳定，而且可以日夜不停地工作。从以前要求“熟练工”，到现在做好“清洁工”即可，新员工来了一星期就能上手，人工少了一半，效率却增加了数倍。

横店东磁更是首家将5G技术应用于光伏生产的企业，其物联网技术的发展已经取得了重大进展，制造企业可以将其集成到生产中，实时监测设备并追踪物料。AGV（自动导引运输）小车替代人工，承担物流搬运，并能处理上料、下料等。AGV小车集成5G通信模组，类似安装了一张手机SIM卡，能够直接连接到5G网络，精确、无误差地接收信号并按照规划路线穿梭在各个生产单元之间。

针对制造业生产中产生的数据，企业采用大数据技术分析和预测未来的市场需求和生产情况。在六厂，5G信号实现无缝覆盖，各生产设备上装置的196张5G边缘流量卡实现了对车间所有设备的智能控制。对生产设备和运转数据的采集分析，之前由专业工程师或技术员点对点地记录，再由人工进行分析提供给管理层决策。运用5G边缘计算技术后，采集到的信息先汇总传递至边缘计算网关，利用其搭载的高性能处理器，预先对数据进行分析、筛选和判断，最后再通过网络端口将集约化的数据传输到工业云平台，实现生产信息的及时高效上报和反馈。

人工智能技术可以应用于流程自动化、生产规划、质量控制、客户服务等方面。AI检测方法取代人工，负责生产线最后一道“检测”工序。检测基于光学图像、自动化以及神经网络技术，通过5G网络传输，AI质检在MEC边缘服务器上执行，数据归档则存储在云端进行，由此实现单晶电池片EL（电激发光）检测的毫秒级自动判定。检测一片单晶电池片，只需要200毫秒。同期，AI的模漏检率从2%降至0.15%，误判率从4%降至0.3%。通过不断更新搜集电池环节片的缺陷，AI在过程质量控制（PQC）环节对缺陷图片进行分类分析，寻找出现缺陷的原因，并修改工艺以避免缺陷再次出现。

日均生产105万片单晶电池片，AI检测200毫秒完成……作为浙江省最早的5G专网应用智能工厂，横店东磁电池片六厂从生产、物流到检测等环节均实现5G技术赋能。2020年，六厂被评为浙江省首批12家“未来工厂”之一，相关项目被国家发改委列入当年国家传统产业智能化、信息化改造专项项目。2021年，横店东磁建成“未来工厂”升级版——电池片七厂，是浙江全省智能工厂的代表。2022年，电池片七厂的照片出现在北京“奋进新时代”主题成就展的醒目位置。

现代化的电池片七厂照片亮相“奋进新时代”主题成就展

2. 成绩背后关于制造业数字化的战略思维

在新发展理念指引下，横店东磁在商业创新上始终坚持求真务实。每一项重大战略决策的制定都经过谨慎的市场调研、运营的可行性求证。而一旦做出决策，企业又展示出制造业的坚守和韧性，坚定投入，大胆实践。

向智能制造升级转型是一项重大的战略决策，是横店东磁再次引领产业，率先迈出数字化的第一步。数字化给制造企业带来了一系列的优势和益处，尤其在提高生产效率、降低生产成本、提升产品质量、增强客户体验甚至通过数据驱动决策、管理制度刚性上都呈现了独有的优势。以拥有诸多专利的六厂为例，工厂拥有设备专利、工艺专利等，整条智能化流水线由公司自主设计，大部分专利权都自有或与供应商共有，主体设备的国产化率达到了90%以上。同时产能惊人，是横店东磁原有四个电池片厂产能的总和，产能直接翻倍。目前六厂268台设备的产能还在持续提升中。

横店东磁的数字化还在路上。企业全面贯彻数字化转型战略，将信息技术与企业经营深度融合，推进企业转型升级，提升现代化治理能力。在业务流程上，理顺公司和事业部关系，使权责配置更为合理、业务流程更加便捷高效，加快建设统一的协同工作平台，推进“通用流程标准化、专用流程清晰化、特殊流程简约化”的流程重组工作。围绕统一协同平台和大数据战略部署，提升跨层级、跨地域、跨系统、跨部门、跨业务的协同管理和服务水平；实现各业务板块系统互联互通、协同联动；发挥数字化在企业运营、财务决算、管理决策方面的支撑作用。

横店东磁的智能制造创新实践给中国制造业带来启示。制造业数字化转型是企业应对市场需求变化、提升生产效率、降低成本、促进智能制造、提高产品质量和增强客户体验的必由之路，可以为企业带来新的竞争优势和盈利机会。制造业需要不断学习、应用和改进数字化技术，并实现向数字化领域的全面转型，以应对未来市场的挑战。

第三节 行而不辍，万里可期

看似寻常最奇崛，成如容易却艰辛。四十年坚守，四十年拼搏，无数横店东磁人的智慧与汗水，共同创造了无数个第一，实现了无数个突破，赢得了无数的荣誉，也为客户创造了无数的价值。

2016年，横店东磁正式开启锂电池产业，再一次培育新增长极，为企业跨越周期、稳健增长保驾护航，为全球化稳健发展助力。

一、切换动能，布局未来

将经济发展的动力由传统产业向新兴产业和战略性新兴产业转变，是推动中国经济向高质量发展迈进的重要内涵。横店东磁积极响应国家政策，切换动能，将磁性材料作为企业的基本盘并推进转型升级，实现效益的稳定增长，为稳定发展带来支撑；光伏业务和锂电业务近年来的快速发展，为企业提供了核心增量，开启了新征程。

近年来，二轮车锂电化、便携式储能、电动工具无绳化以及家用机器人普及等市场的持续增长，小动力电池产业的景气度迅速提升。根据GGII数据，2018—2019年我国电动工具、叉车、两轮车等细分市场的锂电池出货增速均在50%以上；其他领域如清洁、园林等，需求也在快速增长。全球范围内看，户外活动参与率呈现逐年上涨的趋势，移动用电量需求随之快速上升。在室内，便携式储能产品可支持应急备灾的刚需场景，解决缺电、突发断电以及应急救援等问题，配合太阳能板实现离网发电。小动力电池在锂电应用中有重要的地位。

横店东磁紧贴市场，积极布局，投入锂电池及储能领域。企业的锂电池产品主要是圆柱形锂电池，工艺成熟，具有标准化程度高、易于成组、PACK散热效果好、一致性高等优点，现有的电芯产线可应对电动工具、二轮车、便携式储能等市场需求。差异化布局小动力市场，横店东磁稳健发力，在发展空间较大的细分领域做强做大，旨在增强发展后劲。2022年年初，横店东磁投资建设6GWh高性能锂电池项目，进一步优化产品结构。同时，企业的产品性能持续优化，新产品的研发顺利进入量产。在小动力市场上，横店东磁正积蓄着越来越强的产品竞争力。

企业充分发挥市场优势，产品迅速渗透，新建产能释放稳健。2022年，企业锂电池产品的出货量中，下游市场电动二轮车市场占比超过60%，便携式储能和电动工具占比超过20%。横店东磁在市场上树立了较好的口碑，成功开发多家新客户，其中包括便携式储能的头部企业客户。

对于企业而言，国际化是品牌的必由之路。横店东磁通过吸收全球智慧、参与全球协作，维护产业链供应链稳定，让更多消费者享受到新能源产业所带来的绿色环保和更好体验，以更高层次绿色技术和产品，推进更高水平对外开放，为后疫情时代全球经济复苏贡献力量。以电池组件产品为例，企业现有产品已广泛应用于商业、家用、工业的离网和并网的太阳能供电系统及太阳能电站等领域，业务覆盖超过全球80个国家和地区。市场端，企业强化对欧洲市场的输出，做深做透欧洲，组件出货占比约80%；同时，积极开拓大洋洲、拉美、非洲及日本、韩国等国外市场，增量部分市场组件出货同比增长明显。

锂电池生产车间

对锂电池行业来讲，随着自动化和专业化程度的提高，全球范围的售后服务的重要性日渐提升。这恰是横店东磁的强项。企业在各主要市场都配有相应的技术人才，对客户进行技术指导和跟踪服务，熟悉客户生产过程，全方位满足客户需求。从技术方向和进步速度来看，由于锂电高度定制的属性，结合下游客户技术要求开发/合作开发是重要模式。

在同技术出众的客户互动研发中，横店东磁的技术水平也在快速提高。

从2014年至今，横店东磁在开展常规产品业务的同时，差异化产品的合作也在持续增加。在常规技术基础上，提升效率和长期可靠性的同时，与客户共同开发下一代新技术新产品。新冠疫情并没有阻挡横店东磁开发新客户、开发新产品的脚步。2019—2022年间，企业开发了多家新客户，多款新产品；通过不定期且密集的远程电话会议方式，推动开发和生产进程；通过远程视频会议方式，现场直播产品生产过程，让客户实时了解生产动态，实时发现问题，实时改善。经过不懈努力，横店东磁和客户达成很好的合作黏性。

2022年，横店东磁的境外收入占比首次超50%，成为企业主要收入来源。其中，光伏产品出货持续增加，2023年预计将再创新高。

二、软实力，让理想变成现实

一个企业既需要硬实力的支撑，也需要软实力的滋润。横店东磁，已然是活跃在世界舞台的中国制造业代表企业之一。面向新征程，企业拥抱变化，直面需求和问题，攻坚克难，以实干实现目标，托起理想。

1. 稳健与突破的辩证发展观

稳健是横店东磁的经营特色，坚韧是员工的人格魅力，而突破则是企业的拼搏骨气。凭借坚定“一定要成功”的信念，横店东磁把创新的思想和理念实现在一个又一个的客户开发、技术攻坚、产品生产和质量控制的行动中，攻克一切难关。

以线性马达为例，当时国际知名客户需要一款技术难度非常高的线性马达。对彼时的横店东磁而言，这个产品需要的弹簧片精度要求非常高，市场上采购不到，而当时设备和加工条件也无法完成。全公司上下四十几个模具工，没人懂这项技术，没人敢承担这个任务。横店东磁人偏向虎山行，硬着头皮上，企业千方百计找到了市场上懂这项技术的核心人才，迅速制定了研发方案。为了降低技术泄密风险，把订单拆分，找五家工厂分别完成部分零部组件。半个月下来，最核心的部件就完成了。到了冲床工艺阶段，当时企业内还没有这个部门。模具做出后如果委外加工，技术保密将再次成为难题。于是横店东磁决心自己买设备、建团队，“无中生有”地创建了自己的冲床工艺部门，产品顺利交付。现在，横店东磁持续承接了国际知名客户的订单，打开了市场，做大了业务。

以客户需求为己任，把不可能变成可能，每个横店东磁人都有这样的故事。企业40多年的发展形成了全球最丰富的磁性材料产品组合。而这许多“无中生有”“点磁成金”的成绩就是由这许多关于坚韧和创新的故事铸就而成。

2. 拓渠道、建机制，广纳人才

对于横店东磁这样前端产品与服务具有高科技属性，中端下属几十家工厂负责制造，后端统一管理的多业务、多元跨界经营的大型企业而言，培养、引进、留住和激发不同业务板块中的科研、技术、生产、管理等不同岗位的人才非常重要。

横店东磁非常重视人力资源的可持续发展，从实际出发，打造公平发展的人才发展机制。企业人力部门不断创新人才制度，在公司内部推行"管理干部公开竞聘机制""高潜力人才库计划""多通道晋升机制"等，确保优秀人才得到公平的晋升和发展机会。通过开设黄埔管理培训班、雏鹰班、后备车间主任班、车间主任进阶班、质量工程师班等，在"选人""育人"上做出了自己的特色。其中，自2019年就开始推出的专门针对985高校优秀毕业生的"黄埔计划"等人才培养措施，已经吸引到了包括中国科技大学、浙江大学、南京大学等国内知名高校，以及美国、英国、大洋洲等国家和地区知名高校的专业人才前来公司就职。

通过培养，大批学员成为事业部部长、工厂厂长、科长等，为横店东磁的发展添砖加瓦，为多年来企业业绩不断攀升打下了坚实基础。以2008年进入公司的郭某为例，从进出口业务员做起，在公司管理学院的系统培训、导师制导师的指导下，工作实践的磨炼下，九年时间里历任出口科科长、营销部长助理、事业部长助理、经营部部长、太阳能事业部部长，实现了快速成长。他带领的太阳能事业部，深耕全球市场、搭建专业团队、优化产品结构，2022年销售额突破百亿元，成为企业快速发展的排头兵。

在横店东磁，这样的例子不胜枚举。栽好梧桐树，引得凤凰来。横店集团也为企业的"引才留才"助力，通过建立绿色通道体系、提供住房、补助奖励、解决子女教育及就业、建设人才公寓等措施，让人才留得下来、安得下心，更好地释放企业的创新活力。

3. 受益于时代，积极反馈社会

横店东磁人坚信，党建工作是促进企业生产力发展最高效、最持久、最有战斗力的武器。

1981年，企业成立党支部，2009年升格为党委。党委书记由董事长、总经理一人担任，党委另外八名委员中三名为公司副总级，真正实现了"双向进入、交叉任职"。在决策上，党委领导三会一层（股东会、董事会、监事会、管理层）在宏观上决策企业重大事项及方向。在廉政建设上，党委监督三会一层，保证其清廉性，督促其积极履行监督职能。在企业文化建设方面，党委指导三会一层，以党建为契机，进行全方位的企业文化建设。

在党建引领下，横店东磁得以保持高质量发展。企业业绩指标大幅增长，连续26年名列东阳工业企业第一纳税大户，员工收入逐年增长。企业先后被评为“东阳市五星基层党组织”“东阳市创先争优先进党组织”；被金华市委组织部授予“五星基层党组织”“金华市非公有制企业‘发展强、党建强’示范单位”以及“‘党建强、发展强’非公企业”等荣誉称号。2021年，企业党建工作事例被中国上市公司协会收编入《民营上市公司党建优秀案例》。2023年，被授予金华市清廉民企建设示范单位。

社会责任是品牌的温度。对社会慈善公益事业的长期关注和支持，是横店东磁履行企业社会责任的重要内容。企业主动回馈社会，听民声、解民意、为民办实事，鼓励带动员工积极参与各类志愿服务活动。2022年，共组织400余名志愿者支援防疫工作，用实际行动播撒爱心，温暖人心。

同时，横店东磁积极吸纳中西部地区的员工就业，并在中西部地区建设生产基地，促进中西部协同发展。此外，不断探索产业智能化和数字化升级，并将成果分享给外界。仅2022年，企业就接待工厂参观172批，参观人数2397人，引领周边企业制造升级，推动社区以及产业高质量发展，完善公共服务，使农村产业更强、农民更富、农村更美，走出了一条以企业高质量发展带动农村共同富裕之路。

展望未来，作为中国领先的国家高新技术企业，横店东磁将持续发挥全球化布局优势，积极拥抱环境变化，坚持高质量、高效率发展的增长战略思维，与社会各界携手探索应对全球挑战的可持续发展之路。

企业家专访

坚守制造，坚持长期主义

——专访横店集团东磁股份有限公司董事长任海亮

《样本》：近年来，企业面临多变的外部环境和冲击，在同行相对低迷的情况下仍保持逆势增长。请您结合具体案例分享企业稳健增长的秘诀。

任海亮：横店东磁坚守制造业和长期主义的定位，做出相应的战略决策。创新，是横店东磁发展的驱动力。我们对企业的发展始终保持审慎的态度，科学看待产业的发展周期，强化学习，不断突破发展的舒适圈。

近年来的稳健成长，得益于企业持续深化“磁材+新能源”双轮驱动的战略部署，通过加大项目投资、加强技术创新、优化市场布局、深挖内部潜能等措施，使得各产业板块的综合竞争力进一步提升。同时，我们也拥有一支专业、务实、严谨、高效的管理团队，为可持续发展提供了有力保障。随着公司经营规模不断发展壮大，我们不断推进全球化、数字化、现代化的管理体系建设，以提高管理效率，实现高质量发展，更好地服务双循环。

《样本》：横店东磁是中国民营企业中跨界运营的成功样本，请您分享一下成功经验。

任海亮：我们身处中国快速发展的阶段，需要开辟更大空间的产业赛道。幸运的是，横店东磁向全球行业中优秀的企业学习，并根据自身的实际，锻造自己的核心竞争力。见贤思齐，让我们少走了很多弯路。

光伏与磁材虽然行业跨度大，但还是有相通之处。第一，光伏属于产业链中下游，与东磁的磁材制造基因匹配。第二，制造属性相似，都需要技术精度、降本增效、大规模生产标准化产品。第三，海外市场都是以欧洲为主，市场比较熟悉。第四，尽管技术专业各异，但团队的技术进取和资源获取的能力平台相通。

尽管如此，我们的经营进程还是遭遇了光伏行业的寒冬，但得益于磁材产业稳健的资金支撑以及几十年生产经验的积累，企业不断地自我蜕变，终于取得了较好的发展，成为一家“磁材+新能源”双轮驱动发展的企业。

横店东磁的双轮驱动，胜在时机较好，也体现在够坚持、够专一。我们一直秉承稳健经营的原则，注重风险控制。在经营规模持续扩张的过程中，公司经营性现金流充沛，抗风险水平优于行业平均水平。另外，也得益于横店集团的支持与助益，我们有更多的底气也有更多的信心。

《样本》：企业是实现科技创新和商业转化，理论创新与实践相结合的重要载体。请您就如何构建实现持续、良性的科技转化机制，分享横店东磁的成功经验。未来，企业还将重点在哪些创新环节持续增加投入？

任海亮：实事求是，与时俱进，是横店东磁刻在骨子里的基因。我们始终相信，所有的技术要与产品、业务共舞，才能让技术在业务中发挥支撑与引领作用。所以我们要求一切从客户的实际需求出发。我们要求贴近客户，让技术人员与营销人员一起到客户身边去。技术人员只有更深入地了解业务情况和业务需求，才有可能更好地将技术能力释放出来。同时，我们也倡导技术人员向业务人员学习商业模式，向产品人员学习产品理念，向客服人员学习用户喜好。

此外，横店东磁构建了完整的技术创新体系，2000多名科研、技术人员分布在研究院、事业部、工厂技术科三个层级。研究院负责牵头前沿性技术研发，实现从0到1；事业部依据市场需求进行拓展，推动从1到N；工厂技术科则解决生产线上的具体问题，保障生产顺利进行。

《样本》：请您谈谈行业发展趋势以及横店东磁的未来发展规划。

任海亮：立根坚定，千磨万击塑造的坚韧，任凭风浪起，总能在机敏应对中实现自身的成长。近几年，我国磁性材料行业面临着新冠疫情冲击、经济低迷及世界动荡等多重因素的叠加，产业在发展道路上出现了一些波动。但世界是不断进步的，磁性材料的应用领域也不断扩展。

碳中和行动的全球化推进，光伏等可再生能源发电占全社会用电的比重会逐年提升，同时光伏产业的技术进步叠加成本下降也会进一步促进产业的发展。未来几年，光伏的全球装机量会不断提升。在需求端向好的情况下也会助推资本投资的增加，产业链的不同环节亦可能会出现阶段性供需失衡，但不管处于哪个阶段，有较强综合竞争力的企业会持续呈现抗风险能力强、盈利能力好于行业平均水平的情况。

未来，我们将继续以高质量增长为目标，持续加大投入，推进创新，加码磁材和新能源产业的投资，不断推进各产业数字化、智能化、环保型绿色工厂的建设。除了实现关键技术的突破与长远储备，助力产业发展，还要加强高价值专利的申请与布局、知识产权风险管控，提升知识产权运用，积极开展专利申请与标准制定等工作。同时，永磁要加快建成梧州工厂，稳步推进越南工厂和本部新工厂的建设；软磁要稳步推进本部磁芯和电感工厂的建设；光伏要加快宜宾和连云港两个生产基地的首期工厂建设，争取在2023年第三季度建成投产，并同步加快推进电站项目的建设；锂电要加快新工厂的设备调试及产能爬坡，争取尽快达到满产释放。

《样本》：未来，横店东磁在融入长三角一体化建设中如何规划？

任海亮：横店集团紧扣时代脉搏，积极在长三角区域引入“外脑”，让小小山村逐渐汇聚起“星期天工程师”的“朋友圈”。30多年前，“星期天工程师”就携技术和项目而来，企业通过消化吸收、再创新，有效提升了自主创新能力。以借力“长三角”为“突破口”，以改革创新为“关键词”，横店迎来了新一轮的发展蓝图。横店东磁也是得益于此成长起来的。

我们积极融入长三角一体化建设中，设立研发中心，让研究、开发向外延伸，借助科创中心的平台吸引一流的创新人才联合办大事。同时，我们也坚持立足长三角，放眼全世界，与更多高层次人才合作，通过创造独有性和先进性的技术和产品，补齐短板，开拓一流的市场，夯实东磁在世界材料领域的领导地位。

横店的“高铁时代”正呼啸疾驰而来。未来，杭温高铁项目一旦建设完成，横店到杭州和温州的行程都将缩短至半小时左右。相信，当半小时的概念同长三角“交通圈”叠加起来，横店与长三角之间将实现无缝对接、融合发展。

专家点评

创新磁场是怎样炼成的

创新的本质是不做复制者的进取精神，在横店东磁的故事中，我们看到一种充满活力的中国式成长模式，一条从“中国加工”走向“中国制造”的创新之路。横店东磁的创新之路展现出了一种生机勃勃、勇者无惧的精神，正是这种精神，打造出一个独特的创新磁场，让企业行而不辍、万里可期。

1. 抢抓市场机遇

改革开放40多年来，中国许多细分领域的龙头企业都经历了从无到有、从小到大、从弱到强，再成长为行业隐形冠军的发展之路，横店东磁便是其中的佼佼者之一。从第一款磁性材料产品发展起步，到如今拥有5000多款磁性材料产品，成为全球最大的永磁铁氧体和软磁材料制造企业，横店东磁的发展之路正是改革开放以来中国企业高速发展的缩影。近年来，伴随着传统行业的信息化改造和创新型企业的强势崛起，我国企业发展迅猛，回顾横店东磁的发展故事，不难发现：无论是在改革开放的浪潮中，还是在全球绿色低碳发展的浪潮下，横店东磁都在抢抓市场机遇，多措并举不断推进技术创新，提升产品质量，以巨大优势迅速占领磁性材料市场。新时代将为“横店东磁”们的发展创造出更大机遇，中国良好的营商环境是它们发展壮大、持续创新的沃土。

2. 洞察市场变化

从铁氧体磁性材料到振动马达、薄膜电感再到光伏产业、锂电池及储能领域，在多元化产品发展的背后，是横店东磁在看准行业纵深拓展发展的基础上，围绕磁性材料领域不断洞察市场变化，精益发展策略建立了完整的产业产品布局的结果。令人欣喜的是，在全球可持续发展的绿色转型之路开启的初期，基于对自身制造优势以及未来发展的判断，横店东磁开辟“新能源”赛道，进军光伏产业，开始从事太阳能电池、组件的研发生产，目前已是国内太阳能光伏产业技术领先的生产企业。横店东磁的历程说明企业必须掌握核心的技术、精准的战略和灵活高效的决策，以应对行业的快速变化，在“走出去”的同时时刻保持着“有方法”，让创新在内部稳稳扎根且跨行业互通。正是这种谋定而快动的方式为产品的持续优化和企业的蓬勃发展输送源源不断的养分。

3. 深耕创新发展

创新和研发是企业最重要的核心竞争力，也是发展的关键，从技术的不断创新到实现企业自身绿色可持续发展，横店东磁的创业发展故事很好地诠释了这一点。从20世纪开发出彩电用色纯磁片填补国内空白，到90年代发明拉下式浮动合金模具生产效率提高十余倍，再到投产“高性能永磁铁氧体出口基地”，横店东磁的技术创业故事让人眼前一亮。在迈入碳达峰、碳中和时代后，横店东磁多年来持续投入、多管齐下向绿色低碳转型的战略成果正逐步显现：早早开展煤气发生炉淘汰整治全面推行绿色制造，积极开展余热利用和光伏发电技术推动实现传统产业“绿色化”，建设绿色化、数字化的升级版工厂以智造打造绿色产业“升级版”。横店东磁在智能制造和绿色发展创新实践方面，给中国传统产业“智改数转”带来鲜活样本与新的启示

砥砺前行数十载，守正创新方寸间。横店东磁以创新磁材，撬动全球磁性市场格局；以数据赋能，打造未来工厂创新样板；以绿色“智”造，成就中国企业鲜活样本。

朱晓明　教授、东南大学长三角碳中和战略发展研究院院长

第三章
用“高精尖”守护“高精尖”
——杭州科百特过滤器材有限公司

- **楔子：** 时光不负每一分努力
- **企业概况：** 世界先进过滤企业
- **创新解读：**

  第一节　“膜”革命创造新世界

  第二节　价值为纲，“滤”出一片新天地

  第三节　拥抱全球，释放中国“膜力”
- **企业家专访：** 做金字塔尖上的企业
- **专家点评：** 塑造新优势，助力制造业升级

楔 子

时光不负每一分努力

时间是最伟大的书写者，也是最客观的见证者。

2023年2月18日，杭州萧山湘湖之畔，科百特20周年庆典现场熠熠生辉，精彩纷呈地展现着科百特20载以“膜”造剑，精心研发的各类高端产品。其中的十多种独特的核心过滤膜材料，打破垄断，让中国自主创新的过滤产品“站”了起来。同时，企业还建立了从膜材料到过滤产品组件、过滤系统设计到过滤验证测试分析的完整过滤分离产业链，成为全球目前具备过滤分离全产业链研发生产制造强劲竞争能力的企业之一。

膜虽常见，却一度是制约我国高新技术产业的关键材料。尤其是膜分离技术在我国水资源、能源、环境、健康、智能芯片和传统技术改造领域发挥着关键性作用，是推进国家支柱产业发展，改善生存环境，提高生活质量的共同技术。同时，随着膜材料技术不断创新发展以及应用扩大，我国膜材料产业以每年两位数的增长速度发展。

秉持着“国外企业能干，凭什么我们不能干”的朴素理念和勇于突破、勇于尝试的精神，科百特创始人张应民带领团队潜心研发，一路攻坚克难，从2003年PES/PVDF/PTFE等膜材料研发平台的创建，到2005年的灭菌级滤芯的成功开发，到2015年的半导体及纳米技术的创新突破，再到2021年应用于生物制药领域的除病毒膜的研制成功，科百特已经成为国内膜过滤行业布局全产业链的“高精尖”企业，助力中国膜材料产业的高质量发展。20载的时光，科百特以技术创新及持续迭代升级实现突破和快速成长，并不断完善生产“智造”和质量管理体系，持续为全球客户提供可靠、稳定、可信赖的产品和服务，成长为中国过滤行业优秀企业，世界过滤行业先进企业。

企业的成长，再一次验证了中国技术创新的决心、信心和未来，也再一次证明和展示了技术创新带来的企业、产业乃至全领域进步的价值与贡献。正是由于有科百特董事长张应民这样一批心怀使命，决心“做金字塔尖上的企业”的企业家，才使得一项项技术得以突破，一个个产业难题得以解决，让中国的技术创新价值惠及全球、全人类。

迎接时光，科百特将在过滤膜产业上烙上更璀璨的印记。

企业概况

世界先进过滤企业

杭州科百特过滤器材有限公司（以下简称科百特）成立于2003年，是一家全球化创新型过滤企业，一直致力于各种微孔过滤膜、纳米滤材和超滤膜的研究和开发，及各种折叠膜滤芯、过滤器的设计制造，为全球100多个国家的2.8万多家客户提供过滤、分离和纯化解决方案。

一、二十年“膜”一剑

从第一款非对称PES0.2微孔膜，到2021年推出20nm除病毒过滤器，再到2022年上市尖端1nm的光刻胶过滤器，科百特在技术上持续进行迭代升级，建立了从滤膜、折叠滤芯、囊式过滤器、超滤膜堆、中空纤维，除病毒滤器、一次性储液袋（2D/3D）和搅拌袋、超净包装桶和包装袋，一次性流体系列管理产品、金属过滤器、过滤系统设计到验证测试分析的完整的过滤分离产业链。精通过滤材料的国际前沿技术和过滤产品的前沿应用，成为企业的鲜明色彩。

科百特专注于高性能微孔滤膜及其产品的开发和应用，产品主要用于微电子、生物制药、医疗和新能源等领域。该类产品过去长期被国外龙头企业垄断，而科百特打破国际垄断，实现了国产替代。例如：在生物制药领域，用五年时间，进行成百上千次实验，摸索和优化工艺，成功推出百分百国产的、疫苗和抗体等生物制品下游纯化工艺用的系列过滤产品——Biophsep™超滤和Viruclear® VF除病毒过滤器等等，打破了国外企业的垄断；在半导体芯片领域，科百特更是厚积薄发，用十多年时间攻克技术难题，成功推出半导体芯片纳米膜，量产了半导体产业化学品过滤用5~200nm全氟滤芯、超纯水过滤用Arrayforce®膜接触器和光刻材料过滤用Nylonpolar™滤芯等等，跑出了领先国际同类公司的数据。

近年来，企业每年研发投入占营收比重均达8.5%以上，员工总数超过5000名，其中专业技术工程师达1000多名，研发人员约占职工总数的20%，并拥有20余位知名海外技术专家。在专注内部团队建设的同时，企业亦借助外部力量激发和提高研发团队整体的创新能力，与浙江大学、浙江工业大学、大连理工大学等高校的相关专业建立了长期产学研合作，与多家集成电路制造和生物制品制造的国内外知名企业建立合作开发关系，不断创新技术，研发出具有自主知识产权的高新科技产品。

截至2022年年底，依凭强大的自主研发和设计能力，科百特已拥有超过600项专利。新冠疫情期间，科百特成为工信部新冠疫苗生产保障工作专班选定的原辅料配套重点单位之一；在半导体领域，也成为知名专业集成电路制造企业率先合作的国产微孔纳滤产品供应商。企业建有国家CNAS认证的验证服务中心、浙江省企业研究院、浙江省企业技术中心，承担工信部“工业强基”、国家重点研发计划和浙江省重点研发计划等项目，荣获工信部制造业单项冠军示范企业、国家高新技术企业、浙江省隐形冠军企业等称号。

二、全产业链建设赢未来

作为拥有全产业链研发生产制造能力的优秀企业，科百特2018年至2022年五年间，年均复合增长率超过30%，领跑膜产业发展。截至目前，企业已经成功研发出包括折叠滤芯、囊式过滤器、超滤膜堆、中空纤维、PES非对称开孔结构滤膜、PVDF滤膜、ePTFE滤膜、超细纳米纤维膜、基因诊断载体滤膜、防水透声膜、14nm集成电路制造用纳米膜、1nm高阶光刻过滤产品和超纯200L包装桶等在内的逾2万款产品，被广泛应用于各个领域，形成市场竞争优势。在消费电子行业，科百特已和全球前十大企业中的9家达成合作；在汽车行业，已和全球十大企业中的6家达成合作；在生命科学行业，已和疫苗、工

2023年科百特迎来20周年企业庆典

业酶、胰岛素和血液制品等多个板块市场的大部分国际头部企业达成合作。在国内市场上，科百特的高性能微孔膜滤芯产品及其解决方案，覆盖了90%以上的微电子企业和大型制药企业；在国际市场上，科百特的产品远销日本、韩国、欧美及东南亚等100多个国家和地区。

基于企业拥有的优秀技术、全产业链、多元应用的核心优势，以及已经实现并持续优化建设的国产化能力和智能化生产能力，科百特聚焦过滤分离膜，深耕产业链，做强高新材料和高精服务优势环节，积极拓展高纯原料和高端产品等环节。同时聚焦创新链，强化“研产用”一体，持续增强自主创新能力，以打造高竞争力分离膜产业链，焕新中国“膜”力，展现科技自强、扩展世界影响。

站在新的20年起点上，科百特将不忘初心，秉持“合作创造美好未来”的理念，拥抱全球化——实现客户市场全球化、研发制造全球化以及投资并购全球化，奋力成长为全球最优秀的过滤企业。

创新解读

第一节 “膜”革命创造新世界

从生活用品，到水处理、工业过滤、实验室应用，到生命科学、半导体，“过滤”无处不在，并深刻影响着我们的现在和未来。

简单来说，膜过滤可以想象成一个筛子，把不必要的杂质过滤掉，基本上每行每业都需要。小小的一张过滤膜，看似简单，却长期依赖进口，一度成为制约我国高新技术产业的关键材料。

全世界做过滤的公司约有5000家，多数只能采购现成的膜进行组装，真正掌握从上游核心的膜材料到下游应用全产业链的屈指可数。科百特技术达到国际先进水平，研发成果打破了国际垄断，实现国产替代，在助力产业的安全、高质量发展的同时，也向全世界展示了中国的“膜”力。

一、神奇“膜”力，助力高端制造

生物医药和半导体市场的发展趋势及新的应用领域，也催生了医药提纯，以及如5G通信、物联网、汽车微控制器和非易失性闪存芯片产品这些新兴细分化领域里的芯片的强劲增长需求。它们的生产过程中，具有“高精尖”基因的过滤产品，是保障产品达到相应质量和性能要求的核心条件之一。

过滤膜，简单来说就是一张布满了小孔的膜，借由不同组件和系统的配合，起到不同的过滤、分离和纯化作用。膜分离技术已被国际上公认为21世纪最有发展前途的一项重大生产技术，是世界各国研究的热点。不同的高精尖行业，对过滤分离纯化的需求不尽相同，需要设计具有针对性的解决方案。例如，在生物制药企业生产血液制品、疫苗等生物制品时，需要过滤膜来过滤细菌、实现蛋白和病毒的浓缩和分离等；在微电子领域芯片的生产过程中，则需要尽可能多地过滤纳米级线宽间的杂质，过滤膜可以用于湿化学品和特殊气体中的纳米颗粒和金属杂质等污染物去除，确保纳米级芯片良率——不同于普通颗粒在集成电路生产工艺中的易发现、早发现，金属杂质的发现往往已经是在工艺的后段节点，对工艺的良率造成了严峻的考验。目前最先进的芯片的线路宽度已经细到7nm、5nm，这意味着要过滤掉更小的杂质，过滤膜的精度甚至要达到1nm，高性能过滤膜需要有效地用于光刻、清洗、刻蚀和抛光等200多个工艺点，确保百分百高效的微污染过滤和纯化。

就具体产品来说，在微电子领域，高性能微孔膜滤芯产品主要涉及电子化学品过滤、CMP过滤和高纯水保安过滤—高纯水终端过滤等；在制药领域，主要涉及疫苗、抗体、血液制品和重组蛋白生产使用的澄清过滤、除病毒过滤、气体除菌过滤和制剂除菌过滤等；在医疗领域，主要涉及输液器应用、输血器应用、血液透析应用、麻醉呼吸应用和体外诊断IVD应用等。北京恒州博智国际信息咨询有限公司（QYResearch）的调研显示，2021年全球膜技术在制药和生命科学的应用市场规模大约为165亿元，预计2028年将达到236亿元，2022—2028年期间年复合增长率（CAGR）为5.2%。据世界半导体贸易统计组织（WSTS）统计，中国2021年已成为全球最大和贸易最活跃的半导体市场，市场规模为1925亿美元，同比增长26.9%，占全球市场1/3以上，膜技术迎来全面发展的黄金时代。

二、技术突破带来的产业繁荣

在半导体芯片领域，高端芯片工艺用纳米级膜过滤器的市场和核心技术被英特格（Entegris）和颇尔（Pall）这两家公司所垄断。生产一个14nm的芯片涉及近1000道工序，而其中近300道工序需要用到过滤膜进行过滤，以保障芯片制造每个环节中的良率，过滤、分离、纯化这一步骤几乎贯穿了整个芯片制造环节。在生物医药用膜领域，高端生物医药分离膜产品长期被默克密理博（Merck Millipore）和颇尔等国外公司垄断，国产分离膜产品性能以及产能曾经一度远不能满足国内生物医药市场需求，因此发展高端分离膜技术意义重大。

欧美等发达国家的大型先进过滤企业，拥有了行业先进的技术工艺和丰富的市场经验，品牌认可度较高，并且已形成跨国跨地区大规模专业化生产的集团，在过滤材料及其制品行业竞争中优势更加明显。在实际应用中，不管是光刻胶过滤、超纯水过滤和湿法化学品过滤，还是抗体、血液制品的除病毒过滤，均已全面进入单纳米时代。在单纳米时代，倘若没有掌握高精尖的技术，更加无法在市场竞争中谋得一席之地——这不仅意味着要受制于人，购买价格高，还会面临外国厂商随时调价甚至断供的风险。强化技术开发和应用，以技术突破垄断并进行国产替代，在高端装备制造和产业前沿科技创新领域形成自主可控的创新链和完善的产业链，切实维护我国产业链供应链安全稳定，把握未来发展主动权，支撑现代产业体系建设，成了中国膜企业的共同目标。

据中国膜工业协会数据，2021年我国膜产业总产值为3230亿元，2009—2021年复合增长率为24.77%。预计2025年达到5000亿元，2027年将达到5800亿元，2022—2027年复合增长率约为10%。随着我国对膜产业的重视程度不断提高，各级政府部门陆续出台一系列产业政策推动膜材料发展。

“实施产业基础再造工程和重大技术装备攻关工程，支持专精特新企业发展，推动制造业高端化、智能化、绿色化发展”，党的二十大报告为制造业发展指明了方向。2023年5月5日召开的第二十届中央财经委员会的第一次会议明确指出，要加快建设以实体经济为支撑的现代化产业体系，既要逆势而上，在短板领域加快突破，也要顺势而为，在优势领域做大做强。在我国产业结构调整升级、强调自主可控的大背景下，国内部分膜材料及相关配套装备生产商已经积累了较丰富的技术研发经验和较强的技术储备，产品竞争力不断增强，相关企业不断进行研发投入和技术成果转化，依托产品技术优势和本土化优势，有望逐步挤占国际巨头的市场份额，实现膜产业的国产替代。像科百特这样凭借较强的研发能力、良好的客户口碑及优质的销售渠道，逐步发展成为实力较强的高能级企业，具备提供适应多种复杂工况环境的系列产品和为大型客户提供全方位服务的能力，并带动我国高性能过滤材料及其制品行业逐步向区域集中化、产业集群化的方向发展，向世界展现着中国的“膜”力。

相信，随着创新驱动发展及一体化进程加快，以科百特为代表的创新型过滤企业，必将跑出年均复合增长率50%的更高质量的加速度，赋能美好生活。

第二节　价值为纲，“滤”出一片新天地

以价值为纲，持之以恒提高研发能力，实现技术“顶天”；坚守长期主义，以客户为中心，洞察时代与市场，让产品“落地”的理念，融入了科百特的发展基因中，成就了企业的高速高质量成长。

董事长张应民高瞻远瞩，带领团队持续强化技术价值，以突破的膜技术为基点，布局搭建了11个技术平台、42个技术研究与应用中心，探索积累了260多个技术研发方向，为技术的应用与产品的转化不断积蓄力量，让应用维度更宽广，让发展稳健且活力十足。与此同时，科百特不断投入布局、健全自身的产业链，让发展安全稳健且自主可控。

在科百特，每年做预算，不是花钱的预算，而是做项目的“预算”——依托立体有层次创新体系，不惜投入，通过一个又一个项目的推进和演进，力争把膜产业技术做到极

致。持续的创新能力，也让企业在行业内永葆先进，实现利润的持续增长。

一、深淘滩，构筑技术护城河

孔径达到微纳米级别的过滤膜，所能发挥的作用举足轻重，是现代生活和生产必不可少的一环。尤其作为核心材料之一的高性能过滤膜，在微电子、生物医药等高新技术领域长期依赖进口，一度成为限制我国产业发展的关键卡点。

以手机为例，IP67级防尘防水是当前高端智能手机的标配功能之一。为了保持扬声器的声音流畅度，手机需要具备良好的透声性能，因此就要用到防水透气膜、防水透声膜等。为手机提供信号的5G基站及其搭建所需的许多电子元器件，因常年日晒雨淋，对防尘防水透气的要求更加严格，一张膜片的使用寿命必须达到10年以上，十分考验膜生产技术。防水透声膜的生产难点在于膜片防水性达到一定等级的同时，各种音频透过膜片的能量损失要极小。此外，一种膜经常要生产上千万甚至上亿片，又必须做到每张膜片的性能一致。因此全球只有少数企业具备相应的研发和制造能力，而科百特就是这样的少数派。正因为具备自主研发和批量化制造的硬实力，科百特成了国内众多品牌手机防水透声膜和5G基站防水透气膜的供应商。

同样，在生物制药领域，科百特研制的澄清过滤、超滤、除菌过滤、除病毒过滤、一次性储液袋和搅拌袋等产品，其性能可以满足国产替代进口。已上市使用的新冠疫苗采用的四条技术路线（灭活、病毒载体、重组蛋白和核酸疫苗）均使用了科百特的产品。

如此显著的成效，源于科百特通过20年的持续投入与建设，让自主创新贯彻到了从研发到生产、从原料筛选到加工至成品的每一个环节。董事长张应民表示，国内数千家过滤器材公司，无论是给国外品牌做代理，或做自有品牌的过滤器材企业，虽然可以自产滤芯，但滤芯内最重要的过滤膜均来自国外膜生产厂商，利润也大部分被国外头部厂商赚走。如果上游受制于人，不仅面临外国厂商随时调价的风险，更严重的是，会对我国高精尖产业的发展造成阻碍。于是科百特决定自己研发膜材料。“在科百特产品出来前，进口膜过滤滤芯300美元一只。”当自研产品上市后，进口过滤器产品的高昂价格开始大幅回落，有力支持了国内广大制药企业创新和发展。

微生物实验室、过滤性能实验室、电镜室、完整性测试实验室……科百特拥有产业链上较完整的实验配备。于科百特而言，研发是成长根基，唯有越扎越深，才能枝繁叶茂，带领企业自如应对各种挑战，迎接未来。2020年，新冠疫情导致疫苗生产所需的过滤膜需求激增，国外公司过滤膜出现断供。2021年4月，科百特在特殊规格超滤膜包上攻克技术难题并成功实现量产，有力支持了中国疫苗生产。

除病毒过滤膜是重组新冠疫苗工艺非常关键的步骤，也曾完全被国际公司垄断。科百特经过将近800个日夜，通过300多次的实验摸索和表征研究，通过无数次的制膜工艺的优化，并经大量客户端的测试和实验数据的反馈，最终筛选出了一款对蛋白质透过率大于99%，同时对细小病毒的截留率LRV大于4的性能优秀的除病毒过滤膜。2021年9月，科百特突破海外公司的技术垄断，推出了拥有自主知识产权的Viruclear®除病毒过滤新产品，完成重组新冠疫苗全线国产化的最后一公里。至此，科百特完成了从除菌过滤、超滤到除病毒的膜过滤全产业链的解决方案，实现了生物医药领域的布局。这是科百特的“18岁成人礼”。

2021年科百特Viruclear®除病毒过滤膜新产品发布会

在半导体领域，针对不同点位的金属杂质去除需求，在具备研发生产不同材质、不同精度的多孔材料技术的同时，科百特积极发展高分子材料表面改性技术，通过对多孔材料技术和表面改性技术的融合，定制化地开发适用于不同应用场景的金属杂质去除产品。以科百特具有纳米孔径的PTFE膜滤芯为例，不仅填补了国内高端纳米级PTFE膜滤芯的制造空白，更是国内首次将PTFE膜的孔径降低至5nm级别，技术达到国际同类产品水平。针对越来越高的微污染控制要求，企业从材料入手，还独立开发了PVDF、PES、Nylon、UPE、金属和陶瓷等材质的滤膜，产品覆盖集成电路制造中包括Wet、Litho、Etch和CMP在内的几百个过滤、纯化和分离点位的需求，为国内外集成电路客户解决了制程中的过滤问题，提高了良品率。如今科百特的系列产品，覆盖了集成电路制造的各个制程工艺，同时，也着眼于集成电路制造上下游的需求，开发了脱气膜 Degasser、化学品用超纯 Drum 桶和超纯 PVDF 管道等产品，打破了国外关键技术及核心产品的垄断。

依靠孜孜不倦的科技创新，科百特实现了跨越式发展，以技术高度和平台维度构筑技术防线，确保核心壁垒的构建。同时，其在生物医药、半导体领域蓄势多年的研发储备，随着应用的不断扩大，为企业迎来了爆发式的增长。

二、低作堰，以客户为中心

如果说创新研发是科百特成长的根，那么真诚服务客户、以客户为中心就是科百特的阳光和雨露，给了科百特追求卓越，积极向上的动力。

科百特在发展过程中，一直以客户需求为导向，通过不断挖掘内部潜力，降低运作成本，为客户提供更有价值的服务。“技术创新，让科百特获得越来越多头部客户的认可。但是我们必须明白，一定要以客户为中心，让技术‘接地气’，客户提出的更高要求将促使科百特攀登更高的高峰。尤其是高端客户给予的测试机会，更是难得。”董事长张应民如此要求员工。此前，科百特就不惜成本，引进国际先进的分析及测试方法，建立了亚洲先进的 CNAS 级别的验证检测中心，找到了 70% 左右的污染源，解决了客户的工艺难点，并为客户节省了 1/3 左右的使用成本。“只要以客户为中心，与客户做朋友，并聚焦价值创造，受益的终将是科百特自己。”因此无论任何时候，科百特都对客户恪守着这样一则信条——优良的产品质量，优良的售后服务，具有竞争力的价格优势，良好的沟通配合度，为客户提供高质量产品、服务和高品质体验。

2020 年，新冠疫情全球肆虐。正是由于这一突发事件带来的特殊挑战，不仅凸显了像科百特这样有实力的国内企业的技术高度，更展现了企业的责任感和使命感。

新冠疫情造成了全球供应链的断裂，很多制药企业的生产无法满足。然而，新冠疫苗的产能需求却一下子暴增，对原材料供应链的冲击如同海啸一般。作为疫苗生产线的膜过滤和一次性产品的供应商，科百特一方面要满足新冠疫苗生产的新需求，另一方面要保证其他产品的正常生产。为此，科百特一手抓产能，一手抓研发，调动各种资源扩大生产，加大投入，成立攻坚小组研发新产品。与此同时，和客户沟通分批发货，保证客户的正常生产。当科百特研发遇到困难时，客户主动参与讨论，并免费为科百特提供样品——这些样品如果成药出售到市场，价格非常昂贵。科百特生产车间 24 小时灯火通明，工人夜以继日，三班倒，确保每一件产品高品质如期交付。

科百特明白，唯有始终能够提供高性能、高品质的产品，才能真正做到为客户服务，做到“质量可靠，价格稳定，交货及时”，才能真正赢得客户的长期信任。

科百特早早重金聘请日本专家为质量总监，引进日本精益化生产理念，并导入业内较严苛的日本质量管理控制体系，贯彻4M管理理念，确保技术产品的高品质、高稳定性和高可靠性，保证了出厂成品率接近于100%。科百特最早于2006年就组织员工访问日本，实地学习日本最先进的生产管理方式。而且，所有产品基于QC工程表生产，致力于生产工序的质量，导入自工序完结和双重检验体制，根据SOP进行稳定作业，保证供货安全。

科百特建立的这套质量管理控制体系，覆盖从研发到生产的生命全周期，即使面对诸多不确定因素带来的挑战，也能保证出厂的每一支滤芯合格。以规则和体系的确定性，强化质量建设，应对不确定的市场考验。

此外，在产品和服务上，科百特坚持投入，追求多样化和个性化。因为过滤物、过滤环境和过滤需求等条件不同，所以实际应用中产品的需求各种各样。科百特的技术平台和生产车间，有能力实现多样化和个性化的设计与生产，快速高效地满足不同客户的需求，提高产品的竞争力。

科百特以客户为中心，伴随客户不断成长

三、放眼量，以长远眼光看待“花钱”问题

科百特的发展史上，大手笔科研投入的一个个勋功章，代表着企业高瞻远瞩的目光、持之以恒的毅力，也构建了科百特领跑行业的底气。

创立之初，因为早早开始建设自己的验证与应用实验室，持续的大资金投入，一度导致企业的资金链几乎断裂，很长时间被同行笑话“乱花钱”。而2010年国家出台过滤除菌验证的相关政策后，这个“乱花钱”的行为却让企业实现了质的飞跃，使得公司目前在过滤行业成为翘楚。如今，升级后的验证与应用实验室（AVLCenter），获得国家认可（CNAS），面积约7000平方米，单单设备投入已累计超过2亿元，已成为行业内亚洲范围内具有强劲竞争力的验证与应用实验室。实验室内，光客户工艺验证工程师就超过300人，每年出具超过2500份技术分析报告和5400份工艺验证报告。同时，企业还在此基础上，建设了8000平方米的内部验证实验室，专门做开发的内部验证，支持不断增长的业务需求。

与此同时，科百特聚焦主航道，坚定投入并布局，以健全自身的产业链，确立并扩大自身的优势，让企业与产业的发展稳定、安全、高质量。以独立运营的全资子公司杭州纽创生物检测有限公司为例，除了为科百特过滤膜的研发上市保驾护航，也为其他生物医药公司客户下游供给（包括国内领先的生物制药公司），提供有效性工艺研究、除病毒验证服务，加速客户项目的研发申报进度。

新冠疫情期间，ECMO（俗称“人工肺”）设备被大力应用于新型冠状病毒感染重症患者的抢救中。其中的核心材料为中空纤维膜丝，要求材料既拥有很好的透气性能，又能实现长效疏水，以满足临床中持续运行数周甚至数月的要求。PMP是一种性能优异的聚烯烃材料，具有良好的氧气通量和氮氧选择性，低溶出及生物安全性等特性，被公认为“膜肺氧合器”的最优介质。在2020年以前，人工肺膜材料全球仅有美国一家公司供应，中国医疗系统陷入采购难题。作为国内研发此类膜丝的成功企业，科百特加快研发进程，2021年投产的人工肺膜打破了国际垄断，成为全球有影响力的生产ECMO人工肺膜丝的企业。

很多人不知道的是，早在2013年，科百特就启动PMP氧合膜丝的研发项目，是国内率先研发此类膜丝材料的“高精尖”企业。对该项目持续投入资金和人力，科百特的初心不是看到产品利润，而是关注到ECMO原材料的供应限制了中国医疗的发展。“我们希望通过这个材料的研发和推出，打破国外供应商的垄断，构建一个更加健康的市场发展。”张应民董事长如是表示。如今在生命科学领域，全球TOP50的企业，科百特的产品和生产

质量控制体系已经通过其中逾半数企业严苛的测试验证和审计，与这些企业建立了稳定的合作关系。

同样的投入，也体现在半导体材料业务的布局上——持续亏损多年依旧坚持投入，终于在2021年成为公司利润新增长点。企业自主研发的过滤器系列产品供应知名专业集成电路制造企业，成为国内率先通过知名专业集成电路制造企业过滤器系列产品验证的国产供应商、全球第三家进入国产滤芯的全过滤解决方案厂商，解决了集成电路产业链中过滤器产品国产替代的关键问题，为我国的集成电路制造在未来实现完全自主可控打下基础。

“在半导体领域，我们深度布局东亚市场，尤其是在知名领先集成电路制造企业已实现56个应用点导入。我们是国内知名通信公司的防水透声膜的供应商。未来我们会进一步加大全球市场拓展，加快抢夺国际市场份额。”张应民董事长表示。在所属的细分领域，连续三年，科百特微孔膜滤芯产品销售额国内及全球皆为可观。

持续不懈的研发投入和全产业链建设，让科百特在2021年获得了工信部“制造业单项冠军企业”称号。如今，科百特的产品和技术已广泛应用于生物制药、化学制药、医疗器械、集成电路和新能源等多个领域，行业半径不断拓宽，开拓出自己的一片新天地。

第三节　拥抱全球，释放中国“膜力”

在企业20周年庆典之际，科百特成为国内较早被批准加入BPOG（BiophorumOperations Group，生物医药行业领域最专业的非政府工业联盟组织）的可提供过滤与一次性系统全面解决方案的民族品牌供应商。

依托BPOG的全球化平台，科百特将继续并更好地引领生物医药过滤与一次性解决方案，持续性攻克行业卡脖子技术难题。这是科百特在生物医药领域迈向全球的一大步。在集成电路等领域，科百特也不断强化研发能力，打造整体解决方案，获得国际品牌企业的认可，协同推进国际市场。

坚持奔跑的科百特，双十年华，青春正茂，活力迸发，探索、开拓着更多新市场、未知领域。

一、坚持开放，持续进化

截至2022年年底，科百特参与制定了2项国家标准和8项行业标准，并主持及参与了若干个团体标准的建立。

企业坚信“合作创造美好未来”，致力与客户、供应商、员工、社区和股东建立持久可信赖的合作关系；坚持“技术专业化、产品多样化、服务个性化”的发展方向和“产品+系统+服务”的发展模式。这样的模式下，提升行业标准、持续进化管理体系性，组织高效，以支撑企业的快速发展成为一大挑战。

科百特以国际化思维治理企业，不断学习不断进化，拥有一支懂经营、善管理的高学历管理团队。管理上，采用董事会领导下的总经理负责制，通过设立股东大会、董事会、经理层和监事会，构建不同的权力机构，划分内部管理机构的责权利关系。同时，董事长张应民兼研发负责人，负责技术和研发及成果的转化，让科百特的技术创新、产品创新稳定且高效。在生产制造上，企业一方面引入美国、日本和韩国等国际高级人才，包括验证实验室主任武富英俊、品质专家原真二、技术分析专家詹高白和过滤器设计专家石仓英三等，组建海内外专家团队；另一方面还导入业内较为严苛的日本质量管理控制体系，贯彻4M管理理念，确保技术产品的高品质、高稳定性和高可靠性，保证了出厂成品率接近于100%。

同时，企业基于技术自信及产业发展目标，在成立不久就开始构建品牌战略领导机构，制定相关的管理办法，培养专业人员，注重品牌的外延发展，每年对商标的合理利用、维权和避免侵权等进行传播。2005年，注册了“cobetter”商标，其中“cobetter®滤芯”于2018年11月被认定为“浙江名牌产品”。

为了适应公司全球性布局与规范管理的发展要求，科百特在制度标准化建设上也走在行业前列——早在2010年1月，就结合“决策与业务流程优化及组织再造”启动了内部控制制度标准化工作，发布了《技术作业指导书》《知识产权管理手册》《风险管理手册》等几十项制度，并于2011年3月试运行，在实施过程中不断完善。通过10多年创新探索，企业已在实践中建立起适合自身发展的，由总部—分公司—工厂三个层次构成的一套高效、科学的内控管理流程标准化体系，应对各类风险机制，保障安全稳健发展。未来，科百特将进一步完善管理和组织体系。

在制造端，从2011年建设占地18亩的C1厂到2023年C12工厂总占地301亩，短短10余年时间，科百特工厂面积扩张了16倍。目前拥有60余条滤膜、滤芯制造生产线和1.5万平方米整体万级净化车间，采用全程洁净室生产。其中，C3工厂的设计和管理直接对标全球竞争对手，满足全球品质技术要求。为了满足快速增长的订单，科百特也一直在加足马力搞基建，保持着每年新上一个项目的速度。C8研发总部正在建设中，用地面积15亩，总建筑面积规划6.3万平方米，计划总投资3.1亿元，预计2025年投入使用；Ecmo用中空纤维膜的中试产品已通过国际知名医疗用具及医疗服务公司的评价，计划于2023年年底在C9工厂批量化生产，计划总投资1.64亿元；C10（杭州纽创生物检测）为生物制品工艺验证实验室，已经通过了CNAS、CMA认证；C11工厂项目预计在2024年建成投产，计划总投资3.74亿元，能够打破国外对于半导体超纯水脱气膜核心膜材料制备的技术垄断；C12工厂作为生物制药领域过滤产品的第三次扩产项目，计划总投资7亿元，它的投产将满足持续增长的出口需求。2023年正式启动的C13工厂科百特半导体超纯氟材料及部件产业化项目，总占地150亩，所生产的PFA管阀泵产品，可形象地比喻为化学品液体输送的“咽喉”和“血管”，为半导体超纯水提供运输保障。

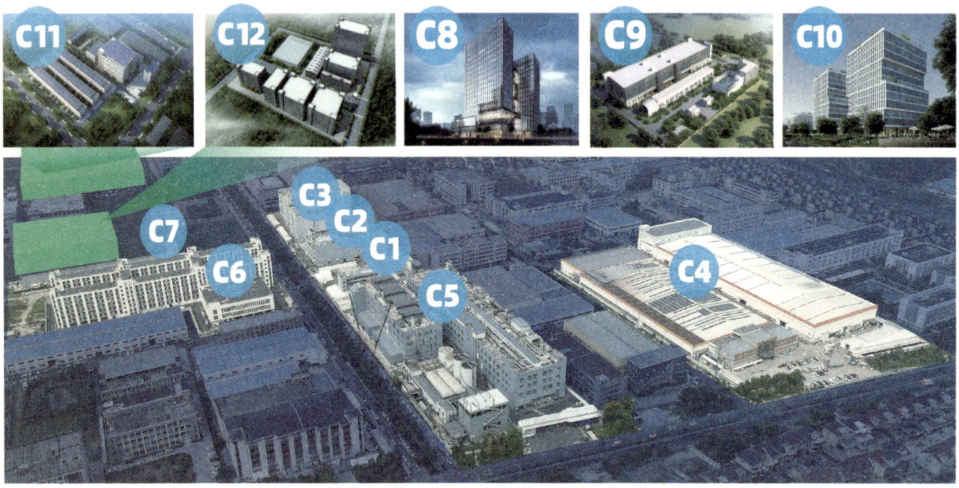

科百特制造工厂布局

二、拥抱全球化和品牌化时代

2022年，科百特的出口额增长了180%。随着新经济形势的发展，全球企业把供应链稳定性均提高到非常重要的战略地位。在国际市场上，科百特产品远销日本、韩国、欧美及东南亚等100多个国家和地区，拥有2.8万多家客户。为了开拓和服务国际市场，科百特在美国、日本、韩国和新加坡等国家设立了子公司，加速推进全球化发展布局。

科百特积极构建全球商业生态系统，拥抱全球化和品牌化时代。为此，在实现客户市场全球化、研发制造全球化和投资并购全球化上进行战略规划。

张应民董事长始终坚信，企业的未来一定是在国际市场，海外业务将是半导体、生命科学两个板块的协同发力，推动产值持续攀升。强化全球市场的战略布局及建设，确立并扩大全球市场竞争优势，提升国际市场份额，成为必然之举。尤其是在全世界不同国家，针对业务不同需要建立不同的能力中心，以支撑全球性商业体系的建设发展，成为战略布局的一大核心。目前，企业在日本和中国台湾已经建立了实验室，可以为客户做更深入的应用研究和吸纳国际前沿的行业专家。日本实验室已经接到日本TOP2的制药客户验证订单，正计划在综保区建立实验室，为全球客户服务。2023年科百特在中国台湾新建工厂。另外，还计划不久后在日本和东南亚建立工厂，在德国设立子公司。

近三年，科百特计划将海外营收的占比提升到50%，让更多创新成果惠及世界；至2025年，企业销售总额突破50亿元，亚洲和国内市场份额占有率保持第一，全球市场份额占有率力争前三。未来十年，科百特希望，通过不断在全球市场寻求优质的标的以及海外并购，来推动海外业务的快速发展，和上下游产业链的伙伴们一起合作，下足功夫，做大市场，以技术创新推动产业进步，让科技惠及美好生活。

企业家专访

做金字塔尖上的企业

——专访杭州科百特过滤器材有限公司董事长张应民

《样本》：作为国家级制造业单项冠军，科百特力争将膜产业技术做到极致，国内市场占有率达95%。请分享一下您的创新心得。

张应民：要做金字塔尖上的企业，就要有一股韧劲，要沉得下心，敢于突破别人不敢突破的技术高地。创新是“从0到1”的突破，国外有但是国内没人能做的，我们要去突破；而国外没人做的，我们同样要勇于尝试，要去突破，蹚一蹚技术“无人区”。只有踏踏实实搞好基础研究，才能把核心技术牢牢抓在手中，掌握产业健康发展主动权。当然，技术创新需要具备足够的耐心及持续不懈地投入，包括资源、资金、精力以及人才。科百特从创立那天起，在技术投入上就从不吝惜，甚至不计成本。早几年，每年的盈利收入，基本都投入到研发中。

如今，我们的过滤膜技术从0.1μm膜升级到1nm的纳滤膜，整整提高了100倍。通过优秀的技术开发和验证分析，丰厚的技术应用积累，对未来的不懈投入以及高品质的服务与产品质量，科百特形成了自己的创新驱动发展模式，成为国内行业翘楚。目前，我们在研项目有500多个，也拓展新维度，布局氢能源用膜等新领域。

《样本》：科百特坚持以客户为中心，并让创新发展和客户服务形成正向循环。请您结合具体案例谈谈，如何正确构建客户与企业发展的关系？

张应民：一路走来，非常感谢我们所有客户的支持。他们对科百特来说不仅仅是合作伙伴，更是创新来源——没有他们的支持，我们的研发就是无源之水，无法迭代创新，更无法屹立于世界之林。

在过滤做到1nm极限后，在客户的指引下，我们又从物理纳米时代，进入化学纳米时代的研发。也是在客户的指引下，我们从超纯水的过滤器，再到光刻胶的过滤器，再到芯片制造常用的化学试剂TMAH的纯化，技术不断迭代升级。集成电路制造企业甚至要求我们开始尝试酸的纯化过滤开发，这是非常有挑战性的，也是非常激动人心的课题。

膜材料与生物医药、半导体等产业发展，辅车相依。创新发展和客户服务可以形成一个正向循环，我们用创新获得越来越多头部客户认可的同时，这些客户也会给公司提出更高要求，反向助推企业创新。这里我要衷心感谢这些顶尖的客户给的测试机会，这样我们的技术才会迭代进步。顶尖客户的指引，是我们研发前进的方向。

《样本》：科百特是全球具备全产业链研发生产制造能力的有竞争力的企业之一。通过对产业链的建设，已实现70%左右高性能过滤膜材料及其产品的国产替代进口。请您谈谈，新时期，在全球竞争中产业链建设的重要性。

张应民：现代企业的竞争是供应链间的竞争，尤其是在不确定性的全球经济新常态下，更是如此。只有从上游到下游的整体强劲，企业才能在不确定性中作出确定性的判断，自主可控调配资源进行高质量发展。

知不足而后进，望山远而力行。科百特正在推进建设过滤分离产业链。在这个链条上，客户、合作者等都是我们的生态伙伴。我们坚决以开放的理念，推进各方的合作。技术只有真实地应用到产品中，才能体现价值，实现造福于人的目的。因此，只有和伙伴们利益共享，共创共建，实现价值链、产业链、生态链的三者互融，才能强化核心壁垒，构建持续长久的竞争力。

《样本》：短短数年，科百特即将实现13家工厂的阵容，企业实现了研发技术、生产制造等维度上的多重高质量成长。请您谈谈如何持续强化企业的竞争优势？

张应民：2021年，全国过滤膜市场规模约300亿元，全球市场规模千亿元，且趋势向好，同时整体行业价值较高，属于技术、资金、人力密集型产业，中国有能力有条件在这个领域实现自己的产业竞争优势。

科百特作为行业内的优秀企业，有义务肩负更多的使命，促进企业与产业的共同成长。目前，我们正在联合政府以及更多创新资源，构建全球先进的分离膜产业链，焕发中国“膜”力。科百特作为其中的主要参与者，希望以此打造产业创新联盟，推进研发成果转化应用，打造具有国际影响力的分离膜研产一体化中心。同时，在产业链内积极助力通过拓展高纯原料、做强高新材料、提升高端产品、聚力高能用料和做优高精服务等环节，形成千亿级产业平台建设。以高能用料今后重点拓展的高纯原料——高纯基础树脂材料（如PVDF/PTFE/PFA）为例，科百特发挥链主企业优势，联合优势制膜原材料生产企业，合作共建高纯树脂供应项目，从源头解决膜产业原材料供应问题。同样，在半导体、制药和新能源等高能用料环节，作为科百特膜材料重点应用领域，目前销售额占比已超过75%。强化下游应用企业导入，推进科百特与产业链应用端企业加强协作，形成既相互独立又有机关联的产业协作生态，具有加强未来的全球化竞争力意义。且科百特拥有新能源电池过滤器、高纯半导体氟材料及部件项目等项目支撑，可操作性强。未来，产业链的建设也将成为科百特实现更高质量成长的关键所在。

《样本》：请您谈谈膜产业未来的发展趋势，同时分享科百特未来的发展规划。

张应民：中国膜产业发展迎来了难得的发展机遇期，一是绿色发展带来的产业转型升级、环境产业改造以及生活方式改变，给膜产业发展带来了更大的市场需求和发展空间；二是我国支持战略性新兴产业发展，给膜产业发展带来了新的增长点，例如节能环保、高端装备制造、新能源新材料等；三是国际市场的巨大需求，中国膜技术的创新发展，给中国膜产业带来机遇。

良好的生态是膜材料产业发展的沃土。2023年年初，围绕科百特，定位为市区镇共建的膜材料小镇建设已拉开序幕。我们将向上进军高纯原料领域，向下布局半导体、医疗器械、新能源等领域的应用集成，把我们上下游的合作伙伴，一起带进膜材料小镇的建设中。我们希望以这种方式，撬动整个杭州膜材料产业集群，补齐全省关键战略材料领域发展短板。科百特作为领军人，自觉作为“链主”布局产业链、供应链、创新链并做一系列突破。不久的将来，时代高架最南端，一个特色产业园区将会生机勃勃地出现在大家的视野中，这里不只是生产产品，更将汇聚优秀的人才。

未来，我们将不忘初心，坚定不移地走技术研发创新之路，心无旁骛地做好主业，力争把膜产业技术做到极致，并以技术为平台，扩宽产业应用维度，推动产业文明向前发展。二十年砥砺发展，我们成为国内先进的过滤公司；未来二十年，我们立志要成为全球最优秀的过滤公司。我们会披荆斩棘向未来，不遗余力驶向我们的灯塔——将科百特的产品打造成全球“膜”之光，惠及更多人。

合作创造更美好的未来！我们也非常有信心成长为百亿级企业，携手合作伙伴，共同创造美好未来。

专家点评

塑造新优势，助力制造业升级

全球做过滤膜的公司有上千家，但掌握核心技术，能够建起从上游核心膜材料到下游应用全产业链的公司屈指可数，科百特即是其中一家，且目前是中国唯一的一家。

过滤膜是一种常见的工业材料，看似简单，却是高新技术产业的一项关键材料。受技术限制，以前我国的国产膜只能应用于中、低端制造场景，高端领域依赖进口。深耕行业近二十年，我们看到，依托科技创新，科百特成功研发出纳米膜等一系列高端膜过滤材料，打破国际垄断，破解高端膜领域“卡脖子”难题，实现国产替代，意义巨大！我国支持战略性新兴产业发展，离不开从上游到下游各个配套领域建设，从原材料到生产制造，各个细分领域，都需要有“硬”起来的供应商，确保生产链的安全供应。

科百特在膜过滤的细分赛道，体现了“过硬”的科技实力。小小的一张膜，应用领域广泛，达到微纳米级别的过滤膜，更是能发挥举足轻重的作用，已经成为集成电路、生物医药等行业生产环节的核心材料之一。以芯片为例，一张14nm的芯片在生产过程中有近300道工序需要用到过滤膜进行过滤，才能保障芯片的干净效率。科百特作为国产膜过滤领域的领先者，研制出具有纳米孔径的PTFE膜滤芯，首先将PTFE膜的孔径降低至5nm级别，打破了国外关键技术及核心产品的垄断。

在医药领域，除病毒过滤膜是重组新冠疫苗工艺非常关键的步骤，曾经完全被国际公司垄断。科百特筛选出了一款对蛋白质透过率大于99%，同时对细小病毒的截留率LRV大于4的性能优秀的除病毒过滤膜。并在2021年9月推出了拥有自主知识产权的Viruclear®除病毒过滤新产品，完成重组新冠疫苗全线国产化的关键一环。

习近平总书记强调：以国家战略需求为导向，集聚力量进行原创性、引领性科技攻关，坚决打赢关键核心技术攻坚战。面对百年未预见之大变局，中国的企业，要不断攻坚，不断创新，做到自己细分领域的“金字塔尖”。要把企业打造成为强大的创新主体，做创新发展的探索者、引领者，心怀使命，做大做强。制造强则产业强，产业强则国家兴。当这些细分领域合并起来，就是一条完整的产业链，从上游到下游，助力“中国制造”走向“中国创造”。这也是科百特给我们带来的重要意义！

如今的科百特正阔步迈向全球化，在美国、日本、韩国和新加坡都设有子公司，产品已经远销全球106个国家的2.8万多家客户。科百特的研发团队中拥有20余位知名海外技术专家，对标国际一流标准，构建世界一流专家团队。在此，希望科百特更上一层楼，在构建“双循环”新发展格局大背景下，充分利用全球资本市场，进一步实现规模扩张和技术迭代，开展更深入的产业研究，布局更广泛的应用场景，销往更广阔的国家和地区，引领中国膜产业变革提升，让“中国膜”实现全球领跑。

“千淘万漉虽辛苦，吹尽狂沙始到金。”每个细分领域都需要不断锤炼，期待科百特这样的高精尖企业不断出现，砥砺前行，继续以创新实力诠释“中国力量”，积极打造自主可控、安全可靠的产业链供应链，持续巩固和增强制造业竞争优势，加快建设制造强国，以技术赋能助力高端制造的高质量发展。

汤哲辉　安永大中华区硬科技行业中心审计主管合伙人

第四章

书写中国“智造”创新典范

——莱克电气股份有限公司

- **楔子：** 万山磅礴看主峰
- **企业概况：** 清洁健康家电领导者
- **创新解读：**

  第一节　走向新征程

  第二节　创新价值先导，打造清洁之王

  第三节　洞察绿色，构建新生态

- **企业家专访：** 让世界更干净
- **专家点评：** 彰显新时期中国企业及企业家创新风范

楔　子

万山磅礴看主峰

作为全球领先的小家电企业，莱克电气在创新驱动高质量发展的道路上稳扎稳打，以产品价值、品牌价值、文化价值、产业价值以及社会价值的多维探索，走出独有的发展道路，实现自身的高速高质量成长，助力行业的健康发展。

尤其是过去三年来，面对新冠疫情和复杂多变的国内外经济形势，董事长倪祖根以十年之功，坚持自主品牌发展战略、质量管理模式以及数字化、智能化赋能的柔性组织，打造中国成长速度最快的家电高端品牌。企业品牌价值不断刷新历史纪录，企业营收和利润仍旧持续性增长，市场份额稳居行业第一，成为极少数成功实现从中国制造到中国创造、中国品牌的新标杆。与此同时，企业洞察时代需求、瞄准绿色发展、新能源赛道，并结合自身优势布局构建核心零部件业务，新业务连续2年同比增长超过100%，成为企业引领行业高质量发展的又一引擎。

在莱克电气董事长倪祖根的身上，我们看见了勇攀高峰、敢为人先的科学家精神和创新精神，以及作为优秀企业家对科学发展观的坚守、时代需求的洞察，事业的锐意进取和艰苦奋斗的精神，以及对使命的自觉担当和对产业进步的自觉推动。这一切，让莱克电气成为时代的“天选之子”，自信且从容地展现着中国制造企业直面全球竞争、主动掌握未来发展主动权的风骨和范式。

沧海横流显砥柱，万山磅礴看主峰。29年四次变革，在难以预见的惊涛骇浪中始终保持稳健增长的莱克电气，已然成长为产业中难得的生存力、竞争力、发展力和持续力成绩俱佳的“四边形”战士，在锻造强大韧性中擎动生机和活力，构建了以高速电机为核心，以品牌为驱动的国内国际双循环的各业务生态协同的高质量可持续发展格局，奋力为“制造强国、质量强国、网络强国、数字中国”的实现添砖加瓦，赋能美好生活。

企业概况

清洁健康家电领导者

莱克电气股份有限公司（以下简称莱克电气）创立于1994年，位于苏州高新区，是一家以高速电机为核心技术的环境清洁和健康小家电领域全球领先的研发制造企业，2015年在上海证券交易所成功上市（股票代码603355）。业务范围包括家居清洁、空气净化、水净化、智能小厨、园林工具等绿色智能家电产品，以及高速电机和新能源汽车零部件等，业务遍布美洲、欧洲、亚洲等全球100多个国家和地区，全球合作客户超过200多家，进入零售终端超万家，拥有全球用户2.5亿。同时，企业七大生产基地总占地面积达75万平方米，生产制造能力位居行业前列。

创业第十年，企业即成了全球最大的吸尘器研发制造商，至今已连续19年吸尘器产销量全球第一。28年来，企业累计销量超2亿台，是行业中当之无愧的“隐形冠军企业”，2020年更是被工信部认定为制造业单项冠军示范企业。

一、与众不同，领先一步

莱克电气的发展，是核心技术引领、创新驱动发展的历史。企业始终坚持“持续为目标客户创造价值”的经营宗旨，以“与众不同、领先一步”的创新理念挑战、追赶和超越世界一流品牌的一流产品。

莱克电气注重研发的持续投入，拥有专业化的设计研发团队，其中设计研发工程师就有1000多人。2022年，公司申请专利361项，其中申请发明专利105项，当年授权专利281项，其中授权发明专利45项。截至2022年年底，企业已获得授权有效专利1891项，其中发明专利289项。研发费用投入持续增加，较2021年同期增长11.14%，占营业总收入的5.44%，多年来都远远高于行业平均水平。企业不断探索突破小家电的心脏（高速、超高速电机），掌握核“芯”技术——首创中国第一台超过3万转/分钟、4万转/分钟的高性能、高可靠性的高速吸尘器电机；首创10万转/分钟、13万转/分钟超高速450W、600W、800W无刷数码电机；全球独创12万转/分钟400W大功率全封闭防水干吸/湿吸两用电机，核心技术超越了国际先进水平，奠定了行业领先地位。同时，依托核心技术持续进行科技创新与品类创新，坚持以科技创新创造性能领先、以品类创新创造产品独创性，专注深耕清洁事业，进军台式智能净水机、空气净化器、智能电扇、园林工具等细分赛道，并都取得良好的市场成绩。

企业快速成长，载誉不断，多项科技创新成果及专利荣获国际大奖以及中国轻工业联合会和中国家电协会科技进步奖、中国专利优秀奖；先后获得“国家级工业设计中心”“工业产品绿色设计示范企业”“智能制造示范工厂”“2021年全国质量标杆”等多项国家级荣誉和资质。

莱克电气载誉不断，荣获多项大奖

二、三大业务协同发展的混合经营模式

莱克电气已经实现了从单一产品、单一出口的ODM经营模式，发展到如今的自主品牌、ODM/OEM出口和核心零部件配套业务，由单一的消费品业务走向消费品业务和核心零部件业务协同发展的生态化经营模式。

2009年，企业创立自主品牌LEXY莱克。十多年来，持续不断地为全球客户提供技术领先的高价值、高质量产品，打破高端市场国际品牌垄断的局面，支撑了民族企业高质量发展和高端民族品牌的崛起。目前，企业构建并形成了针对不同目标用户、渠道、使用场景、产品门类进行不同定位的五大产品生态——“莱克（LEXY）”“吉米（Jimmy）”“碧云泉（bewinch）”“西曼帝克（SieMatic）”“莱小厨（Lexcook）”，推出了一系列设计独特、性能领先的家居环境清洁和健康小家电产品。2021年，莱克电气作为环境清洁和健康小家电的代表，成为行业首家入选央视CCTV大国品牌的企业。2023年，企业品牌价值突破78亿元，成为出口型小家电企业创立自主品牌、实现从中国制造到中国品牌极少数成功转型的企业之一。

在ODM/OEM业务板块，企业形成了设计、产品、研发、供应链等全业务链产业能力，具备较强的规模优势，主要产品为吸尘器、园艺工具、空气净化器、厨房电器等，远销全球100多个国家和地区。

莱克电气大楼

在核心零部件业务板块，企业利用精心研发的技术，构建了以新能源汽车、太阳能、5G通信、工业自动化和智能家电等为目标客户的核心零部件产业生态，主要包括高速数码电机、铝合金精密压铸和CNC精密加工、精密注塑模具、锂电池组件包五大零部件产业生态，推动协同发展。

莱克电气，朝气蓬勃地朝着全球清洁和健康家电领域领导者不懈努力。面对新的经济形势，企业走出了一条以品牌为驱动，国内国际双循环的各业务生态协同的高质量可持续发展之路。

创新解读

第一节　走向新征程

抓住了全球产业转移的历史机遇的中国家电行业，依靠创新驱动发展，推动技术创新发展，自主创新能力进入全球前列。时至今日，已成为国民经济的重要组成部分。

小家电是家电行业中具有长期成长性的子品类，在中国的发展空间处于需求层级不断提升的阶段。近年来，面对突如其来的疫情及全球经济的不确定性，行业砥砺前行，表现出强劲的发展韧性，但也面临着新时代的新挑战。

一、消费结构升级，创造品质新需求

作为当前和未来较长时期我国经济发展的战略方向，构建以国内大循环为主体、国内国际双循环相互促进的新发展格局，有着重要的意义。

双循环不仅强调优化和稳定产业链与供应链，强调发挥大国优势实施扩大内需战略，实现消费升级，同时也要求形成对全球资源要素的引力场，形成参与国际竞争和合作新优势。通过产业升级和消费升级的多样化路径，以整合内外需求、强化都市圈协同、锚定新型城镇化发展等方式，适应双循环新格局下的新特点和新要求。

消费升级是伴随着经济模式转变和人口集聚而发生的新变化。过去30年，中国的城镇化建设进程，改变了中国人的面貌和综合素质，提高了中国人的生活水平。现阶段，以中心城市带动现代化都市圈和城市群的建设、深化区域协调发展、关注绿色发展成为重点，尤其是大城市及所在都市圈、城市群在经济发展中起着引领性作用。新的产业门类、生活方式和消费需求在这样的区域耦合发展，释放着巨大的消费潜力，实现产业消费双升级，为经济稳定增长创造着新的预期。

需求牵引供给。人们对美好生活的强烈愿望和需要，带动了供给侧产生许多看得见、摸得着的创新。例如，近年来以食品、家电、家居等为代表的家庭型消费占比不断提升，在关注品质和健康的同时，也开始更多关注精神消费、绿色消费和服务消费，并呈现出智能化、细分化特征。家庭生活场景越发丰富，激发了产品和服务的功能化、定制化。尤其是从2020年开始，产品功能创新为行业开启了新的增长通道，新兴品类成为行业增长的主要动力之一。以小家电为例，满足细分场景需求的智能小家电，如智能坐便器、内衣清洗机、衣物护理机、智能窗帘等，逐渐融入并丰富了人们的日常生活。尤其是后疫情时代，越来越多的都市消费者将生活重心转向居家，产品结构调整呈加速趋势，直接助推家居家电产品的全面升级。中国电子信息产业发展研究院发布的《2020年上半年中国家电市场报告》显示，在新冠疫情冲击下，2020年上半年，我国家电市场零售额同比下降14.13%。然而，小家电品类表现出较强“抗压”能力，多个新兴厨房小家电品类线上销售额增速进一步提高。尤其是以消毒柜、洗碗机、净水器、空气净化器等为代表的除菌类家电，吸尘器、洗地机等为代表的清洁类家电脱颖而出，成为新的热点与增长点。奥维云网（AVC）推总数据显示，2021年清洁电器全渠道零售额309亿元，同比增长28.9%，零售量2980万台，同比增长2.6%，延续高增长势头。

为推进消费模式的转变，支持新消费空间的成长，国家陆续出台多项政策来支持鼓励小家电行业的发展。2022年，市场监督总局等18部门联合印发的《进一步提高产品、工程和服务质量行动方案（2022—2025年）》提出，要提高清洁类家电产品的消毒除菌、清洁净化性能，提升厨房电器一体化、智能化和能效水平，发展便携式小家电。《2022年中国家电行业年度报告》显示，小家电整体市场规模为1311亿元，同比下降6.4%。但品类表现分化加剧，健康品质引领增长。例如，电饭煲、破壁机、电风扇等传统品类的内销规模均有所下滑；清洁类电器的健康属性在过去三年中得以强化，故表现相对稳健，其中洗地机因产品技术进一步发展实现性能和体验提升，如滚刷拖布自烘干、电解水杀菌、前后双向助力等新技术应用，2022年零售额为100亿元，同比增长75.3%。

当前，我国正在加快构建新发展格局，消费的重要性日益凸显——要求继续增强消费对经济发展的基础性作用。可以坚信，小家电企业只要紧扣时代需求命题，坚持创新引领，坚持价值导向，就将实现更大作为。

二、向高端化、智能化、绿色化迈进

受益于消费升级以及家电业加快转型升级，高端产品供给能力改善，科技创新能力增强，智能制造水平提升，营销模式变革等因素，兼具高颜值、智能化、个性化等特点的小家电正逐渐成长为家电市场增长的重要支撑。艾媒咨询数据显示，2017年至2021年中国小家电行业市场规模整体上扬趋势明显，五年间复合增长率达到8.72%。同时，创新成为发展共识，产品结构不断优化，新兴品类不断涌现；品牌升级显著，用户满意度、高端品牌认可度等明显提升，让行业进入“由大变强”的发展新阶段。

2022年我国家电行业整体利润持续向好，根据中国电子信息产业发展研究院发布的

《2022年中国家电市场报告》显示，不断拓展细分赛道的“新家电”不仅为拉动消费、挖掘市场潜能提供了支撑，还为行业寻找新的增长点、促进产品结构升级提供了突破口。“新家电”体现出的品质化、高端化、健康化、便利化趋势，成为消费升级的重要指标。以小家电为例，新生代消费者为追求更高品质的生活质量，对高端化、智能化、个性化的可选消费型家电产品更加青睐——对清洁小家电特别是吸尘类清洁小家电的需求不断提升；对净水类产品以及各场景下水质提升综合解决方案的需求快速增加。

同时，品质型产品快速增长，定制化、场景化、服务化特征显现，这也促使家电行业必须尽快实现向高端化转型升级。2022年，“新家电”销售规模迅猛增长，部分品类销售出现井喷，整体增速远超行业平均水平。其中，自清洁扫地机器人同比增长150%，新风空调同比增长237%，射频美容仪同比增长110%，空气炸锅同比增长174%，低音破壁机、果蔬净化清洗机同比增长分别高达2370%、457%。未来，品质突出和具有高性价比的小家电产品将更有能力抢占市场份额。这就让小家电行业中坚持通过洞察用户新需求开拓新品类、创造高价值产品的企业，在全球竞争中逐步显现优势，形成核心竞争力。

此外，拼多多、抖音、快手等新兴渠道迅速崛起，改变着行业的渠道结构。2022年“6·18”期间的直播带货总额达到1445亿元，全网交易额占比约20%。相关数据显示，2022年全年，我国家电线上市场零售额同比增长4.24%，线上渠道对家电零售的贡献率提升至58.2%，下沉市场家电零售额同比增长2.7%，对家电零售的贡献率升至34.1%，家电产品进一步向高端化、智能化、绿色化升级，家电消费稳步迈向“数智化”时代。

科技创新始终是推动中国家电行业高端化、智能化、绿色化的最重要支撑。面对全新的内外部环境，中国小家电行业各个环节都在加速升级。

第二节　创新价值先导，打造清洁之王

2023年4月28日，莱克电气在2023年中国家电及消费电子博览会上正式发布天狼星S9三合一大吸力吸尘除螨洗地机。这款产品以400W大吸力电机为技术核心，全面满足地板洗地、地毯吸尘、手持除螨三大个性化场景的清洁需求，让消费者省钱、省地、省时、省力，以技术创新开创了清洁电器“真正的三合一（True 3 in 1）”时代。

这只是企业作为行业的全球隐形冠军，每年新产品开发数量超过100多款，专利申报

300余件，引领行业发展的实力缩影。

一、“一高两创”，成就价值高度

莱克电气的创牌及成长之路，充满着荆棘，不断淬炼着舍与得的智慧，也盛开了鲜花，收获丰硕果实。

2022年，尽管经营遭遇新冠疫情和国际经济的不利影响，但莱克电气十余年的自主品牌建设成效凸显——通过功能创新拓展细分品类、挖掘增长机会，自主品牌销售保持稳中有升，盈利能力显著提升，自主品牌业务净利润同比增长超过50%，再创历史新高。2023年，品牌价值评价为78.55亿元，即使是在大环境普遍疲软的情况下，同比2022年仍有大幅提升。

2014年5月10日，习近平总书记在河南考察时提出，推动中国制造向中国创造转变、中国速度向中国质量转变、中国产品向中国品牌转变。“三个转变”为推动我国产业结构转型升级、打造中国品牌指明了方向。彼时，莱克电气已经在董事长倪祖根的带领下，从单一产品、单一出口的ODM经营模式中转型，探索自主品牌成长之路五年了。在倪董事长看来，与国际品牌的多年合作，让企业具备了相对成熟的研发制造体系；但即使技术突出，品牌价值始终难以公平公正地体现，发展的主动权也始终没有掌握在自己手上。为此，莱克电气的第一个品牌即定位高端、面向中国市场，一方面顺应中国消费升级的前瞻判断，另一方面基于企业创新的自信以及与传统业务差异化发展的取舍考量。

在多年实践摸索后，莱克电气实现了从中国制造到中国品牌的成功转型，成长为全球领先的拥有高端小家电品牌的中国企业。自主品牌发展战略也在实践中得以总结提炼——“一高两创”，即高端定位、品类创新、技术创新。“一高”即产品高端定位引领产品品质、价格走高端路线；品类创新实现“0”到“1”，洞察消费者需求，创造新品类，创造增量，打造“人无我有”的新产品；技术创新则要求从1到N，不断精进，不断迭代，把技术性能做到极致，始终走在行业的前列，创造产品技术质量性能的领先，做到“领先一步”，开启自主品牌发展新阶段。

其中，莱克电气多年积淀实践的创新机制发挥着功能。企业除了持续践行“鼓励创新、容忍失败；客户至上、快速反应”的创新文化以及每年高投入研发外，为确保创新思想的转化落地，还以五大创新原则指导创新活动有效开展。坚持“与众不同、遥遥领先”的理念，以“设计创新提升设计价值”“品类创新创造产品独创性”“科技创新创造性能领先性”“成本创新降低设计成本”“体验创新增强用户体验”五个维度，进行创新指导与实践落地，形成的创新机制带来了丰厚的成果。

品类创新，是莱克电气全面接入市场，从制造走向品牌的核心要义。这意味着，要从原来面向品牌客户，到洞察市场、直面消费者。莱克电气克服重重困难，打破思维定式，走出舒适圈——基于自身ODM经营模式的成熟，企业率先在熟悉、擅长的吸尘器赛道上进行尝试。于是，有了坚持与现有成熟品牌、国际大牌错位经营，只面向中国市场且全球独有的"魔洁"系列大吸力无线吸尘器。这款产品先后获得了18项发明专利，该产品还先后获得"中国家电科技进步奖一等奖"、德国工业设计"红点奖"、美国工业设计"IDEA奖"，奠定了莱克吸尘器在行业里的领先地位和高端定位。

为突破同质化竞争漩涡，莱克电气自2015年开始，在品类创新和技术创新的道路上一路狂奔。"我们不会复制市场上已有的成熟产品，而是经过市场调研后，从一个细分品类切入做创新性的产品研发，开发出竞争对手没有的、消费者有潜在需求的细分品类，切入一个新市场、创造新需求，这样就能够快速打开市场。"倪董事长表示。同年，超大洁净空气量净化器"魔净K8"成功研发，主要性能指标CADR值比市场上国际品牌的水平（每小时400立方米）高出30%以上，除甲醛性能领先竞品10倍以上，同时还率先增加了PM2.5智能检测功能，能够实时检测并量化显示PM2.5数值，成为首批权威机构推荐的"智享之选"产品，当年市场占有率即跃居前三名。2016年，开发了世界上首款台式免安装智能净水机，创造了一个全新品类，实现碧云泉新品牌打造，至今累计用户超过百万，成功让该产品成为继吸尘器后的第二大内销业务。2017年，针对空调病问题研发出高端智能空气调节扇，以创新七羽叶及无刷变频电机技术、智能化技术，荣获中国家电艾普兰奖创新奖。2022年，独创立式三合一大吸力吸尘除螨洗地机，集地板清洗、地毯吸尘、沙发除螨三大功能于一体，同时搭载莱克发明的400W大吸力全封闭干湿两用电机，把洗地机吸力提升近三倍，开创了洗地机产品的新时代。

技术创新，毋庸置疑是莱克电气发展之本。从1997年自主研发制造的国内首台转速超过3.3万转/分，1200W的高性能、高可靠性、小型化吸尘器电机开始，莱克电气从未停止过在技术上的纵深探索，不断刷新电机技术的各项性能指标，保持了电机技术在行业中的领导地位。2014年，国内首款10万转/分的单相无刷吸尘器电机在莱克诞生，先后获10余项国家发明和实用新型的专利；此后以高性能、轻量化和小型化目标，企业无刷电机创新平台逐渐搭建完成，形成了65系列、55系列、45系列、40系列等创新平台，功率覆盖100W至800W，产品完全自主研发，系列产品先后共获得专利18项，其中发明专利6项，多项科技成果获科技进步奖，其中12万转低噪声超声波数码电吹风电机的研究和应用，荣获2020年度中国轻工业联合会科学技术进步奖一等奖。2022年，追求极致性能和噪声要求的全新结构的无刷电机系52系列诞生。电机采用多槽多极转定子，同样功率条件下，相比上一代，体积缩小20%，重量下降40%，以涡扇叶轮替代了传统叶轮，电机效率达到55%以上，转速提升到13万转以上……产品获得多项专利，并获得三星、LG、博世等国际品牌客户的认可。

目前，莱克高速无刷电机已经形成八大平台、三十多种不同类型的产品系列，满足了不同客户、不同领域的需求，同时在高转速、智能化控制、高性能、低振动等方面，做了大量的技术储备，为后续高速无刷电机更大的创新积蓄了能量。

基于技术和品类创新的积淀，莱克电气旗下五大品牌生态形成三大主力产品，打造差异化矩阵，满足不同使用场景和用户需求。例如从家装的升级和三种不同应用场景，即地板洗地、地毯吸尘、沙发除螨，创新开发全新品类，大吸力三合一吸尘除螨洗地机；从饮水场景出发，创新开发煮茶净水机、咖啡净水机等细分品类。根据目标消费人群的消费兴趣及关注点，营造产品品类专属故事，制造差异化用户需求及产品优势，创新品类引爆增长。此外，针对新时期线上营销的发展，莱克电气探索打造线上+线下双品牌组合战略，针对不同消费群体，线下品牌渗透高端市场，提供高品质产品；线上品牌则聚焦中端市场，走个性化、时尚化、年轻化路线，主打轻松便捷。

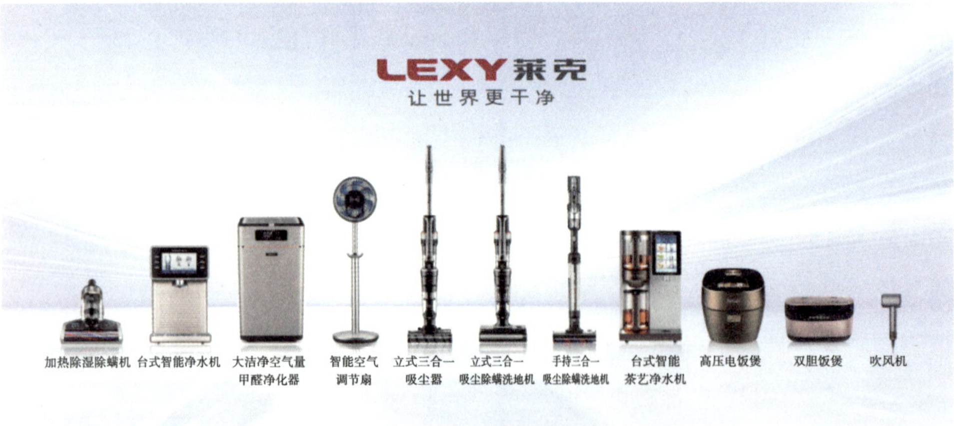

莱克电气五大品牌明星产品荟萃

2017年以后，战略成绩得到了完美验证。企业的产品创新战略，新业务、新品类、新技术全面发展，实现了经营业绩的持续稳定增长，屡创历史新高，2020年、2021年、2022年，企业销售收入分别完成62.8亿元、79.5亿元、89.1亿元，以年均近20%的速度增长。自主品牌战略，在多年深耕后迅速成长为新增长极，带领莱克电气实现了高盈利且稳健的转型升级，迈向新阶段——莱克电气主要产品名列各品类前三名，平均客单价位居前列，成为少数可以在家居健康各个细分品类里，与国际专业大品牌开展价格竞争的高价值品牌。

莱克电气以自己的成功，再一次向行业展示创新价值坚守的意义，以及中国企业高质量发展应该秉持和重视的本源力量。

二、持续进化，打造质量标杆

2023年，工业和信息化部等九部门印发的《质量标准品牌赋值中小企业专项行动（2023—2025年）》（以下简称“专项行动”）提出，到2025年，中小企业质量标准品牌意识显著增强，综合效能不断提高，质量标准品牌对中小企业生存发展贡献持续加大，有力推动中小企业专精特新发展。专项行动将“提升质量标准品牌意识”作为重点任务第一项，可见其重要性。莱克电气即是其中的标杆代表。近二十多年来，莱克电机质量一直处于世界领先水平，年故障率1‰以下，是国内同行年故障率的1/10~1/20；吸尘器等终端产品的年平均维修率水平长期低于1%，处于行业遥遥领先的水平。

倪董事长高度重视和深度参与质量建设，亲自参加制订质量方针、年度质量战略和质量计划，提出质量目标，并层层分解，亲自编制了一系列产品开发和质量管理文件。这些管理制度和规范，为企业打造高价值、高性能、高可靠性和高信赖的创新产品提供了技术和管理上的指导和规范。如《新产品设计研发过程质量管理程序》规定了设计预防的四大分析方法和设计、评审、实验三大知识库；《新产品生产过程质量策划程序》规定了建标准、抓执行、严审核、促改善的一系列要求；《供应商管理程序》规定了选择供应商质量第一的原则，等等。同时，他还亲自参加公司周质量分析改进例会，市场质量投诉的处理，亲自参加月度部门经营会议的分享、交流，并聘请家电领域具有实战经验的专家担任企业的技术质量管理骨干，管理日常工作，狠抓质量关。莱克员工在产品实现和交付的全过程，参与质量管理和质量改进活动，全员承担质量责任。同时，为强化质量文化在全体系的落实，企业积极推行“QC小组”“合理化建议”“小改小革”“专题改善”等一系列员工质量改善活动，每个月进行活动成果发表和评比，对改进成效显著的员工给予表扬、表彰和奖励。2020—2022年，实现QCC项目数188项，小改小革28234件，合理化建议32543件，合计收益3435万元。

“我们的理念是‘为客户创造价值’。如何实现？我们的方法路径是以精益的成本做出技术和质量接近欧美发达国家的产品，这样就能为客户创造价值，才能在市场上有竞争力。”倪祖根董事长表示。在莱克电气，当质量与成本发生矛盾时，一定坚持价值导向、质量导向——把质量放在第一位，把成本放在第二位。以增加1美元的成本，实现提升10美元零售价为价值创新目标。

高端定位的品牌打造，必然要求与全球高端品牌同等或者更优秀的品质。

2015年在倪董事长的主导下，企业创新性也提出了“设计预防、量化控制”的质量保证模式。在倪董事长看来，质量是设计出来的，应在设计阶段对影响产品的质量因素进行识别，并提出控制方案，要让设计预防发挥真正的价值，而不是出现问题后的追责。其中，设计过程的潜在失效分析是核心要点。在产品的设计之初，项目组从对系统交互作用、用户使用影响、制造变差（设计）、外部环境影响等维度列举各项痛点及解决与控制措施。例如操作过程中过度用力折断零件、功能键未按流程操作导致的问题等都一一考虑在内，成为设计预防关注的要点。在倪董事长看来，只有在设计阶段把各种因素都考虑到并有预防措施，才能真正解决消费者的痛点，创造出真正高性价比、高可靠性的产品。“从设计质量出发进行质量控制，实际上就是要求‘第一次就把事情做对’。”核心就是，在产品设计之初就进行严控，在生产过程中量化各项指标，为最终的成品打下基础。尤其是高精密零件的协同，莱克电气更是会提前设计，充分考虑各种因素带来的波动影响，让寿命和故障问题解决在前期。以这样的方式，保障了产品的高可靠性和高性能，使得企业高速电机产品26年来没有出现一起质量事故和召回事件；2018—2019年连续两年，莱克电气荣获德国博世集团全球最佳供应商大奖，4万余家供应商仅44家获奖，其中整机供应商获奖仅莱克电气一家。

经过六年摸索实践，这套管理模式因自身的独创性和推广性，以及在质量上的高维认知与突破，呈现出的极高产业价值和社会价值，为中国广大民营企业、出口型企业高质量发展带来重要借鉴意义，2021年被中国质量协会确定为“全国质量标杆”并作为典型经验推广。

持续创新进化，永远是莱克电气的成长底色。坚持科学质量观的倪董事长，基于产业发展的引领与适配，近年来主导探索质量保障模式的优化升级，并总结出了“五品四高”生态协同质量管理模式。

这个模式的核心思想是综合企业五大品牌拉动、五大核心零部件协同及出口并举的业务生态，围绕产品“高价值、高性能、高可靠、高信赖”的四高目标和零缺陷目标，通过“设计预防，量化控制”“双精智造，持续改善”实现全过程的十项质量管理方法和工具，强化在新产品设计研发、生产过程设计、生产制造阶段进行全流程管控，打造高端品牌和高质量水平，为行业打造标杆。

而这必将引领着企业在高速、高质量的道路上继续奔跑，为企业的全球化引领加码赋能。同时，自觉担当的莱克电气，继续发挥着领军者的气度与智慧，将独有的创新智慧、方案以及模式进行分享，促进产业和区域质量竞争力的持续提升。近年来，企业向200多家供应商推广莱克电气管理模式和工法，开展了40多项专项提升活动，包括管理体系的提升、自动化和智能化提升、质量攻关项目等。目前，在莱克电气供应商队伍中已有51家企业成功上市，11家企业正在上市申请。

三、以“柔”克刚，点亮智造“灯塔”

迄今，莱克电气的产品已销往全球100多个国家和地区，与众多的世界500强企业建立了长期的战略合作伙伴关系。其中光吸尘器业务就与100多个品牌合作，销往60多个国家和地区；园林工具业务实现了与50多个品牌合作，销往20多个国家；电机自营业务与40多个品牌合作，销往30多个国家。

面对这样庞大的产品品类及不同区域的全球性市场需求，如何让研发、制造、销售在这个营运体系上顺畅衔接运作是莱克电气面临的重大课题。尤其自主品牌创立后，增加了大量新产品品类的制造任务，更是加大了对生产柔性和交付要求的考验。

为了解决公司在全球化销售过程中客户多、品类多、市场分散、执行法规标准多、订单分散等所带来的质量管控一致性、稳定性的挑战和低成本生产、快速交货要求的挑战，实现“打造行业最强竞争力的制造工厂”的目标，柔性生产、智改数转在莱克电气内部适时提上日程。

目标的第一步，即针对快速响应市场变化以及不断增长的刚性需求，包括多品类、小批量、定制化等生产特色，建立“双精智造 敏捷交付”柔性生产管理模式。这套模式里，“一流的装备、一流的模具、精细化、零缺陷”和“精益生产手册、精益生产文化、五化智能制造”是两大核心基础。尤其是在生产制造中，通过“精密制造，智能制造，柔性化生产”保障产品的高质量。这套模式背后更深层次的逻辑是，莱克电气通过这样的体系建设，进一步夯实价值导向，把品牌价值中质量价值的重要性进行直线对接、固化，同时也让各环节、各板块有指导目标，更有具象指标。此外，也把品牌建设与ODM/OEM贴牌之间战略定位有机统一起来；把多品类、多产品品种研发生产与质量保证的一致性、稳定性的矛盾统一了起来。

“中国制造2025”以体现信息技术与制造技术深度融合的数字化、网络化、智能化制造为主线。面对制造业日益激烈的竞争，2019年莱克电气在董事长倪祖根的带领下进行智造探索，将精益生产、敏捷制造、智能制造理论与最新的信息化、数字化技术深度融合，从顶层设计到终端执行，层层探索，层层实践，寻求最适合自己发展的模式和工厂。于是，由制造中心总经理牵头组织制造革新部、信息中心、各分厂工业工程科组成的智改数转项目组正式成立，并于各分厂设置MES专员岗位，推进生产管理数字化转型。在这个过程中，莱克电气20余年坚持并形成的质量保障模式、流程、作业标准等，为模式的高效实现打下了坚实的基础。19个分厂生产数据自动采集，数据准确率由87%提升至100%，大大提升了生产品质和效率。

莱克电气智能化工厂

经过三年打磨，莱克电气建立形成了智改数转的“五化管理模式”，即“生产自动化、物流智能化、信息一体化、资源绿色化、人才专业化”智能制造模式，为企业智能制造示范工厂打造带来了新的驱动力。在这一模式的指引下，企业采用整体规划、分步实施、重点突破、以点带面的原则推进智能制造建设工作，实现以智能化造产品、数字化树品质。同时在智能化建设过程中，充分发扬创新精神、充分授权，调动厂长及骨干的创新能动性。倪董事长认为，以莱克电气多元化业务发展模式，生产制造端的数字化、智能化转型升级不可能一蹴而就，也没有人比一线的厂长们更明确生产线上实际的智能化需求。因此，企业内部提出了一个措施：只要明确三年内可以覆盖投入成本的智能化设备投入和改造，厂长可以申报后自行执行。这一措施，大大激活了创新能量。

通过开展生产制造的自动化、数字化、智能化改造，突破多项智能制造关键技术瓶颈，莱克电气实现了总体生产效率的提升。2020年下半年，订单增长40%~60%，在没有增加新厂的情况下，圆满地完成了任务。同时，生产效率和敏捷交付能力持续提高，2022年生产效率提升32%，制造费用下降5.6%，交货周期缩短至7天，交货准时率达98%以上。

智改数转建设，让企业载誉不断。莱克电气先后荣获一个“国家级智能制造试点示范”、三个“江苏省示范智能车间”、一个“苏州市示范智能工厂”、两个“苏州市示范智能车间”荣誉称号，并被评为“苏州市智能化改造和数字化转型标杆企业”。同时，莱克电气的总装六厂荣获江苏省“智能制造示范车间”称号，电机智能车间荣获工信部等五部委授予的“智能制造示范工厂”称号。

第三节　洞察绿色，构建新生态

管理大师加里·哈默表示，如果企业整天只是在追求渐进式发展，而竞争对手则在塑造新的行业，企业就“如同大难临头时却歌舞升平一样危险”。

“增长”这个永恒的话题，考验着企业求新求变的勇气。

莱克电气成长过程中，从不缺这样的智慧和勇气。坚守价值创新，通过持续不断的增量扩容与智造提升，让自己拥有了自主权和话语权；洞察绿色，构建了第二增长曲线，并与自主品牌生态相融相通，构建自身独有的生态，打破行业发展天花板，以多元产业的协同穿越周期，实现企业更稳健的持续增长。

一、第二曲线，让成长更稳健

莱克电气对绿色发展的洞察，早于自主品牌战略的开启。

2005年，倪董事长基于全球市场对汽车、通信基础设备、智能家居、信息传输设备、工业自动化、医疗设备等众多领域对精密压铸件需求的稳步增长的判断及对制造的信心，布局进入新能源赛道。彼时，基于主业核心竞争力及绿色发展更倾向于生态优先的趋势，莱克电气坚持从优势入手，以电机为核心拓展核心零部件业务，开拓多元化业务——园林工具、汽车电机等新成长赛道，以跟随姿态进行布局。

拓展过程中，莱克电气一如既往坚持技术领先、创新驱动，充分发挥企业自有的核心零部件制造技术和质量、成本优势——即把零部件的核心技术、质量控制和成本控制牢牢掌握在自己手里。目前，莱克电气核心零部件业务囊括四大产业集群，其中高速数码电机、铝合金精密零部件两部分对收入贡献超过90%。

近年来，绿色发展成为推动经济结构调整的重要举措，这让经济发展既保持了量的合理增长，也实现了质的稳步提升。绿色产业引领塑造经济发展新动能、新优势成效明显，让各行业加快布局发展建设。莱克电气面向绿色发展，基于铝合金零部件在新能源汽车中的应用进一步提升，整合调整铝合金精密零部件业务，进一步提高在零部件领域的核心竞争力，增强全公司持续盈利能力。仅2021年上半年，核心零部件业务销售同比增长73%，其中电机业务增长67%，铝合金精密压铸与CNC加工业务增长117%（增长主要来源于新能源汽车零部件）。同时，企业的精密模具业务进军汽车行业，聚焦高附加值模具，重点发展大型双色、高光、电镀类产品模具，聚焦行业头部零部件公司。同时瞄准新能源汽车、太阳能等高增长行业的新需求，开拓核心零部件新业务。因此，企业核心零部件业务成了企业增长最快的两大业务之一，并细分为五大板块形成了新生态。尤其是在全球“碳中和”背景推动下，新能源汽车快速发展推动汽车铝合金精密零部件的需求量大幅增长，让莱克电气的第二曲线得以成功构建。

与此同时，基于原有铝合金压铸等汽车零部件产能利用率超过90%，产能瓶颈已现。基于快速成长需要，莱克电气规划通过扩产+投资并购两种方式整合产能——2021年得到苏州政府的大力支持，投资12.5亿元设立全资子公司莱克新能源，扩建15万平方米厂房，用于新能源汽车、太阳能、5G通信以及工业自动化等产业配套的关键零部件生产。同年收购上海帕捷100%股权——铝合金零部件行业第一梯队，并与莱克核心零部件业务具有较强的协同效应，新增年产值15亿元，并借此进入Tier 1客户供应链，进入更多国内新能源车厂、整合海外客户，实现客户资源共享。收购帕捷的收益在2022年开始体现，核心零部件业务收入翻倍，占比达到近30%，盈利能力较高的自主品牌与核心零部件业务贡献进一步提升，与自主品牌形成“两翼”共同驱动公司业绩增长。

2022年，莱克电气继续加强能力建设，专门成立了精密压铸及加工事业部，将昆山帕捷、莱克新能源综保区新建工厂及精密机械木渎工厂进行有效整合、资源共享，在广度、深度两个维度进一步夯实公司产品力及客户合作。同时，持续深化新能源汽车及太阳能核心部件布局，不断拓展业务边界，全面覆盖全球头部的新能源车企、全球知名的欧美整车企业、国内外高潜力的新势力车企、国内优势自主品牌车企、全球知名一级零部件供应商等。加快推进莱克新能源综保区工厂的建设，实现客户开发和产品制造能力的全面提升，大力获取新项目，做大做强老客户，同时拓展新行业、新客户。

2022年度财报显示，核心零部件业务同比增长超过100%，成为企业保持高盈利稳健发展的新动能。未来，莱克电气以五年新增30亿元的销售规模为目标，一步一个脚印，朝着世界级的新能源汽车零部件制造商不懈努力。

二、产业协同，走向未来

党的二十大报告提出，建设现代化产业体系。这是整个产业体系由表及里的转型和再造，结构要求更加高端、要素更加协调、路径更可持续、发展更加安全，也即更加强调整个产业体系的协调联动和可持续发展的动能转换。面对新态势，莱克电气逐步加强多元化产业的协同，构建更高效系统满足企业发展目标，走向企业生态化协同发展的新阶段。

在这个整体目标下，莱克电气积极抓住市场出现的创新和结构化机会，一方面坚持创新和品牌建设；另一方面培养新业务和建设业务生态，采用“一稳、二快、三突破”的战略，应对不确定性带来的新变化。“一稳”是指稳定出口的ODM业务；“二快”是指在零部件业务上做新能源领域的应用和数字化、无线化的开发；“三突破”则是指在自主多品牌矩阵上，做到品类、渠道、营销的突破。这是基于世界经济发展不确定性将成为常态的预判后，对企业发展的一次反思与布局。莱克电气希望，多年来通过创新驱动聚焦打造并形成的五大消费品牌生态与五大核心零部件生态作为最基本的业务发展单元，通过每个单元的不同定位以及随之匹配的不同渠道等，协同织就一张脉络互通的网，共同面对消费市场的变化、同质化竞争、产业链的调整、销售方式的变革以及不可预见的黑天鹅、灰犀牛等，让企业内部始终互相动态补充、腾挪自如、协同成长。

为此，企业加强了自身的护城河建设，试图与同行的竞争拉开更多距离。在2023年的规划中，企业凭借着生态系统的协同发展，新篇章已有条不紊地开启。在ODM\OEM板块继续依托技术优势、制造优势，稳住包括传统立式、卧式吸尘器、四轮割草机、吸尘器电机等在内的拳头产品，并强化以全球各行业领先客户的技术需要为导向的策略，深度实践全球化经营理念，推动包括泰国工厂生产基地在内的建设项目，为进一步开拓海外市场，完善全球化产能布局建立重要据点。同时，以客户为中心，加强与客户沟通，为客户创造价值，对核心产品门类持续开展创新，加强激励措施，调动员工的积极性，保持传统业务的市场份额稳中有进。此外，深化与全球战略伙伴的密切合作，以市场和客户为导向，掌握竞争情况，把握市场机遇，准确定义产品需求，坚持做好设计降本工作，提高产品的价格竞争力，聚焦产品结构优化，效率提升，严控费用支出等，确保盈利能力提升。

一个生机盎然的创新生态系统，必然是由各种要素相互作用形成的。由此在重点协同的生态部分，莱克电气紧紧围绕高品质健康生活和“双碳”目标，让五大消费品牌和五大核心零部件各自找准在系统内的定位，精准发展。让生态协同发展基于企业自身特色，并在实践中达到一定深度，使得创新成果更快更高效地转化为生产力，形成有竞争力、吸引力的产业链。落实到具体措施，即在核心零部件板块的规划上，莱克电气既重视发展汽车新项目，也重视发展获取短平快的二供项目，瞄准“绿色赛道”的精准制造；在自主品牌业务上，一再强化运用差异化定位策略，渗透广义小家电市场，分别覆盖了清洁电器、净饮机、厨房电器三大家电细分领域 。例如企业掌握和控制核心技术，于是对产业链中的核心零部件采取纵向一体化垂直整合，自主研发自主生产，其中包括高速电机研发制造技术、精密压铸与机加工技术、精密模具与注塑技术、电池包组件技术和电子软硬件控制设计技术，在满足自身需求外也对外销售。而这些技术和产品应用到汽车和新能源领域拥有更广阔的市场，于是经营模式从消费品业务，向消费品业务+零部件 B2B 业务协同发展转型。

非家电类数字化电机领域的研发与拓展，是莱克电气生态协同建设的新尝试。依旧是技术领先、聚焦战略性客户进行品类创新打造差异化产品线这样熟悉的配方，也有新媒体传播、领袖意见运营等新手段的尝试，目的即为通过品类创新创造价值，极限设计提升产品竞争优势，全力以赴争取短期内实现项目落地，建立示范效应，提升公司的综合实力。这样的新生态模式，让莱克电气平稳地实现了动能转换，开拓了一条各业务生态化互相协同的高质量可持续发展之路。

29年发展中，莱克电气始终坚持全球视野，不断扬优势、补短板、强弱项，坚持原始创新、集成创新、开放创新一体设计，实现有效贯通，在竞争中形成并构建了产品价值、品牌价值、文化价值、产业价值以及社会价值的多维价值生态，带领着企业打破国际高端品牌垄断，支撑了民族企业高质量发展和高端民族品牌的崛起，牢牢掌握着发展主动权，走独有的发展道路。

企业家专访

让世界更干净

——专访莱克电气股份有限公司董事长倪祖根

《样本》：莱克电气一直坚持并践行技术创新，也笃定着创新价值的意义。请您结合莱克电气的创新实践，分享一下企业的创新经验和心得。

倪祖根：创新，要么与众不同，要么领先一步。企业最大的责任在于创造价值，不光是为用户创造价值，还要对代理商、零售商、终端市场，乃至为整个社会和国家创造价值。我希望，莱克电气能让全世界看到中国制造的创新能力、活力与价值。

品牌的持续成长，一定是企业基于技术的领先和消费市场的洞察融合，打造的独特性产品。小家电行业，不管是哪个品类，最终留下来的一定是具有很强专业性的品牌。当下，行业极度竞争。没有技术创新和产品创新，新品牌很难创建成功，更别说参与全球竞争了。莱克电气把创新真正落到了实处，把创新变成有指标有系统的执行指南，而不仅仅是一个口号——让员工好理解、易实施，让客户感知清晰。只有这样，才能真真实实为用户创造出好产品，也才能让消费者真正感受创新的价值。只有双方实现了良好互动，社会生产力才会更进步，行业自主研发的热情也会更高涨。

《样本》：党的二十大报告提出：必须坚持科技是第一生产力、人才是第一资源、创新是第一动力，深入实施科教兴国战略、人才强国战略、创新驱动发展战略，开辟发展新领域新赛道，不断塑造发展新动能新优势。莱克电气为行业培养并输送了很多人才，被称为小家电行业的“黄埔军校”。请您谈谈莱克电气在人才培养上的心得。

倪祖根：完善人才队伍建设，强化科技创新的引领作用，是莱克电气主抓的一项长期性工作。2015年上市时，我们为了更高效促进创新驱动发展战略，制订了人才发展计划，通过完善人才工作机制、优化人才激励措施和加强人才库管理，提高员工的科研水平、引进高素质技术人员和管理人员，成效非常明显。目前，公司拥有八大研发中心，在电机、工业设计、软件智能化设计、多品类的小家电产品设计等领域，拥有行业内实力最强的研发人才。

创新型人才的培养，需要环境、机制以及方法论的引导共同支撑。技术创新以及推动创新转移成果转化，需要技术积累，更需要方法论。时有所学，日有寸进。这么多年来，我一直强化技术创新的引领，担任首席技术官，提出一系列全新产品的品类创新概念和实现方法以及一系列技术创新的思路方法，还有诸多工艺方法和质量数据数字化改进的实施方法，带领团队将这些积累的经验设计成一系列的研发创新和产品开发的流程、文件乃至机制，引导成长。

古罗马哲学家西塞罗说，我们不是为自己而生，我们的国家赋予我们应尽的责任。能为行业培养输送研发和工程技术人员，说明莱克电气这么多年在研发、创新上的路子走对了，得到了同行的认可，有能力为中国制造、中国品牌的高质量发展增添力量。

《样本》：您曾表示，品牌向高攀、需求向深挖、布局向前看，业务精细多元化，国内外两个市场都要抓。经过一系列战略调整，莱克电气交出了满意的成绩单。请您结合案例，与我们分享根本内因。

倪祖根：任何时候，我们都不打价格战。产品的性价比应该定义为高质量前提下的相对低成本，而不是绝对低成本。我们要有底气，可以以中国的成本研发制造出欧洲品质的产品。当然其中，我们一定要“创造看得见的客户价值”，我们的创新成果和产品质量必须要让客户（用户）能够看得见，体验得到，让创新成果和质量优势显性化。持续的创新能力塑造了莱克电气的独特性，锻造了核心竞争力，也让莱克电气更有耐性并调动更多的创新资源支撑长期战略的推进。

另外，我们通过“专业化产品”和“全球化销售”规避了单一市场的经营风险，保证了企业长期稳健发展。莱克电气是行业内率先从西欧发达国家开始进入市场的企业。我们坚定定位，技术自信，高举高打，通过高质量产品主动选择目标客户，锁定与跨国公司及小家电领域不同品类市场的头部企业合作，与头部共舞。同时，我们也培养了差异化创新的市场意识，与中国市场的具体实际相结合，闯出了一条自主品牌发展之路。相信未来，随着企业更加深度参与全球产业分工和合作，促进内外深度融合，通过品牌驱动的国内国际双循环的各业务生态协同的高质量可持续发展，一定可以打造自主可控、安全可靠、竞争力强的新发展格局。

《样本》：请您谈谈产业未来的发展趋势以及莱克电气的未来规划。

倪祖根：未来，理性消费会重新回归到消费主线，高品质产品将会是重要趋势之一。产业需要进行高端化升级，供给侧结构要进行优化调整，谁率先捅破这层“窗户纸”，谁就能占据发展先机。

针对中国城市化、工业化增速的减缓，以及人们对消费升级需求的洞察，结合产业发展规律，我们形成了“12345”经营创新模式，即：围绕一个中心，以客户为中心，以创新为动力。同时面向国内国外两个市场，构建双循环体系，实现自身在业务端协同发展生态建设——国内大力发展自主品牌，构建内循环；国外继续深耕ODM/OEM，东南亚扩产建厂构建外循环；同时发展新能源行业快速发展所带来的核心零部件业务。在产品方面聚焦主航道及品牌战略定位，瞄准产品的高端化和大健康需求，广泛采用新能源、无线化技术和智能化、数字化技术，再紧密结合“以客户为中心”产品创新创造需求这一核心进行升级，增强自身产品对消费需求、未来市场的引领。此外，通过目前形成的消费品牌生态和核心零部件生态。构建五+五产业产品生态：第一是针对消费分层分级、线上/线下渠道分化、不同使用场景的多样化产品，进行不同的品牌定位，构建五大消费品牌产品生态。第二是构建五大零部件产业生态，即利用企业长期以来培育出来的核心零部件技术，包括高速数码电机、精密铝压铸与加工、精密模具、电池包等技术，瞄准新能源汽车、太阳能等高增长行业的新需求，开拓五大核心零部件新业务。

“12345”战略将为莱克电气高质量可持续发展打开更广阔的发展空间和业务边界，实现真正意义上的全球化和一业为主、多元发展，业务更稳定，抗风险能力更强的产业布局。

专家点评

彰显新时期中国企业及企业家创新风范

现代管理学之父彼得·德鲁克喜欢把企业家称为创业家。他认为，只有经历过创业，才是真正的企业家。关于企业家精神，核心的内涵在于从技术、市场到管理的创新。

新时期中国的企业家精神，因时代和市场变迁，更因为中国具有韧性和可持续的经济发展而变得格外生动与鲜活。过去十年里，中国一直是世界经济稳定增长的重要动力源，为促进国际自由贸易、稳定世界经济增长发挥了重要“压舱石”的作用。而其中，民营企业家们在创业创新上的敏锐眼光、不懈追求和非凡的行动力，发挥了巨大的作用。

作为中国高速吸尘器电机技术和带动中国吸尘器行业全球发展的企业，在莱克电气董事长倪祖根身上，我们看见了中国制造业企业家的风骨与赤诚底色，近30年来，将创新、创业、创造价值的内涵贯穿于企业经营中。在改革开放初期，他带领团队攻克高速串激整流子吸尘器电机可靠性质量的技术壁垒，率先研发制造出中国第一台国产化高可靠性高速串激整流子吸尘器电机，并引领行业技术创新发展，保持了35年电机技术的领先优势和世界领先的高质量低故障率水平。同时，他坚守科学发展观，并饱含着对产业发展的极大责任心，敏锐洞察时代，十年不断突破，带领着莱克电气从一个贴牌销售的出口型企业，发展为一个全球领先的创新型的拥有高端自主品牌的企业；提出了“持续为目标客户创造价值”“用户至上、质量制胜”“新驱动发展”“与众不同、领先一步”“设计创造价值”“质量是设计出来的”“用造汽车的理念造家电”“设计预防、量化控制”“客户永远是对的”等一系列高质量发展的理念，并取得了瞩目的实践成果，经营绩效长期立于行业之首，为企业和行业高质量发展作出了重要贡献。在经济复杂多变的环境下，莱克电气的创新力量为稳健发展保驾护航，同时前瞻布局的第二成长曲线——汽车零部件业务正积极深耕绿色生态，为企业带来新的活力。

沧海横流，方显英雄本色。中国具有超大规模的市场需求，还有很多新领域新赛道有待开拓，都蕴藏着巨大的发展机遇。民营经济一定大有可为。

正如李强总理所说，虽然现在创业的模式、形态发生了很大的变化，但是当年那种筚路蓝缕、披荆斩棘的创业精神，是永远需要的。

在这个技术创新引领产业革命的时代，我们更加需要像莱克电气倪祖根董事长为代表的一批企业家，以对市场的深刻理解和把握，通过自身的积极作为，谱写新的创业史，为未来不确定的经济注入更多确定性的创新动力，共同推动中国经济在高质量发展轨道上行稳致远，为世界经济复苏和增长提供源源不断的动力。

吴柏钧　教授、华东理工大学社会科学高等研究院院长

第五章
武聚未来，拓维中国

——武田制药·武田中国

- **楔子：**始终以患者为先，聚焦真正的创新
- **企业概况：**常盛不衰的基因密码
- **创新解读：**

  第一节　紧拥中国，迎来最好的时代

  第二节　创新力让中国的罕见病不再罕见

  第三节　价值观和文化力是持续创新的支撑
- **企业家专访：**在引领创新的道路上加速前行
- **专家点评：**科技创新和差异化竞争助推百年药企走向世界一流

楔　子

始终以患者为先，聚焦真正的创新

武田制药全球总裁兼首席执行官卫博科（Christophe Weber）说："我们始终以患者为先，深切关注患者及其亲朋和医疗卫生专业人士的迫切之需。我们锐意进取，让更多患者获得健康生活，为他们的美好未来保驾护航。"

作为一家以价值观为基础、以研发为驱动的全球数字化生物制药企业，武田制药的价值观始终如一：包容不同的文化理念，覆盖患者、患者的亲朋、武田制药的员工及其家人。以人为本的信念，贯穿在武田制药的每一项决策和行动之中。

秉持患者为先的初心，武田制药始终是创新的引领者——拥有世界级的实验室，构建了行业内领先的、多样化的研发管线，重视多元化带来的推动力。通过外部广泛的合作，始终傲立于探索尖端科技的前沿，业务聚焦于肿瘤、消化、神经科学和罕见遗传及血液领域，同时在免疫和炎症性疾病领域具备专长，并针对血液制品及疫苗领域进行专项研发投入。在数字化变革过程中，企业坚定投入、积极探索跨越各业务领域的数字化转型，希望以变革性的疾病治疗方式，改善患者的体验。

参与中国发展三十年，武田制药已成为国内市场排名前十的跨国药企。中国市场在武田制药的全球布局中亦越发关键。特别是近五年，中国在武田全球业务的发展过程中发挥了非常重要的推动作用。

近年来，中国出台多项深化医药卫生体制改革与鼓励创新的政策，也让武田制药更加看好中国市场的发展。扎实推进高水平对外开放，尤其是在医疗健康方面，努力为民众提供更优质的医疗服务，提升医药的可及性，让跨国药企有更多的药物能够造福中国百姓。

企业概况

常盛不衰的基因密码

1781年的日本江户时代，武田药品工业株式会社（以下简称武田）在大阪成立。彼时，那里并不是全球经济与科技最发达的区域，也不具备领先的工业化基础。

筚路蓝缕一路走来，武田代代传承、持守鼎立世界制药业的远大志向，不断创新、勇于开拓、储备实力，终铸辉煌。今日，武田制药是世界前十、亚洲第一的跨国制药企业，并且是唯一一家来自非欧美体系的生物制药企业。

武田制药发展历程

一、公司国际化的高阶版本

武田制药目前在全球80多个国家和地区设有分支机构，拥有约5万名员工，建立了成熟而密集的研发、生产、药品保障供应及商业化运营网络。

多年来，武田制药始终从患者需求出发，以“为人类创造健康生活，为世界缔造美好未来”为使命，坚持做真正“差异化”的创新，业务涉及肿瘤、消化、神经科学和罕见遗传及血液等领域，在免疫和炎症性疾病领域具备专长，形成了以疫苗和血液制品治疗方案为专项的药品研发方向。其中，在罕见病领域是全球第一大领先的生物制药企业。2022年，武田制药的研发管线规模位列全球药企前三。其中，40个处于临床开发阶段的产品中的50%具备孤儿药认定；70%采用了新一代生物技术。

当代武田有着不变的行动纲领，即恪守诚信原则。在大力提升内部研发力量的基础上，充分利用泛全行业的科技资源，引领行业“共同开发”之先河，积极拓展与外部公司互利合作，拥有200多个外部合作项目。

2022财年，在全球范围内暴发新冠疫情的不利环境中，武田制药的营收恢复双位数增长达到40275亿日元（约288亿美元），14个全球品牌的产品业绩同步大幅增长，销售的持续增长令公司的整体实力再上台阶。武田制药继续增加研发投入，推动管线转型，不断将科技转化为疗效卓越的药物，贡献出制药公司的社会价值。

从人力资源的角度看，武田制药可谓公司国际化的最高版本。现任首席执行官来自欧洲、高管团队由多位不同国籍的人员组成。企业治理从世袭制度转换为职业经理人制度。

身处科技飞速发展的时代，武田制药向更高处探索和跃升。武田制药确信，中国是关键的新引擎和新动力，它对中国医药市场的长期发展充满信心。而目前，中国的医药行业市场空间广阔，产业标准也正在与国际接轨。

二、不断加速的武田中国

武田于1994年进入中国，中国总部（以下简称武田中国）位于上海，在北京、天津、广州等城市及香港特别行政区都设有办事处，目前在中国拥有约3000名员工。

随着中国经济的发展和对医疗保健需求的不断增长，中国已经成为武田全球重要的新兴市场之一。

2015年，武田全球推动创新转型，提出了中国“追赶（catch-up）”计划，计划将武田在国外已经上市的创新产品尽快引进到中国。2020年，企业继续加码中国市场，启动“武聚未来”五年战略计划：五年上市15+款创新药产品，惠及1000万+的中国患者，致力于满足中国市场未尽的医疗需求。在过去的两年里，武田在中国市场的业绩始终保持高速增长，销售额排名迅速攀升，成为中国市场上领先的生物制药企业，也是获批上市新产品最多的跨国药企之一。

抓住中国医药市场大创新的时代机遇，首战告捷，让武田对于中国关于加速创新疗法患者可及、提升人民健康水平所作的承诺充满信心。武田制药全球总裁兼首席执行官卫博科更将中国视作“武田实现全球战略和增长目标不可或缺的战略市场”。

2022年，武田乘胜追击，推出关于中国市场的重要战略计划——拓维中国。武田总部将配置重点投资并给予全力支持，以充分挖掘中国作为全球第二大医药市场的潜力。武田在全球最具创新性的药物进入中国市场正在以超预期的速度实现，而长远的计划是让武田中国成为公司未来的创新之源。中国医药市场正进入高质量发展的新阶段。武田中国大力推进复合型人才培养计划，为行业输送对全球医药行业有深刻洞见、具备跨国文化沟通能力的人才。

武田中国上海总部

武田中国通过发挥自身的核心优势和能力，来解决中国市场未满足的医疗需求，支持医疗卫生系统的可持续发展，同时减缓气候变化。多年来，企业积极组织和参与各项社会公益事业，力所能及地解决偏远地区的医疗问题，支持多项公益项目。武田中国，正努力创建一个多元化和包容性的组织，参与关键的社会议题，从而为社会创造价值。

创新解读

第一节　紧拥中国，迎来最好的时代

拥有创新研发和产品管线的雄厚实力、迈步走向全球市场、融合东西方智慧的战略决策能力，在240多年的历史上，现阶段是武田最好的时期。

一、武聚未来：从“追赶”到“同步”，再到“引领”的创新跃升

随着新医改深入推进，中国卫生健康事业取得显著成绩。

从党的十八届五中全会做出“推进健康中国建设”的重大决策，到印发建设健康中国的行动纲领——《“健康中国2030”规划纲要》，到党的十九大提出“实施健康中国战略”，再到党的二十大强调“推进健康中国建设，把保障人民健康放在优先发展的战略位置”。以人民为中心、加快高质量健康中国建设的指导思想、顶层设计和实施路径，正一步步系统化和具体化。

参考2023年的医保统计年鉴，截至2022年年底，中国基本医疗保险参保人数134570万人。参保覆盖面稳定在95%以上，参保质量持续提升。城乡居民基本医保人均财政补助标准持续提高；国家医保药品目录新增药品数量持续提升；大病专项救治病种范围继续扩大；跨省异地就医直接结算定点医疗机构突破5万家。

经过40多年的发展，中国已成为全球第二大医药消费市场。医疗卫生领域的主要矛盾表现为，老百姓日益增长的多层次多样化医疗需求和供应不平衡不充分。从“缺医少药”到“有医有药”，再到追求“优医优药”、重视慢病管理、强调医院的服务能力——随着经济发展、老龄化趋势以及支付结构的不断改进，市场呼唤创新与升级。

新医改强调鼓励科技创新和高质量发展。2015年8月，拉开我国药品医疗器械审评审批制度改革（以下简称审评改革）的序幕。尤其是国家药监局自2018年组建以来，持续深化审评改革，鼓励药品和医疗器械创新，提升药品和医疗器械质量，增加有效供给，有效保障人民群众身体健康和生命安全。

2016年，《国家创新驱动发展战略纲要》发布，鼓励外商投资战略性新兴产业、高新技术产业、现代服务业，支持跨国公司在中国设立研发中心，实现引资、引智、引技相

结合。

2017年，中国正式加入人用药品技术要求国际协调理事会（The International Council for Harmonization of Technical Requirements for Pharmaceuticals for Human Use，简称ICH），后来又进一步成为ICH管理委员会成员。这意味着中国的创新监管体系已经融入了全球的监管体系当中。监管部门与外企之间积极的“双向奔赴”，也促使近年来中国在创新药临床试验、临床上市等审批环节迅速发展，与全球同步。

中华人民共和国国家医疗保障局自2018年成立以来，连续五年开展医保药品目录准入谈判，在保障创新药的可及性方面不遗余力。即便是在疫情之下也未受影响，这使很多的创新药品进入国家医保范围，从而扩大医疗可及性，促进医疗公平。

武田中国的创新拓展始终与之同频。回顾武田中国的发展历程，可以分为两个时期。1994—2014年，武田中国完成了从新药开发、生产、药品保障供应及商业化运营的完整药品价值链布局。1994年，武田进入中国，生产工厂落户天津。之后，企业在中国的布局逐步完善：在江苏设立物流中心，在北京、香港、广州等城市设立了区域分支机构。

创新政策打开了新的竞争格局。作为一家极具经验的跨国公司，作为以研发为驱动且全球领先的创新生物药企，武田敏锐地洞察到中国市场正迎来一个非常难得的历史性机遇。

从2015年开始，武田中国开启积极谋篇布局、加速发展的第二个时期。企业提出中国“追赶”计划，旨在将国外已上市的创新产品尽快引进到中国市场。

2015—2020年，公司投入15亿元人民币专项基金，支持在华开展新药开发。

2017年起，中国成为武田全球研发的四大关键区域之一，与美国、日本、欧洲并列。

2018年，武田在中国增资1亿美元，大部分用于新药开发。同年，武田中国积极推动业务转型并实施了“以创新为中心”的战略，通过调整创新产品线、加速新产品上市并重新定义商业模式，使中国与武田全球产品组合更紧密地保持一致。

2019年，武田投资1.1亿元人民币扩建武田天津工厂，在2020年正式竣工。

2020年，武田中国开始加速，从“同步”海外迈向“引领”全球。“武聚未来”的五年战略计划正式启动，目标是至2025年上市超过15款创新药，服务超过1000万名中国患者。

武田中国的行动力远超预期。到目前为止，已经有10款产品在国内成功获批或上市，整体进展领先于预期目标。近年来，武田中国一直保持两位数的增长，是获批上市新产品最多的跨国药企之一。

二、拓维中国：让中国成为未来的创新之源

中国生物医药产业正朝着“推动创新、提高可及性、加速数字化医疗”的趋势发展。因为懂得，所以坚定。武田中国的创新也迈向了新的阶段。

2022年，武田面向全球宣布启动具有更长远未来的“拓维中国”十年战略，并通过新成立的全球生物制药及国际市场业务集团（GPD）旗下独立的中国事业部，充分释放中国市场作为全球第二大医药市场的潜力。

拓展中国的创新维度，发掘中国作为全球第二大医药市场的潜力，“拓维中国”是武田高度重视中国市场的体现。第一，总部全力支持，计划到2030年，武田中国将发展成为武田第二大市场。第二，携手中国本地创新能力所产生的诊疗、医疗服务、数字化创新手段等，打造创新生态圈。第三，为企业培养有全球化视野的领袖，孕育懂中国的领袖，大力推动类似于“全球链接”的人才建设项目的快速发展。武田中国加速将强项领域的创新药引入中国。2022年3月，武田制药针对ALK阳性晚期非小细胞肺癌的创新药安伯瑞®（布格替尼）正式获批，并于7月进入商业上市阶段。此前，这款新药曾通过“先行先试”政策在海南博鳌乐城医疗先行区加速实现获批应用，并在2021年第四届进博会上首度亮相。同年，武田中国引进肺癌领域的原研创新药安卫力®（莫博赛替尼）。值得一提的是，这是由中国团队参与全球同步开发的一款创新药，2021年9月15日莫博赛替尼获FDA批准上市。2023年1月11日，肺癌创新治疗药物琥珀酸莫博赛替尼胶囊获得国家药品监督管理局批准上市，用于治疗含铂化疗期间或之后进展且携带表皮生长因子受体（EGFR）20号外显子插入突变（EGFR ex20in）的局部晚期，或转移性非小细胞肺癌（NSCLC）成人患者。

在提升药物可及性方面，武田中国一方面积极参与医保药品目录准入谈判，一方面与创新支付公司和商业保险公司积极进行创新合作。2021年有七款罕见病药品通过谈判进入国家医保，其中有两款就来自武田制药。2022年，在肺癌创新药安伯瑞®刚上市，天津将其纳入惠民保之际，武田中国也与商保合作方同步推出名为“伯享生机”的创新支付项目，在短短不到一个月的时间里，已有几十位患者通过这一创新商保模式获得了药品。

得益于“拓维中国”战略的加速推进，2022上半财年数据显示，武田中国业务保持了双位数增长。

武田坚信，在生物制药领域，中国一定会成为全球的创新来源之地。因此，武田制药积极推进全球与中国创新相结合。

2022年，我国成功进入创新型国家行列，开启了实现高水平科技自立自强、建设科技

强国的新阶段。

2022年，恰逢武田亚洲开发中心在华发展十周年。6月，武田制药宣布亚太研发总部正式落户上海浦东，标志着武田中国研发战略全面升级：将全面提升临床研究实力，成为全球研发的重要引擎；更早将中国纳入全球研发项目计划中；积极开拓外部合作，共建创新生态圈。

武田亚洲开发中心

当前，武田制药的全球管线中有超过40个进入了临床阶段，大部分是具有突破性创新的孤儿药——这些项目中国几乎全部都有参与。在武田的六大重点领域中，神经科学、疫苗等全球发展方向领域的新产品也会在不久的将来进入中国。

中国市场被越来越多的跨国药企定位为“未来业绩增长的关键支柱”。武田认为，在进一步融合发展的过程中，中国生物医药行业要走向国际舞台，获得更大的影响力，必须要有具备国际化视野和懂得中国市场的复合型人才。

武田中国率先启动“全球链接”人力项目，迅速得到总部的高度重视和积极响应。未来五年，武田将实现100位关键人才的跨国输出和输入，为企业培养有全球化视野的领袖，孕育懂中国的领袖。

在这样的背景下，武田中国秉持“面向未来”的开放视野，开创特色化的“Future系列”人才发展项目。武田中国的员工可以体验多种不同的内部工作机会，培养复合才能的Future Light；锻造自身领导力和企业家思维的Future Tree；走出国门，解锁跨国工作经历的Future Connection。

走出去也要引进来。为了加深全球对中国业务和文化的了解，武田中国推出了面向全球员工的“China Lecture series”。通过这样的沟通，强化海外对中国市场的认知，吸引更多不同背景的人才来华发展。

2023年，中国发展高层论坛年会主题为“经济复苏：机遇与合作”。一切都在释放积极的信号。这是武田制药全球总裁兼首席执行官卫博科疫情三年来的首次访华。他表示：“近年来，中国出台的多项深化医药改革与鼓励创新的政策，显著提升了中国医疗市场的全球竞争力。而对武田制药而言，中国市场也扮演着越来越重要的角色，企业在2022年已跻身为中国市场排名前十的跨国药企。我认为，未来中国市场将是武田制药在全球布局中强有力的推动增长市场和区域。”

在中国市场深耕近30年的武田制药，未来也将持续加大对中国市场的投资力度，积极推动将全球创新药物引入中国市场，以提升患者的生命质量和生活质量，推动改善中国患者对创新药物的可及性，助力国内医疗卫生体系可持续发展。

第二节　创新力让中国的罕见病不再罕见

罕见病是人类面临的重大医学挑战之一。我国人口基数庞大，罕见病并不“罕见”。从国家到企业和各类社会组织，越来越多的目光和力量正投向这个群体，加快探索我国罕见病诊疗和保障机制。

作为罕见病领域的领军者，武田中国持续以最大的努力和诚意以及深度参与罕见病市场发展，积极配合政府的各项医疗保障举措，让更多的中国患者从创新药物和规范化治疗中获益。

一、加速引进，填补中国罕见病市场的空白

中国拥有全球最大的罕见病患者群体，大量的治疗需求亟待满足。据《2022中国罕见病行业趋势观察报告》统计，2022年中国罕见病患者约2000万，每年新增患者超20万人。

罕见病信息可及性不足是导致罕见病误诊的最关键因素。根据《中国罕见病综合社会调查》2020—2021年数据，中国罕见病平均确诊需要4.26年，误诊率高达42%，超过2/3的患者经历过误诊。

由于需要长期用药治疗、护理、延缓病程发展甚至“保命”，患者及其家庭受困于罕见病。

1. 中国对罕见病的需求越来越重视

近年来，中国不断探索建立罕见病用药保障机制。《“健康中国2030”规划纲要》对罕见病用药保障有着明确展望。国家《“十四五”医药工业发展规划》，多处提及罕见病支撑。

目前，中国罕见病的支持政策主要有加速审评审批、减免临床试验申请、加长市场独占期和税费优惠四个方向。

2017年，国家食品药品管理总局发布《关于鼓励药品创新实行优先审评审批的意见》，将罕见病治疗药物纳入优先审评范围。境外已上市的罕见病药品满足要求后可直接批准进口。进口罕见病药品减征收进口环节增值税。

2018年，我国《第一批罕见病目录》确定了121种罕见病，划定罕见病并规范诊疗路径，提高药企对目录内罕见病用药研发的积极性。第二批罕见病目录已处于材料审核阶段，将探索开展罕见病高危家庭基因筛查，推动更多罕见病的规范化治疗。

近几年来，更多罕见病领域的创新药物纳入医保目录，持续提升药物的可及性和可负担性。

2. 武田在罕见病领域的创新能力卓越

基于投入产出等现实难题，药企往往对罕见病望而却步。武田以患者为先，知难而上，成为全球罕见病领域实力最雄厚的公司之一。在武田制药的产品管线中，50%以上与罕见病相关。

政府不断提升对罕见病领域的重视程度。武田中国积极引进，填补国内的市场空缺。

2018年，我国《第一批罕见病目录》正式发布。

2020年，拉那利尤单抗注射液在中国获批上市。它于2018年率先在美国获得上市许可，是全球首个针对遗传性血管性水肿（HAE）的单克隆抗体（mAb）药物，可降低患者的水肿反复发作次数，预防致命性喉头水肿所导致的窒息，改善患者及其家庭的生活质量，填补了中国HAE长期无针对性治疗的空白。2023年年初，产品纳入医保，开启中国HAE治疗的全新时代。

2021年更是武田中国的“罕见病元年”。短短一年内已有四款罕见病创新产品获批或上市，覆盖法布雷病、戈谢病、遗传性血管性水肿（HAE）等多个治疗领域。维葡瑞®（注射用维拉苷酶α）的上市打破了国内戈谢病治疗药物单一局面。飞泽优®（醋酸艾替班特注射液）是中国首个且目前唯一用于遗传性血管性水肿急性发作皮下治疗的缓激肽2型（B2）受体的选择性拮抗剂。它的获批填补了中国急性HAE发作针对性治疗领域的空白。瑞普佳®（阿加糖酶α注射用浓溶液）用于法布雷病患者的长期酶替代治疗，是中国目前引进的唯一人源性酶替代疗法。达泽优®（拉那利尤单抗注射液）是目前全球唯一一款针对遗传性血管性水肿的单克隆抗体（mAb）药物，可降低患者的水肿反复发作次数，预防致命性喉头水肿所导致的窒息，改善患者及其家庭的生活质量，填补了中国HAE长期无针对性治疗的空白。

截至目前，武田制药已有六款罕见遗传及血液疾病领域的创新产品在获批中，覆盖血友病、法布雷病、戈谢病、遗传性血管性水肿等多个疾病领域。

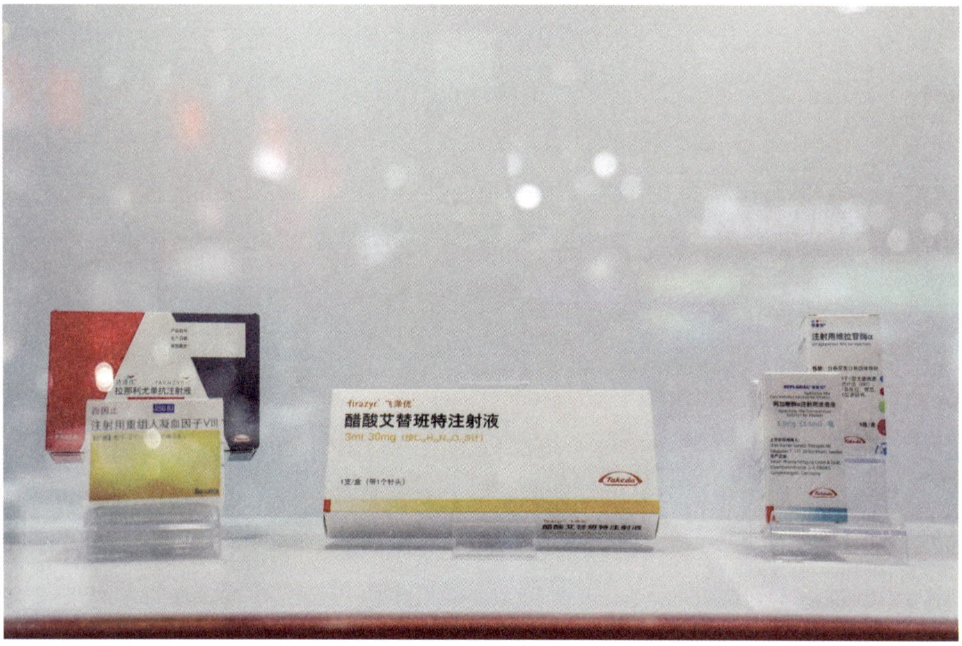

武田罕见病产品

二、患者为先，多维度创新推动各界共建生态圈

罕见病的诊疗是全社会的问题，需要政府、医院、科研机构、企业等多方共同的重视和努力。

武田中国不断提升诊断和服务能力，并在社会呼吁、政策倡导等生态圈建设上不遗余力，以推动罕见病行业发展为使命。

1. 创新打造患者服务部门，引领行业前行

武田认为，“以患者为中心”，不仅是研发环节，更应该融入诊断、治疗、预后的所有环节。

在武田中国，患者服务部是核心部门，直接由核心管理层负责——这在业内是不多见

的架构设置。企业希望通过建立连接医生、患者及数字化的生态体系，为患者提供最有价值的服务，保障患者的生命质量，真正做到“以患者为中心”。

懂患者所需，基于洞察转换视角，体现在武田患者服务工作的每一段里程。以罕见疾病遗传性血管性水肿（HAE）为例，每5万人中会有一人不幸罹患该疾病，患者随时随地可能发生水肿，肿在四肢无法正常工作、生活，肿在肠胃会剧烈腹痛、呕吐。最为凶险的是肿在喉头，从发作到窒息平均4个多小时，死亡率高达40%，严重威胁患者生命。2021年，武田的HAE急性发作治疗用药醋酸艾替班特进入中国。

为了更好地帮助患者在疾病发作时自行注射醋酸艾替班特，武田患者服务团队通过与患者的沟通洞悉了大家操作时的痛点，开发出一套成熟的自主操作体系，指导患者能够及时用药，确保了患者最终的治疗获益。

武田患者服务部门的愿景是合作、创新和引领。通过近距离洞察患者的需求，加强多方合作不断探索创新模式。患者服务的目标向前一小步，患者获得美好生活的目标就能向前一大步。

2. 开创“患者参与计划”，通过全流程管理服务病患

从研发的角度来讲，无论患者参与早期研发设计，还是参与临床试验，都可以促进药企对中国患者的疾病状态有更充分的了解，帮助积累更多真实的患者数据，为药企的准入部门和监管提供高效的决策依据。

武田研发努力让中国患者尽早加入全球药物临床试验。这改变了从前国外研究已经进入二期、三期临床试验阶段，中国可能才开始相关研究的状况，进而促使药物第一时间在中国获批并惠及中国患者。

在罕见病的药物研发过程中，武田研发开创了“患者参与计划”（PEP）模式，即在研发的早期阶段就邀请患者加入。患者全程参与新药研发的每个阶段，能够更好地帮助药企理解患者的实际需求，提高开发效率、改善患者治疗效果，且有助于创造出多种针对性的诊断方法，扩展诊断路径。自2020年起，所有的临床研究组都会参与并跟踪至少一项患者参与项目。

由于病例少、患者分散，罕见病的数据采集和患者临床招募常常面临困难。在临床入组阶段，武田研发与患者组织紧密合作，及时分享信息，让适合临床试验的患者第一时间知道并加入。在整个药品的研发周期中，持续进行信息的收集必不可少，患者组织能够让药企更加深入地了解到患者的实际需求。

中国许多基层医院缺乏相关人才和诊断设备，诊疗罕见病的专业能力亟待提高。通过临床试验，武田中国与更多的专家、医院合作，帮助他们提高对疾病的认知；通过线上线

下的宣讲，使得更多偏远地区的医生有了认知，进而也提升了病人的疾病认知。

3. 赋能罕见病创新生态圈

中国罕见病领域存在的最大难处是，对罕见病的疾病认知不够以及罕见病在诊疗上存在的挑战。武田中国为实现罕见病药物在中国的普惠可及和可持续良性发展上不遗余力。企业积极联合行业各方探索、对产业内关键驱动角色进行赋能，逐渐形成各自可自主运行，同时又相互连接、相互促进的以患者为中心的罕见病创新生态圈。

多年来，武田中国持续支持以蔻德罕见病中心（CORD）、病痛挑战基金会（ICF）为代表的患者组织，以助力罕见病的公众科普和罕见病信息交流平台的搭建。2020年9月，武田中国支持无锡灵山慈善基金会发起的中国罕见病患者组织赋能项目，旨在提升中国罕见病患者团体的倡导能力并探索中国罕见病的保障之路，改善中国罕见病患者的生活质量。项目借鉴国内外成熟患者组织的成功经验，帮助患者组织精准定位，明确未来发展方向与目标。此外，项目还打造赋能体系，精准培养患者组织急需的能力，通过提升患者组织的专业性和成熟度，助力推动中国罕见病事业的发展。具体来看，赋能项目中的“患者组织成长地图”对中国罕见病患者组织进行深入调查分析，帮助患者组织定位自身发展所处阶段，发掘患者组织在松散期、孵化期、成长期和成熟期四大不同发展阶段的特点，厘清各阶段的组织发展需求与工作重点，为培养患者组织所学能力重点、提升成熟度和专业性奠定基础。此外，赋能项目还推出一套完整的体系，根据患者组织成长地图所描绘的各个患者组织所处的发展阶段，提供步骤清晰、目标明确的各阶段赋能培养体系，精准地培养患者组织在每个阶段所需要重点培养的能力。迄今为止已开展20多场赋能活动，覆盖了包括血友病、法布雷病、戈谢病、遗传性血管性水肿、炎症性肠病和淋巴瘤等600多位患者组织工作人员和骨干。

为了进一步赋能提升中国罕见病患者组织对患者真实数据的应用倡导，武田中国在2022年发起“中国罕见病患者组织开展患者登记和患者调研项目”，聚焦中国罕见病患者组织在数据登记和相关调研工作方面的探索和成果，通过总结国内外最佳实践提出行业建议，形成患者组织开展数据登记和调研的工作指南。在2022年进博会期间，武田携手中国罕见病联盟和患者组织，共同发布了《中国罕见病患者组织开展患者登记和患者调研的行业研究报告》。

三、给治疗方案注入数字力量

科技进步推动医疗数字化应用，改变了医疗服务的本质和实现方式。新医改背景下，数字医疗开始融入诊疗、处方流转、医保支付等核心应用领域，放大医疗资源效益和提升医疗体系效能，为提升医疗健康服务的可及性创造更多机会。

武田制药积极探索数字化创新。在中国市场上，武田是第一批获得注册的数字疗法的企业之一。2021年，用于辅助治疗罕见病——血友病的数字疗法myPKFiT®在中国开启首次使用。myPKFiT®是中国首个支持血友病药代动力学（PK）指导下的管理工具，是中国首个且唯一获得三类证的数字化应用，也是国家药品监督管理局唯一批准的个体化预防FVIII剂量指导软件，与百因止®配合使用，可助力患者实现“零出血”的治疗目标。

2021年，作为实施武田中国数字化战略的重要举措之一，TakedaSpark创新孵化器正式启动。对于创新企业来说，借助武田的成功经验，可以帮助它们的技术从理论“走进”现实，真正应用于患者。对于武田而言，这些项目与其专注的疾病治疗领域密切相关。例如罕见病领域，很多患者需要终身治疗，TakedaSpark孵化的血友病康复方案“魔镜”，将人工智能设备和血友病运动康复指导融为一体，满足了患者不受空间、时间限制的居家康复需求。患者可以在居家状态下，得到高质量的康复服务，提高患者生活质量和社会活动功能，并且在医院场景得到验证。

从供给者到开垦者，武田中国借助数字化生态，打造开放式的外部创新，推动现有优质医疗资源向更多患者下沉、拓维。

2022年，武田中国宣布将TakedaSpark升级为全新的TakedaSpark +。TakedaSpark +由武田中国联合埃森哲和亚马逊云科技，聚焦数字疗法、早筛诊断和智慧服务三大医疗核心领域，共同赋能数字领域的初创企业。

亚马逊云科技、武田中国、埃森哲签署战略合作协议

2022年，武田制药与零氪科技达成合作，正式启动针对武田两款创新靶向药物布格替尼和莫博赛替尼的“定制化”伴随管理工具。为ALK阳性和EGFR ex20ins NSCLC突变肺癌患者量身打造数字化用药管理平台。这是武田首个肺癌数字疗法项目，也是目前肿瘤领域数字化诊疗的前沿探索之一。

未来1-2年，TakedaSpark+有望能落地更多创新方案，利用AI、大数据、医疗设备和数字化软件等，协助医院和医生打造高效数字化诊疗一体方案，加速中国数字化诊疗领域的步伐，同时反哺全球，不断践行武田“扎根中国，链接全球”的承诺。

2022年，“数字化”和“拓维中国”战略被纳入武田未来聚焦的五大关键战略领域。同年5月，武田中国宣布成立数字化科技团队。这支团队将主要专注四大领域：数字化科技健康、数字化科技体验、数字化科技运营、数字化科技基建。

未来，武田将致力于让患者、医疗专业人士感受到数字化医疗的力量。

第三节　价值观和文化力是持续创新的支撑

武田企业价值观的核心是“以患者为先”，并且在决策优先事项严格遵循PTRB（患者—信任—声誉—业务）准则，把患者放在首要位置，且这个顺序是不可以打乱的。从1781年创立以来，这个理念就在指引武田制药为患者、行业和社会持续创造价值。

一、“患者为先”，浸润组织生态

患者永远被武田放在第一位，以便让更多的患者有机会得到好的治疗。唯有心怀患者需求，武田的存在和运营才有实际的价值。一旦偏离了治病救人的目的，企业所有的决策和执行都会踏空。武田公司的管理者将“患者为先”四个字体现在大大小小的决策中。只有做到了“患者为先”，才会有公司内外部的信任、公司的信誉以及商业的成功。

在研发领域，无论是自主研发还是合作研发，武田制药像所有同行一样，无法保证每个项目都会成功，但是，他们对创新的追求是坦然无畏的。以国际大公司强大的资源和能力深入探索各大科技方向，并对这些方向上的人才都做了深入浅出的分析之后，才能够为满足未被满足的治疗需求而肩负大任。

在对中国市场的战略决策上，企业的决心亦十分坚定。武田中国坚守初心，执行“以创新为中心”的战略，通过调整创新产品线、精简组织机构、重新打造业务流程，从而打下高效运营的基础。尤其在诊疗阶段，“以病为亲，待病如亲”的经营哲学演变到今天，正在以更为科学、细致、个性化的方式呈现。

随着医学诊疗的发展，很多疾病从针对病患的诊断、治疗，正逐渐向全秉承周期管理的模式演变，让患者通过更加规范的全周期管理，获得更好的治理体验和生活品质，有些患者还能恢复到原有的生活状态，甚至回归社会。血友病便是如此，只要能够坚持规范化治疗并给予得当的护理，患者的生活和正常人没有太大区别。武田中国有一个特别的患者关爱合作项目。这个项目里有一群热心的护士，她们会定期对血友病患者进行家访，告诉他们治疗、护理以及生活中需要注意的事项。为了帮助血友病患者和家属学会自我注射从而积极开展预防治疗，有些护士甚至让患者在自己的手臂上找针刺的手感，练习注射。2020年新冠疫情暴发初期，武汉当地的医疗资源因为突发状况极度紧缺，所有医院包括社区诊所都只接收发热患者。很多血友病患者无法及时前往医疗机构救治用药，只能自行在家静脉注射给药。当时有一名年仅一两岁的小患儿正逢需要规律性用药，可是孩子静脉细小，年轻的父母束手无策。关爱项目的护士团队成了他们最信赖的管家。面对孩子的啼哭、患儿父母的焦急，护士团队的俞晶晶第一时间帮忙联系熟识的社区卫生服务中心的护士，帮助患儿注射上了急需的凝血因子。来自武汉的俞晶晶是第一批加入武田“血友病患者教育及关爱项目”的护士。至今，她已经持续帮助湖北地区超过200名血友病患者，拥有多年丰富临床护理经验的她已经成为血友病患者最信赖的“疾病管家”。如今，这个关爱服务计划已经开展八年，还将会一直服务下去。

类似这样的工作是由武田中国的一个核心部门“企业事务与患者服务”部门执掌管理。如今，由武田倾力打造并支持的类似这样的患者关爱服务已经从血友病进一步扩展至骨髓瘤、淋巴瘤、炎症性肠病、肺癌以及罕见病等领域，大大提高患者及其家属对规范性治疗的认知，帮助患者梳理当地医保等政策，推荐并寻找医院和医生，还能给予心理和情绪上的疏导和支持，提升患者自我管理疾病的能力。截至2023年3月底，武田中国已为近40万中国患者提供了关爱服务，涉及骨髓瘤、淋巴瘤、肺癌、炎症性肠病、血友病、罕见病等多个疾病领域。

从以上种种细节中可以看到，“待病如亲”绝不是武田中国为了市场营销和品牌建设而说的一句空谈，而是将“患者为先”的信念化为真实碰触到的长期服务工作中。

二、田字六道，让武田精神更贴近中国

武田也始终将打造非凡的员工体验视作公司的核心要务之一。

新冠疫情期间，企业采用灵活办公模式，并多次为员工派发爱心蔬菜包、生活物资及防疫用品，使员工居家办公也能安心无忧。武田中国还打造了CARE项目，开设了运动及心灵课程、Fun Club等，以保障每一位员工的身心健康。此外，武田中国还设有关爱假，将这份关怀延伸至员工的家人。

武田中国认为，中国现在正在经历巨大的结构性升级，现在和未来的发展靠创新。因此，医疗行业必然对人才提出更高的要求。

一方面，致天下之治者在人才。鉴于人才在观念和认知上需要有一致的方向，武田中国推出了“田字六道”，这是基于武田的价值观、品质与领导力的行为要求，也是武田在中国获得成功的信念和选择。六道分别是：极致——能够达到的最高水准，责任——当仁不让、舍我其谁的胸怀和担当，专业——差异化和核心竞争力所在，韧性——不积跬步无以至千里的不屈不挠和强悍的复原力，学习——保持领先的内在动能，合规——业务的基石。

另一方面，成天下之才者在教化。在人才培养上，除了提供系统化的培训，武田还专门为鼓励人才内部流动、培养复合型的人才搭建交流平台，“活水项目”应运而生。最有特色的是，武田会投放短小精悍的短期项目，鼓励跨部门员工以兼职的方式参加。员工通过申请后，可以在规定的时间里跨部门去接触感兴趣的工作内容，了解其他部门运作的同时，也可以为其他部门提供新想法。武田中国相信一个创新型的组织需要多元化的文化和人才支撑，未来武田中国也会更加多元化——人才多元化，年龄结构、文化多元化。

武田中国连续七年蝉联“中国杰出雇主”殊荣，这体现了行业及员工对企业人才发展与建设工作的高度认可。

在中国，武田的企业社会责任项目，由企业管理层担任委员会成员，致力于人道主义关爱、助力行业提升以及促进公众意识强化。武田于1963年成立武田科学振兴基金会。1980年开始资助中国医生，至今已合作交流超过40年，资助近300名中国医生赴日学习。自2014年起，武田连续七年支持“北京希望马拉松”，与中国癌症基金会一起助力癌症防治，向大众科普教育，提高疾病认知。2019年，武田中国通过上海市慈善基金会向南屏镇小阿幕村和南屏镇马街村捐赠医疗器材，旨在提高村镇的卫生水平，让当地村民能够接受相关治疗。2020年年初，武田中国通过中国红十字基金会携手社会各界捐赠价值近600万元现金和物资，用于支援新冠疫情的防控。2021年，武田中国向中国红十字基金会捐款100万元，助力河南防汛救灾和重建工作，保障受灾群众应急生活所需。基于医疗资源优势地区和偏远不发达地区的结对帮扶、共同发展的原则，武田中国与上海市慈善基金会、上海市静安区卫生健康委员会携手云南省广南县健康局，充分利用上海市优质资源，协助广南县基层医疗卫生机构加强乡镇卫生院学科建设、人才培养、能力提升，提升乡镇卫生院服务能力，巩固云南省广南县健康帮扶工作成效。在该项目的支持下，共有8名院管理人员和8名乡镇卫生院医务工作者赴沪社区医院学习。

既是责任，也是能力。武田制药结合自身的核心优势和能力，采取节能减排、发展循环经济等多样化的举措，来帮助减缓气候变化所带来的影响。截至2020年，武田制药已实现在整个运营价值链上的碳中和目标，并有望在2035年提前实现运营零碳承诺。以武田制药天津工厂为例，采用了包括大规模使用太阳能、热回收利用以及通过雨水回收的创新“海绵”城市设计等在内的一系列绿色措施，以助力建设低碳城市，支持循环经济发展。

抓住中国医药市场大创新的时代机遇，紧拥中国的武田，积极推进全球与中国创新相结合，以患者为先，知难而上，采用创新差异化竞争，强化发展领域的优势，从而迎来更好的发展。

企业家专访

在引领创新的道路上加速前行

——专访武田制药全球高级副总裁、武田中国总裁单国洪

《样本》：自2018年以来，武田中国的业绩始终保持强劲增长。中国市场也成为武田全球重要的增长驱动力。请分享对中国制药行业的创新脉络的洞见。

单国洪：2015年之后，“鼓励创新”“高质量发展”和“提升可及性”成为新时期的发展特征。国家药监局审批的创新产品，其真正的创新性已得到全球认同。在高质量发展上，包括监管、产品质量、医院的服务能力上，更是下了大力气，改变了唯规模论的局面。在可及性上，无论是国家医保谈判还是每年医保更新制度的透明性，营商环境正在不断地优化。

武田是以研发为驱动的，全球领先的创新生物医药企业。处方药销售规模排在全球第十位左右；研发管线的厚度和深度，我们排在前三名。对于以真正追求同类第一（first in class）的创新为目标、能够真正解决那些未满足的临床医疗需求的企业来讲，鼓励创新、高质量发展和提高可及性的市场趋势是非常大的利好。现在是一个非常难得的历史发展机遇期。

《样本》：行业改革力度大、市场环境变化快，制药企业面临机遇和挑战，请您谈谈武田商业创新的成功经验。

单国洪：政策方向是正确的，对企业来讲，就应尽早做准备。我们在注重发展趋势的同时也重视短期操作层面的战术。

2017年，武田中国95%以上的业务都是来自过专利期的原研产品。我们在战略上就是要尽快地转型，要用创新产品升级换代。我们用了两年的时间，剥离了非核心业务产品线，集中精力和资源用于加快创新产品的成功上市。

2021年，我们的收入结构中，创新产品占比达到80%。2017年到2021年，我们在中国的业务规模翻了三番还多，规模从3亿美元到超过10亿美元。

在过去几年，我们确实是在中国成长最快的跨国制药企业。经验可以总结为天时地利人和。

首先，中国的创新环境极大地增强了我们持续投入的信心。政府鼓励创新，强调必须实现创新成为第一动力、协调成为内生特点、绿色成为普遍形态、开放成为必由之路、共享成为根本目的的高质量发展，推动经济发展质量变革、效率变革、动力变革。跨国公司也从最初的试水，直至成为创新的积极参与者。其次，具体措施需要了解和沟通。武田中国的领导团队、各部门一直在积极协调。尽管受到疫情影响，交流从未间断。在官宣“拓维中国”十年规划前，最关键的一次会议是在2021年。我在线上参加董事会，解答各种各样的问题。最后，战略也须执行到位。公司决策高层、管理团队、业务部门、普通员工都愿意和中国共建长期发展，上下齐心，其利断金。

《样本》：如何理解武田制药倡导的医疗企业乃至跨行业之间的合作共赢，共建生态圈？

单国洪：现在我们进入了一个国内外同步开发、同比上市的阶段。新问题是：我们有能力在中国上市，但是否有能力在中国运营？

比如，罕见病的创新药已进入到全球同步开发的阶段。尽管本身要盈利还是很困难，但是因为我们其他的产品有盈利能力，有其他的领域可以去造血，所以我们才有机会去培育市场。

我们需要一个更开放、有正向激励的环境。唯有如此，创新才是可持续的。一方面，资源有限，首先需要满足常见病和多发病；另一方面，是否有让包括罕见病在内的创新疗法提高可及性的中国方案？罕见病多为基因疾病，是生命科学的最前沿，不去研究就落后。市场需要正向信号，激励企业去投入。中国的生态系统须有追赶生命科学发展最前沿的能力。我们很愿意跟国内创新企业一起，为健康中国2030共同努力。

《样本》：武田制药的创新特色是什么？

单国洪：过去几年的工作得到公司内外及各界认可，我们还要再继续努力。我们最重要的一个标签应该是：武田是一家以患者为先的企业。更重要的是，我们要让这个标签落实到行动上。

2022年，数字化创新成为武田全球的五大创新发展战略之一。而武田中国领先全球，尽管受到疫情影响，我们的数字化创新孵化器平台已经升级到了2.0版本。

环保也是武田在全球提出来的重要理念。在医药行业，武田是全球首家提出要争取在2030年达到公司全产业链零排放的企业。

《样本》：中国药企正在开启国际化探索，武田的成功经验带给中国药企哪些借鉴和启发？

单国洪：日本的企业能够变成全球化的企业，中国的企业有没有机会实现突破？我认为有，因为中国和美国、日本、欧洲的企业都有一个巨大的本土市场。企业能够首先在本土市场上成长起来。

国情和制度环境有差异，中国企业与日企不会完全一样。首先，在走向欧美市场时，武田制药的经验是可以在当地设立研发公司。技术诀窍（know-how）的能力要逐渐建立。以人才全球化为例，武田制药已外派日本的优秀人才到世界各地。现在，武田制药的人力和文化完全做到了国际化。其次，如何去理解美国、欧洲、日本的监管，并在这样的环境下发展？这对于国内企业来讲是长期的挑战。最后，跟创新企业携手，可以走得更快。在20世纪80年代之前，公司曾打算自己走，但都不是很成功。直到80年代，在美国和雅培成立了第一家合资企业，才算是真正进入了美国市场。强强联合后，开始体现商业化创新能力。现在，中国企业也纷纷开始海外合作，这是值得鼓励的方向和路径。

专家点评

科技创新和差异化竞争助推百年药企走向世界一流

成立于日本江户时代的武田制药，历经200多年的发展，目前已扩展到全球80多个国家和地区，市值超3000亿元，员工达5万名，位居世界前十、亚洲第一。1994年，武田制药正式进入中国市场。武田中国现已成为武田全球最重要的市场之一，未来也会成为武田全球最重要的战略市场和研发生产基地，其成功背后有许多值得管理学者、管理实践者总结、研究、学习和借鉴的地方。在我看来，武田制药和武田中国的成功，主要归功于以下五个方面。

一、使命导向

企业使命是指企业存在的价值和意义，是企业发展、壮大的理由和基石，是企业最根本、最崇高的任务和责任。一家优秀企业的使命不仅是对当时社会的发展状况和演进趋势有准确、深刻的洞察，其产品和服务也能为社会大众真正带来福祉。企业使命为其经营原则、发展方向提供了指引，从方方面面影响着管理者的决策和思维。武田制药价值观的核心是“以患者为先”，并且在决策过程中严格遵循PTRB（患者—信任—声誉—业务）准则，把患者放在首要位置，武田的领导层也将“患者为先”四个字落实到公司大大小小的经营举措和行动中。清晰而坚定的价值观从深层次上回答了武田制药“为什么做，做什么，怎么做”这一根本问题，它又像一盏明灯指引着武田制药永远不偏离航向，保证武田制药从白手起家沿着正确的道路实现了可持续发展及全球化布局，并取得了一系列骄人的成绩。

二、科技创新

毋庸讳言，科技和创新的重要性在当下怎么强调都不为过。当今世界国与国之间的博弈，无论经济竞争还是军事对抗，归根到底都是科技实力的较量。创新是人类社会发展的动力源泉。小到个人、大到企业、各类组织，再大到整个国家，唯有创新，才有进步。

药物技术创新是医药行业的核心竞争力之一。随着疾病种类的不断演变和患者需求的变化，创新的药物可以提供较为安全、有效的治疗方案。药物创新不仅关乎疾病的治疗，还对医疗系统的可持续发展和经济效益产生重要影响。目前，中国的药品市场大多数是仿制药，创新药所占的市场份额非常少，进一步凸显了技术创新的巨大空间和迫切需求。武田制药始终是创新的引领者——拥有世界级的实验室，构建了行业内领先的、多样化的研发管线，始终傲立于探索尖端科技的前沿。截至2022年年底，已经有10款产品在中国成功获批或上市。近年来，武田中国一直保持两位数增长，是获批上市新产品最多的跨国药企之一。

三、差异化竞争

差异化竞争是被誉为“竞争战略之父”的迈克尔·波特（Michael E.Porter）提出的。通过差异化竞争，企业不仅可以避开与竞争对手的正面交锋，提升核心竞争力，在消费者心目中树立更好的口碑和声誉，还可以在相应领域设置较高的进入门槛，提高竞争对手跟随的成本和难度，从而获得竞争优势。众所周知，罕见病是人类共同面临的重大医学挑战之一，罕见病药物的研发周期长、失败风险大、投入成本高，不少药企避而远之，武田制药抱着“明知山有虎，偏向虎山行”的勇气，很早就进军了罕见病药物市场，如今在武田的产品管线中，50%以上与罕见病相关。凭借在该领域卓越的创新能力，武田在过去的一段周期时间里构建并持续强化了“罕见病”这一差异化竞争优势，迅速成长为罕见病领域的全球第一大领先的生物制药企业。仅2021年短短一年内，就有四款罕见病创新产品获批或上市，覆盖法布雷病、戈谢病、遗传性血管性水肿（HAE）等多个治疗领域。

四、本土化战略

跨国公司的本土化是为了适应东道国独特的文化环境和社会习俗、制度、规则，将生产、管理、人事等全方位融入东道国经济的过程。事实证明，跨国公司全球扩张折戟的理由有千万条，其中最重要的是本土化失败。像许多跨国公司一样，武田制药来到中国，采取了很多本土化的策略。一方面，加速引进新药进入中国市场，并在中国本土完成从药品研发、生产、物流保障供应及商业化运营的完整药品价值链布局；另一方面，大力培养中国本土人才，并携手中国本土合作伙伴共同打造医药生态圈。

如果说过去三四十年，跨国公司中国本土化的过程主要集中在人才、产品、价格、渠道和营销方式等方面，那么未来科技创新的本土化将是重中之重，甚至将决定跨国公司能否在中国持续做大做强。武田制药较早地洞察到这一趋势，从战略和执行两个层面，加速了科技创新在中国本土化的步伐，并取得了实际成效。早在10年前，武田制药就在中国建立了亚洲开发中心。2022年，武田制药又在上海浦东建立了亚太研发总部，在新药研发上进一步向中国倾斜。当前，武田制药的全球管线中有超过40个进入临床阶段，大部分是具有突破性创新的“孤儿药”——这些项目中国几乎全部都有参与。中国在武田研发战略中持续扮演着重要角色，目前已经成为与美国、日本和欧洲比肩的四个关键研发区域之一。

五、优秀领导力

在与欧美制药巨头竞争的夹缝中，武田中国勇于开拓、不断创新，凭借自身实力跻身中国十大跨国药企，其管理层优秀的领导力功不可没。武田中国总裁单国洪是复旦大学—华盛顿大学EMBA项目的杰出校友，他很认同武田的愿景、使命和价值观，拥有全球视野，同时主张深耕中国。他加入武田以后显著提升了武田中国的竞争力。武田在中国的成功是价值取向的成功、商业战略的成功，也是领导力的成功。

经过40多年的发展，中国已成为全球第二大医药消费市场。医疗卫生领域的主要矛盾表现为老百姓日益增长的多层次、多样化医疗需求不充分、不平衡的供给的矛盾。从“缺医少药”到“有医有药”，再到追求“优医优药”，未来中国医药市场发展仍然充满机会，包括武田中国在内的跨国药企仍然大有可为。

陆雄文　教授、上海长三角商业创新研究院院长

复旦大学管理学院院长

第六章
全球体外诊断领域的发展新范式
——杭州安旭生物科技股份有限公司

- **楔子：** 源浚者流长
- **企业概况：** 体外诊断行业领军企业
- **创新解读：**

  第一节　助绘生命健康大蓝图

  第二节　“三力”齐发，构建生长新体系

  第三节　为世界提供中国检测
- **企业家专访：** 有恒心才有恒业
- **专家点评：** 内外兼修，拥抱更高水平开放

楔 子

源浚者流长

2008年，受到全球瞩目的北京奥运会不仅向世界展示了一个盛世中国，更将中国的制造能力和研发能力展现给世人。

正是从这一年开始，越来越多的中国企业更加积极和自信地参与全球竞争。安旭生物便是其中的代表之一，投入了彼时尚属于全新领域的大健康赛道——即时检测领域，从零开始，深耕发展。

2017年，中央经济工作会议提出，坚持以供给侧结构性改革为主线，统筹推进稳增长、促改革、调结构、惠民生的策略。也正是在这一年，安旭生物董事长凌世生带领企业紧扣全球发展与国家创新发展战略，持续拓展即时检验（POCT）技术平台，搭建化学发光和精准检测两大技术平台，整体科研实力进一步获得了全球市场的认可。也正是基于不断强化生产技术研发、加快融入国际标准体系、扩大全球战略布局策略的坚决执行，面对百年难得一遇的新冠疫情时，安旭生物团队激发了强烈的主观能动性、研发创新力量和高端制造能力，克服困难、迎难而上。新冠疫情暴发不久，企业自主研发的新冠抗体检测试剂通过美国FDA，并在全球范围内为世界抗疫提供极为紧缺的抗原试剂，获得了全球市场的尊重，同时也生动呈现了勇于担当、善于担当的全球体外诊断领域的发展新范式。

于安旭生物而言，新冠疫情只是践行“为人类健康提供卓越的产品及服务”使命过程中面临的一场挑战与考验，未来的道路漫长且光明。源浚者流长，根深者叶茂。在安旭生物，国际标准、自主研发、产业安全已经成为每一个奋斗者的信条。

企业概况

体外诊断行业领军企业

杭州安旭生物科技股份有限公司（以下简称安旭生物）2008年成立于浙江杭州，是一家集研发、生产、销售体外诊断试剂、POCT仪器及生物原材料于一体，并初步建立生物制药技术平台，逐步搭建诊、疗一体的生物医药高科技企业。

一、勇敢的先行者

企业自诞生之初就确定了走外向型企业发展道路，为此一方面坚持研发投入，以技术创新为核心竞争力；另一方面，将毒品即时检测类产品作为拳头产品，迅速打开市场。这一战略定位，使得安旭生物在成立第一年就实现了业绩的迅速增长，逐步在欧美市场打开了局面，获得了日、韩等国市场的认可。同时，海外销售额也在2017年突破了1亿元大关。

企业研发始终聚焦行业前沿与市场焦点，涉足领域不断延伸拓展。截至目前，安旭生物拥有免疫层析、干式生化、生物原料、化学发光、精准检测及生物制药六大技术平台。其中，生物原料、免疫层析和干式生化平台较为成熟，相关技术已实现产业化；而以磁珠

安旭生物研发大楼

分离技术和酶促化学发光技术为核心的单人份化学发光平台，以及以分子诊断技术和质谱检测技术为核心的精准检测平台也已经全面展开布局，相关技术、产品已有一定储备，将逐步实现产业化。企业先后被认定为“国家高新技术企业”“国家级专精特新‘小巨人’企业”“省级高新技术企业研究开发中心”“杭州市企业高新技术研究开发中心”等。随着逐步构建的成熟且强大的全球网络、独有的竞争优势，安旭生物迅速成长为国内少数几家在国际市场能够与跨国体外诊断巨头竞争的中国企业之一，具备了在国内外市场全方位发展的竞争实力。

二、即时检测领域生力军

安旭生物始终聚焦精准医疗即时诊断领域，不断深化技术平台的建设，在生物原料、免疫层析、干式生化、化学发光、精准检测这五大技术平台不断拓展研发深度，扩大覆盖面。企业依托成熟的胶体金免疫层析技术，开发出COVID-19系列笔形产品，引领行业变革，优化消费者使用步骤，不断增加应用场景。在分子诊断技术、多重荧光PCR技术领域，主动挖掘市场机遇，部署资源，完成产品的最终成型。在生物原料领域，加快原料替代，优化成本结构，提升产品在市场上的整体竞争力。

目前，企业已发展形成了覆盖毒品检测、传染病检测、慢性病检测、妊娠检测、肿瘤检测、心肌检测、生化检测、过敏原检测八大领域的POCT试剂，以及相关配套仪器。产品及服务覆盖欧美、亚洲、非洲、大洋洲等150多个国家和地区，并能够根据市场需求快速更新迭代，形成了强劲的市场竞争力。

2022年度，受全球新冠疫情带来的检测产品需求激增的影响，企业优质的新冠检测产品质量获得市场和客户的认可，销售规模持续扩大。尤其是新冠抗原检测试剂，为客户提供了完整的新冠病毒检测解决方案——传统抗原检测产品以板式形态为主，加上辅料等，操作起来所需步骤较多。企业主动识别差异机会，研发出抗原检测笔形产品，以一体式的集成结构，减少操作步骤，降低操作难度，获得了众多客户的认可，特别是老人及儿童的接受度和好评度更高。这些积极的反馈让研发团队更加努力开发衍生产品系列。同时，在原有新冠检测系列笔形产品的基础上，加快其他传染病系列笔形产品的迭代升级，推出呼吸道类的多联检笔形产品，优化产品结构，升级产品性能，更贴近客户需求。非新冠检测产品也保持平稳增长——安旭生物在八大领域POCT试剂的研发和销量取得长足发展。除此之外，企业聚焦生物原料平台的开发与产品技术储备，还掌握生物原料制备的多项技术，实现试剂产品所需的近百种抗原抗体原料的自供给，实现了核心原料的自主可控，形成从上游核心生物原料到诊断试剂、仪器的产业链一体化布局。

安旭生物新冠抗原检测试剂驰援香港抗疫

在渠道建设上，企业积极部署国际、国内营销网络。2022年2月，安旭生物在新加坡设立全资子公司家谱宠物有限公司（FAMILY TREE PTE. LTD）。同年5月，在美国设立全资公司元晟有限责任公司（Noble Motive LLC），旨在满足国外市场营销网络布局需求，并以此开启了全球大健康布局之路。同时，企业通过丰富的产品线及不断完善的产品解决方案，打造体外诊断行业的全新时代。

未来，安旭生物仍将秉承"为人类健康提供卓越的产品及服务"的使命，继续加大对生物原料的研发生产投入，以及POCT试剂及仪器的性能提升，满足不同领域的场景应用需求，聚焦国际和国内两大市场，致力于把公司打造成为国内、国际体外诊断行业的领军企业，助力美好中国建设。

创新解读

第一节 助绘生命健康大蓝图

即时检验（POCT）领域是目前体外诊断中增速最快的细分领域之一，在国外市场发展已较为成熟。与全球市场相比，中国的医院等终端渗透率较低，还处于发展初期快速增长阶段。

移动互联网时代的到来，让即时检测领域的应用进一步深入与扩大，相关产品线上线下的销售渠道开始整合互融。基于即时检测类产品检测结果的互认标准开始制定并落实，方便、快捷的检测手段成为新时代医学检测的重要组成部分。

一、IVD，不可错过的黄金赛道

新冠疫情后，受众对即时检测认知不断提升。随着行业不断提升，测试范围的不断扩大和设备的可靠性持续提高，全球即时检测行业的市场规模呈现高速增长的趋势。据Evaluate MedTech发布的*World Preview 2018，Outlook to 2024*显示，受惠于创新标志物发现、诊断技术进步、治疗手段丰富等供给端创新利好，以及早诊早筛、精准医疗、老龄化加深等需求因素驱动，全球体外诊断行业持续稳步发展，预计2030年全球体外诊断市场规模将超过1302.9亿美元，2019年至2030年期间年化复合增速预计约6.0%。

从区域市场格局看，根据卡洛拉马（kalorama）出版的《全球IVD市场（第14版）》（*The Worldwide Market for In Vitro Diagnostic（IVD） Tests，14th Edition*）报告，全球体外诊断需求市场主要分布在北美洲、欧洲、日本等发达经济体国家，分别占IVD市场份额的44%、20%和9%。目前全球体外诊断市场增速最快来自新兴市场，中国、印度、俄罗斯、巴西等发展中国家作为新兴市场，由于人口基数大、经济增速快以及老龄化程度不断提高，近几年医疗保障投入和人均医疗消费支出持续增长，在IVD市场中的份额预计会不断攀升。

庞大的市场和源源不断的投资，使得即时检测行业的技术发展也进入了爆发期。2021年，全球即时检测行业的专利申请数量约为870项，与2020年相比增长约10.6%，行业专利总价值约为25亿美元，其中专利授权占比波动下降，由2010年的96.8%降低至2021年的

47.6%。从即时检测专利技术来源国家角度来看，2021年中国专利申请量占全球总申请量的32%，其次是美国，其专利申请量占比约24%，欧洲专利局排名第三，占比约为16%。

在国内，即时检测技术越来越被重视。国家“十四五”规划纲要明确提出，推动生物技术和信息技术融合创新，加快发展生物医药、生物育种、生物材料、生物能源等产业，做大做强生物经济。工业和信息化部、国家卫生健康委员会、国家发展和改革委员会、科学技术部、财政部、国务院国有资产监督管理委员会、国家市场监督管理总局、国家医疗保障局、国家中医药管理局、国家药品监督管理局10部门联合印发的《“十四五”医疗装备产业发展规划》，将诊断检验装备列为重点发展领域之一，强调发展新一代医学影像装备，推进智能化、远程化、小型化、快速化、精准化、多模态融合、诊疗一体化发展，发展新型体外诊断装备、新型高通量智能精准用药检测装备、攻关先进细胞分析装备，提升多功能集成化检验分析装备、POCT装备性能品质。党的二十大报告指出，推进健康中国建设，把保障人民健康放在优先发展的战略位置。积极贯彻落实党的二十大精神，走出一条中国式现代化健康治理新道路，更好保障广大人民群众健康是实现中国式现代化的题中之义，具有重要现实意义。

目前，国内POCT领域已经由包括生化诊断的血糖、血气检测以及免疫诊断等拓宽至更广泛的领域。液相试剂代替固相膜反应、化学发光技术等，正成为POCT发展新趋势。相关统计数据显示，我国体外诊断市场规模从2016年的450亿元增加到2021年的1243亿元，占医疗器械市场规模的比例从2016年的12.2%增加到2019年的15.1%。其中免疫诊断市场份额最大，占据了38%的市场份额，生化诊断、分子诊断、POCT诊断等诊断技术分别占据19%、15%和11%的市场份额。同时，随着国内的老龄化加剧，资本的介入，居民健康意识的提高，给中国IVD市场发展注入强心剂。

伴随着生物技术的快速发展以及大部分国家医疗保障政策的逐步完善，体外诊断产业占整体医疗支出的比例不断提高，市场规模平稳增长迎来重要的转型期。同时，随着新技术、新思维、新模式在POCT的广泛应用，POCT已不再是传统的POCT，而是集新技术、人工智能、智慧诊断为一体的高度智能化、精准化、云端化、共享化、AI化为核心的新一代智慧POCT设备，其应用场景会更广泛。作为体外诊断产业重要的组成部分，即时检测领域内的企业快速发展，呈现“百舸争流”的局面，也构建着新的生态。

未来，将会有更多“掌握核心科技”的创新企业活跃于科技产业化、资产证券化的时代浪潮，市场竞争层次也将从价格、资源导向转变为技术、应用导向，也将出现更多龙头企业引领IVD产业链延伸整合的行业趋势。

二、自主可控将成为主旋律

国外的即时检测赛道快速成长，国内的赛道同样飞速发展。

目前，中国POCT需求仍以常规检测为主，血糖检测、心血管检测等基础产品已进入成熟期，并且是肿瘤患者降低死亡率、发病率和改善患者生活质量的重要工具。不断发展的新兴技术使新型POCT仪器成为可能。除此之外，核酸分子POCT检测技术、传统横向流动与SHERLOCK技术的纸基微流控技术、移动智能设备和智能App与POCT检测技术等技术也正在逐渐成熟，不论是海外巨头还是中国成长企业都面临着充分的价格竞争。此外，还有精准诊断等技术。未来，随着行业前沿技术发展和医学科学进步，POCT与分子诊断将进一步融合，使得分子诊断能够拥有即时检测的特点，POCT能够拥有分子诊断的检测精度。而这，就需要企业们强化研发与布局。

2021年，国内即时检测领域的上市企业研发支出占比总体保持在10%到20%之间。如此巨额的投入背后，正是国内企业在赶超，这背后更是需求的量级增长。但受限于国外的技术壁垒，先进的原料工艺和技术无法直接被国内企业所使用，直接制约了国内企业的发展速度，更让企业在国内市场面临国际巨头的降维打击。尤其是直接决定体外诊断试剂质量的上游原材料——用于生化、免疫或分子诊断等试剂的反应体系原料，包括抗原、抗体、诊断酶为主的参与核心反应体系的活性试剂，以及提供反应载体和信号体系的磁珠、NC膜、发光试剂等原料，是产业链质量控制最为重要的战略节点。在国内，接近90%依赖进口，国产市占率低。随着国家的重视和市场的成长，这一情况也在逐渐改变。中国体外诊断市场规模预计到2030年将增加至2881.5亿元，在全球市场中的占比提升至33.2%，成为最大的体外诊断产品消费国。与此同时，在国家对医疗健康事业不断加大投入的背景下，我国市县级医院发展速度加快。检测系统化、自动化、快速化、信息化，开发高度集成、自动化的体外诊断仪器制造技术，以及简单、精确又便于普及的快速诊断技术已成为市场研发的主流课题。同时，随着我国即时检测行业呈现集中化发展趋势，一大批大规模和高水平，且自主创新能力不断增强的企业群体正在逐步形成。中国企业致力于开发本土化的体外诊断产品，以满足我国市场的需求。

经过多年产业发展与科技支撑，我国体外诊断产业链日趋完善，产品品质不断提高。体外诊断原材料从15年前基本依赖进口到现在实现了大部分中低端原料自给。但在中高端技术领域依然被外资占领大部分市场，国产化产品替代机遇较大。

相信随着国产品牌自主创新能力的日益增强，以及信息技术、大数据处理能力等其他行业技术优势的交叉融合，国内体外诊断产业必将进入更高速的发展时期。

第二节　“三力”齐发，构建生长新体系

对企业来说，正确的战略定位如同在大海中行驶的船只的罗盘，长期专注的研发和持续的投入是船只前行的动力，智能化的制造如同为船只行驶提供服务的引擎。只有在这三种能力的推动下，企业才能在汹涌的行业竞争巨浪中不断前行。

一、保持战略定力，持续提升核心竞争力

安旭生物的招股说明书信息显示，2020年之前企业POCT的应用场景主要聚焦在毒品检测、传染病检测、妊娠检测、肿瘤检测、心肌检测五大领域，这也是安旭生物免疫层析平台最先覆盖的五个应用系列。同时，企业POCT业务在毒品检测和传染病检测领域的布局是最多的。毒品POCT产品主要用于检测使用者是否有吸食毒品，如大麻、可卡因、海洛因等，通常通过采集使用者的尿液、唾液等样本来进行检测，主要特点是快速、使用和携带方便、准确率高，广泛适用于戒毒所、医院、军队征兵、海关边检、公路交通安全中高危人群普查、特种行业和招工体检的筛检工作；而传染病POCT产品可以显著地提高传染病的监测能力，协助医生及时、准确地对患者进行诊断及治疗，降低疾病在人群中传染的可能性。

安旭生物初创之时，就面临着与国际巨头同台竞争，与国际市场30多年运营的差距现实。如果无法快速在国际市场上确定自身的定位，重拳出击，就无法持续成长。由此，企业创始团队经过不断研判，决定以毒品检测市场为切入点，开发出了质量佳、迭代快且面向全球的毒品检测产品，获得了国际客户的好评，成长为该领域的领先者。作为企业最核心的检测业务之一，毒品POCT和传染病POCT为公司带来的收入也十分可观，毒品和传染病检测占公司总收入的90%以上，在2020年为公司带来了近12亿元的收入。

国际上的合作伙伴也因为安旭生物稳定高效的毒品检测系列产品，成为该地区的龙头企业。目前，安旭生物已经能够覆盖20余种常规毒品、20多种新型毒品的检测，检测手段覆盖唾液检测、尿液检测、全血检测、毛发检测和粉末检测等，产品品种数量居于全球前列。凭借敏锐的视野以及坚定的战略定力，安旭生物通过15年的锤炼，在国际市场上形成了独有的销售网络和渠道，并能够根据市场需求快速更新迭代，形成了强劲的市场竞争力。

如今，这一优势正在不断扩大，并逐渐呈现出越跑越快的加速趋势。

2020年新冠疫情暴发后，安旭生物第一时间组织研发骨干人员启动针对传染病病毒的检测试剂产品研发工作。新冠病毒基因序列公布后，安旭生物快速完成了核心蛋白表达载体的构建并进行基因工程抗原表达，并于当年3月和5月分别完成了新冠病毒抗体及抗原两类检测试剂盒的研制，迅速面向境外市场销售，为抗击新冠疫情贡献了中国生物医药企业的科技力量。如此迅速的反应，只能说安旭生物在传染病检测领域的研发储备足够厚积薄发。

到2021年上市时，安旭生物已经完成了在全球的战略布局，并在多个热点国家设立了联合实验室。在这些热点国家，安旭生物针对当地疾病特点展开研发，并借助互联网技术，从线上、线下完成了销售网的铺设。

安旭生物2021年11月18日登录科创板

实际上，安旭生物并不满足于新冠即时检测带来的收益。目前企业在原有成熟的八大系列产品基础上，布局了免疫层析技术、干式生化技术及化学发光技术、精准检测技术、生物原料技术等相对完整的技术平台，为产品的高效迭代打下扎实的技术基础，成长空间和业绩天花板进一步被打开——继续加大力度推动POCT试剂及仪器产品注册/备案进程。2022年度，新增认证37项，其中新增国际认证28项，新增国内认证9项。截至2022年年底，累计已取得认证175项，其中累计国际认证102项，累计国内认证73项。其开发的新冠抗体鼻喷雾剂，有望成为公司又一重磅产品。新冠抗体鼻喷雾剂（预防感染、缓解症状）已经完成了体内外真假病毒活性和动物试验等，其实验表明安全有效可靠。该鼻喷雾剂产品通过两种高效中和抗体联用，可以实现预防感染、减轻症状和防止减少新冠病毒变异逃逸等效果。近期随着国内疫情管控的放松，公众对预防感染和减轻症状的需求越发迫切。安旭生物新冠抗体鼻喷雾剂上市后，不仅能满足巨大的未被满足的预防需求，同时也将创造出巨大的商业价值。

二、强化科研实力，推动研发模式升级

2022年，安旭生物营业收入达到61.66亿元，同比增长287.97%。如此耀眼的成就，来自安旭生物高效的研发平台。对于这家新锐进取的企业来说，平台就像是一部火箭助推器，将企业带到了稳定且高速的发展轨道上。而更为关键的是，这个首创的生物医药研发平台集聚了最高端的人才和技术，正逐步实现着关键技术自主可控的梦想与目标。

其实自设立以来，安旭生物就坚持以技术创新为核心竞争力，在研发投入上不断加码，奠定创新基石，并围绕核心原料自供、丰富产品矩阵、拓展生物制药产业等角度全面发力。2022年度，安旭生物研发费用高达3.29亿元，占营收比例5.34%。仅这一年，就新增授权专利102项，境内35项，境外67项，其中发明专利3项。截至2022年年底，企业已累计获得授权专利212项，境内137项，境外75项，其中发明专利20项。同时为强化研发敏锐度，安旭生物在国际上重要国家设立科研机构，不仅有效避开了先发国所设下的重重技术壁垒，也比对手更先一步了解所在国的需求和情况，依托所在国的专家优势，获得了强大的信息优势和科研优势。

正是在这样强大的助力之下，安旭生物在精准医疗检测领域的布局已形成了几大系列，包括心肌检测、炎症标志物、幽门螺杆菌、腺病毒、消化道肿瘤检测以及血脂、血糖等慢性病检测等。凌世生董事长深情地代入其中，他说："父母的健康数据，子女看得到，在外奔波时也少了很多担心。随着设备越来越趋向于小型化、便利化，以及不断强大的供应链，某些产品也有非常大的价格空间，所以整体来说，精准医疗领域的检测产品可减少医疗支出，降低了医疗挤兑，提升了一定的生活品质。"他认为，未来会有越来越多的人接受居家检测的习惯，POCT行业在全球的发展前景不可估量。为此，安旭生物加快了在分子快速诊断、生物芯片、质谱检测等方向的布局，在精准医疗、快速诊断等领域不断加码，积蓄能量。以精准检测技术平台为例，主要围绕分子诊断技术和质谱检测技术为核心，对样本中的目标物质进行检测和分析。安旭生物深入研究了多重荧光PCR技术、引物探针标记技术、等温扩增技术及微流控技术等，成功推出了核酸提取试剂，新冠核酸荧光定量PCR检测试剂、新冠和流感核酸荧光定量PCR检测试剂等产品，被立项2021年浙江省科技厅"领雁项目"之一。同时，基于对行业前沿应用技术的研究和积累，企业建立了

从前处理到质谱定量分析的方法学，可检测毛发、污水中痕量的毒品，并成功通过2021年公安部能力认证，与公司毒品快速检测试剂形成技术联动，为进一步建立第三方检测实验室储备技术方案。

安旭生物研发工作交流

独到的产品开发策略，让安旭生物精准地切入细分领域。在企业的发展过程中，一直秉持以客户为中心的营销理念，并通过大数据分析、客户需求、市场变化、行业发展等信息，制定适合公司的营销方式，触达客户心理。以猴痘检测产品为例，2022年5月多个欧美国家陆续出现的“猴痘”病毒疫情，企业迅速判断海外市场的猴痘病毒即将暴发，在核心技术团队的努力下，6月猴痘抗体荧光检测试剂（Monkeypox Antibody FIA）、猴痘抗原快速检测试剂（Monkeypox Antigen Rapid Test）、猴痘核酸检测试剂盒（Monkeypox Nucleic Acid Detection Kit）等五款相关产品均取得欧盟CE认证，可在欧盟市场进行销售，成为全球首批研制出猴痘即时检测产品的企业之一。安旭生物已陆续接到一些订单，相关检测产品在其他国家的注册证也在申请中。

如今，安旭生物已形成一套完整的“产、学、研、用”体系。一方面，企业针对市场及客户多样化的需求，对产品不断迭代改进；另一方面，积极研究行业发展趋势，设立不同类型的研究课题，并自主研发具有前瞻性、符合行业未来发展方向的新产品。同时，企业还加强与高等院校的实践教育合作关系，积极推进省重大项目的研发工作，建立博士创新站、博士后工作站、联合研发中心等。

三、提升智造能力，赋能生产美丽“蝶变”

有了正确且宏观的战略与持续的投入，企业的发展有了稳定的前提，但要想在竞争激烈的市场中胜出，常规的加速仍无法满足企业需求。

安旭生物把数字化转型智能化发展作为推动企业转型升级、企业管理信息化、生产智能化提挡加速的有效手段，突出建立以整体效益最大化为核心的“智能价值链”，以精益高效为核心的“智能产品链”，以可靠运行为核心的“智能资产链”，以协同共享为核心的“智能创新链”，全面挖掘企业高质量发展潜能。

利用杭州的数字高地优势，采用智造能力为企业加速是绝佳的解决途径。2021年年底及2022年年初，安旭生物在安吉和富阳的两大生产基地成功试产。在全球疫情检测产品缺少的情况下，企业参与研发的全自动诊断试剂生产线迅速打通了产业链上下游，智能制造水平的提升，减少了大量人力。如今，在安旭生物的安吉生产基地里，智能化的生产设备正成为生产的主力，在这种全新的生产模式助力下，生产效率得到极大提升，以往需要一个由10个熟练工人组成的生产小组一天才能完成的生产任务，现在只需要开启智能生产设备车间中的一台机器，就能在几个小时内完成。目前，测试盒月产能可达2亿人份左右。

通过技术迭代和智能制造，安旭生物生产模式得到了质的飞跃——从2020年全公司加班加点赶订单，到现在从容不迫地生产，安旭生物只用了一年时间，提高供应链的柔性转换能力，固化标准化的工艺流程，稳步推进智慧供应链建设，让关键设备自主可控，使得自己具有了和世界巨头竞争的优势。

除此之外，安旭生物还加快智能制造生产线第四代设备的开发和测试工作，从前、中、后三道进行精细化的设备优化，用标准化、操作简单的机器来替代人工操作。在固化标准化的产品工艺流程后，可以保证产品从品质上具备统一的出厂标准。未来，随着企业SAP系统蓝图的不断深化，并将与现有的智能化设备协同发展，形成最终智能的供应链端，为生产管理提供强有力的决策支持和产能支持。

在不断优化成本的基础上，安旭生物加速机器换人的步伐。在2022年7月26日的第74届美国临床化学年会暨临床试验医学博览会上，安旭生物的新品单人份化学发光免疫分析仪强势登陆。该仪器体积小、检测速度快，集成了磁分离系统、酶促发光技术和背景降噪技术。3步操作、15分钟实现8通道并行检测、测试速度最高可达32T/H、内置智能视觉识别系统，支持远程升级和维护、支持炎症系列、心肌标志物、生殖激素等多项指标检测，轻松应对复杂的市场需求。

也正是由于这样的硬件基础和技术储备为2020年全面迎战全球性的新冠疫情的安旭生物增加了生产动能，带来了巨大的催化效应，使其实现了自身的腾飞。2023年4月17日，安旭生物总部大楼在杭州钱塘丰收湖畔正式奠基，标志着安旭生物将从安旭智造走向安旭生态的新阶段。未来，安旭生物将继续加快供应链系统的数字化、智能化升级，打造低碳工厂、未来工厂、智能工厂，用实际行动践行企业绿色智能转型，应用SAP、MES、DLP等专业信息化软件，辅以工业机器人，真正做到节能减排、智能绿色。

第三节　为世界提供中国检测

作为世界最大的制造国，中国在全球供应链中的重要地位毋庸置疑。身处中国经济最为活跃的长三角地区的安旭生物更是将这一优势发挥出来，为世界急需的即时检测需求提供了中国力量。

一、打造全链条“安全”闭环

抗原抗体原料是各类检测试剂所必需的核心原材料，但由于技术壁垒高，此前基本被国外厂商垄断，国内厂商面临着“卡脖子”问题。为了摆脱对国外原材料的依赖，把主动权掌握在自己手里，在长期的全球布局和战略实施下，安旭生物为自己构建了一条极深且宽阔的护城河——围绕着毒品检测、传染病检测等核心业务，打造了一条全产业链的安全闭环。

其实自成立以来，安旭生物一直坚持POCT核心原料自产，力图打通产业链上游，从进口逐步过渡到自产替代，形成对公司业务的强力支撑。

企业旗下全资子公司旭科生物自设立起，一直专注于抗原抗体等生物原料的研发生产。已掌握基因工程重组抗原技术、合成抗原技术、多克隆抗体制备技术和单克隆抗体制备技术，形成了包括合成抗原、重组抗原、单克隆抗体、重组抗体、多克隆抗体及其他生物材料共六大类产品，涵盖毒品检测、传染病检测、妊娠检测、肿瘤检测、心肌检测、肿瘤检测及慢性病检测等产品系列。

依托自主研发的基因重组抗原技术平台，安旭生物建立了完善的基因重组抗原类原料产品线。基因工程重组抗原技术是通过筛选和设计不同基因片段，将目的基因融合构建到原核和真核表达载体上，转化到大肠杆菌、酵母和哺乳动物细胞中，通过培养条件优化使目的蛋白得到高效表达，然后对表达产物进行纯化和复性，得到高活性的重组蛋白。重组蛋白在不同的宿主中表达存在差异，企业建立了大肠杆菌、酵母、哺乳动物细胞等表达系统，用以满足不同需求。目前已经完成了梅毒、伤寒、结核、新型冠状病毒等基因重组抗原的产业化，应用于企业的传染病POCT试剂。

由此，安旭生物已实现近百种试剂产品所需抗原抗体原料的自产给，占企业生物原料需求的60%以上，为产品的持续创新开发与稳定生产奠定了重要基础。未来，在上述六大类产品深化的基础上，还将增加酶工程、微球、培养基及层析填料技术平台的搭建。与此同时，可能会为科研院校、实验室等生命科学研究机构提供相应的生物原料。

自主核心原料以及重要塑料件组件完全自主可控，同时辅以智能化生产设备矩阵，完全实现内循环。深度合作的国际物流团队，在最短的时间内可以将产品运输到全世界各地，而无须考虑关键环节的脱节，这就是安旭生物强大的安全闭环。

安旭生物强大的安全闭环之一——高效的国际物流

二、探索“互联网+”健康新未来

自企业创立以来，就通过与国际先进企业的合作与对接，强化了自身的体系。在全球的销售网络里，安旭生物已经从产品功能、应用场景、解决痛点以及客户预期等方面与客户形成了一套独有的市场管理模式，并按照客户不同的需求，定制出适用于不同地区、不同客户、不同产品系列的个性化销售服务标准流程，致力于打造一条集销售、服务于一体的全链路安全闭环。目前在150多个国家和地区签署了渠道商，打造中国制造的全球品牌。在国际市场上，企业将优先在休斯敦、默尔斯、迪拜等城市设立境外营销中心或办事处，深化与国外客户的互动合作，实现产品在全球市场的拓展，建成有重点、覆盖广的销售网络。

下一步安旭生物要做的就是进一步打开国内市场，让更多人能有一种全新的检测体验。通过这样的方式，再面对全球市场进行推广，为全球市场提供了一种新的可能，进而形成新的范式。

面对成长中的中国市场，安旭生物不断完善销售模式和销售策略，持续推进境内境外、线上线下的布局。在国内市场上，企业将新增以北京为核心的北方重点区域、以成都为中心的中部重点市场部及以深圳为中心城市的南方营销中心，优化国内营销网络布局；同时，采取线上线下相结合的营销模式，探索互联网+即时检测的可能，也就是将即时检测和病人的个人病历、医院的大数据进行联动，从而寻找一种简单稳定精准检测监控慢病的方式。

借助于全民核酸检测、抗原快速检测，人们对疾病的即时检测有了深入且全新的认识，这也为国内的消费者打开了另一种大健康自我诊断的可能。在这样的模式下，人们只需要在药店或超市购买对应症状的即时检测产品，并在简单地检测后即可得到初步的检测结果。这不仅有助于降低患者的看病费用，更有助于医疗资源的快速调动。

实际上，这种模式还能与互联网相结合。在安旭生物的设想中，这样的检测结果可以通过互联网App上传至专门的数据库中，专业的医护人员能通过这一数据及时了解初诊或复诊的病患病情，让慢病有效监控不再是一句空话。为此，企业还通过全资子公司安偌科技作为线上销售运营主体，在京东、天猫等平台上开设旗舰店并销售公司的国内获证许可的产品，比如毒品检测试剂、妊娠检测系列产品、胃幽门螺杆菌检测产品等，希望通过加强安偌科技网络销售平台建设，直接面向终端用户，提升品牌知名度，更好地掌握客户需求动态，为新产品投放及保持原有产品市场竞争力提供支持。

高标准发展的安旭生物承接住历史交给的使命——抗击新冠疫情带来的业绩增长，并反哺核心竞争力打造——立足精准诊断、拓展健康赛道、整合渠道资源，秉持“为满足人类健康需求提供卓越的体外诊断产品”的使命，拓展诊断产品线——POCT仪器、荧光产品、分子诊断领域、质谱检测领域等。2022年度，安旭生物归母净利润达30.45亿元，同比增长312.26%。

企业家专访

有恒心才有恒业

——专访杭州安旭生物科技股份有限公司董事长凌世生

《样本》：安旭生物企业创立的初心是什么？在您的心里，它是怎样的一家企业？

凌世生：安旭生物为人类健康、为美好生活服务的初心始终不变。企业的成长，离不开大家的支持。1996年到1997年，我在杭州大学的生物科学院做分子诊断领域的相关研究。从那时起，我和分子诊断结下了一辈子的缘分。安旭生物刚成立的那几年非常艰辛，团队成员们基于对事业的热爱，坚持下来。随着公司不断发展，企业盈利能力不断提升，研发能力也飞速增长，我们深知能力越大责任越大。

实干是永不磨灭的奋斗底色。我们团队的成员也是如此，一直以脚踏实地的实业精神，持续发展、共同推进企业的成长。

《样本》：安旭生物积极承担社会责任，尤其是新冠疫情暴发时，自觉肩负使命，积极研发，能否结合具体案例分享一下？

凌世生：2022年，我们向吉林省长春市捐赠了价值约49万元的新冠抗原检测试剂（板型）；这一年国内新冠疫情呈多点散发的时候，组织企业向各地区捐赠了部分抗原检测试剂盒。但安旭生物的社会价值不仅仅体现在物品的捐赠上，还应该体现在对社会的主动担当上。为了有效防范病毒，我们启动并全力研发新冠病毒的中和抗体项目。尽管投入大，但只要利于健康守护，对社会大大有益，我们就坚持不懈投入，希望通过这个项目能实现从“诊断”到“诊疗”的发展跨越。

同时，为了真正实现企业和产业发展的安全可控，我们很早就启动了POCT核心原料自产计划，从研发开始，也通过子公司专门投资、赋能产业链上下游的企业，共同成长，逐步摆脱对国外原材料的依赖，在中国打造一条安全可控的产业链，安全发展。

《样本》：作为安旭生物的创始人和精神导师，您是如何看待“科学家第一，企业家第二”这一定位的？

凌世生：对安旭生物来说，科技创新永远是第一位。著名经济学家熊彼特说，你可以把许许多多的邮车加起来，加到你想要的程度。但这样做，你永远得不到一辆火车。安旭生物肯定不做“加邮车”的事情。

我们将科学家等科技人才放在首要位置。我们非常注重引进高端技术型人才，利用博士后工作站、省级企业研究院、联合研发中心等多个技术创新平台，成立了以专业博士、研究生为主的项目攻关团队，持之以恒地追求技术领先。同时，围绕“建队伍、优结构、提管理、促成果”四个内容，突出“技术、管理、技能”三条管理线路，搭建了高端人才发展平台。我本人也是科研出身，深知研发对于安旭生物的重要，因此，在科研投入方面，安旭生物绝不吝惜。高投入带来的回报也是丰厚的，我们已经取得了数十项专利，为公司产品提供了重要的技术支持。

不管是过去、现在还是未来，研发是我一直专注的重要工作。专注研发可以关注到更多的市场需求并快速做出反应，从而更好地带动企业实现创新发展。当然，作为一家企业，安旭生物会在成长中更加重视领先性、前瞻性研究与应用性创新的平衡，强化科研成果的转移转化能力，坚定产品策略，将其中效果好、成本低、利推广的技术优先转化，并不断进行迭代升级，为市场提供更多的质优价廉的产品，让每个家庭用得起、用得好，为美好生活助力。

《样本》：对于体外诊断领域的未来发展趋势，您是如何解读的？

凌世生：POCT的一台机器仅仅几百元，一张试纸的价格也就几元钱。以前，大公司看不上这块小蛋糕。我却觉得，未来让家庭用得起、让检测更便利是发展趋势。体外诊断领域发展迅速，尤其是即时检测领域，在新冠疫情后得益于政府助力以及大众对产品的认知提升，消费市场快速增长。同时，因产品特色非常适合基层医疗机构的应用场景，符合国家分级诊疗政策的要求，是帮助基层医疗卫生机构发挥早期诊断、预防功能的重要手段。安旭生物牢牢抓住了新冠检测业务全周期，得以快速增长，下一阶段将坚持研发为主导，在扩大产品应用领域上大跨步向前。

在生物医药领域，我们已经积累了一定的基础。在大家的努力下，中国市场正在被更多的人看见并看好。但国际上，标准还掌握在欧美企业手中，安旭生物希望通过自身的努力影响一批国内企业，一起实现技术和原料等“卡脖子”突破，建设形成中国市场的标准，让产业健康、高质量发展。

《样本》：在长三角区域，安旭生物如何进行产业布局？未来的规划又是怎样的？

凌世生：长三角的各行业发展在全国范围来看都是极为高速和高质量的，即时检测行业也一样。可以说，在长三角范围内，人才、市场、资本都得到了合理的配置。在长三角区域，即时检测行业目前已经形成一体化。安旭生物将依托杭州，背靠上海大市场，整合长三角的优质资源，利用各区域优势，有效布局。公司重视并持续强化研发团队的建设、加大技术平台投入的同时，谨慎开展外延并购，围绕主业吸收有协同性的产品，打造一条辐射医疗器械诊断产品的全链条。目前，在江苏南京、无锡都分别布局有分公司及子公司，取长补短，资源整合，将企业规模进一步做大。

在医疗大健康诊断领域，安旭生物希望能做出自己的贡献，引领方向，培养一大批优秀人才，缩短国内与国际的体外诊断IVD领域的差距。只有这样，企业的基础才会坚实，科技的创新才会持久，行业的未来才会广阔。

专家点评

内外兼修，拥抱更高水平开放

今年是改革开放第四十五个年头，“吃改革饭、走开放路”“改革不停顿、开放不止步”的时代强音正响亮。在过去几十年发展中，中国利用自身的劳动力市场比较优势，通过实行“两头在外，大进大出”的对外开放战略，积极参与国际分工和世界经济，在促进中国经济快速增长的同时，也为世界经济增长做出了巨大贡献。在精准医疗产业赛道竞速奔跑的安旭生物，便是其中的实践者、见证者与受益者。

受益于改革开放的红利，得益于全球视野的格局、对时代趋势和需求的洞察、对生产技术研发的持续投入以及市场战略的坚定执行，安旭生物实现了自身在技术上的跨越式发展和储备，并快速融入国际标准体系，在国际市场上形成了独有的销售网络和渠道，且形成了根据市场需求快速更新迭代的能力，成为精准医疗即时诊断领域的精锐力量——国内少数几家在 POCT 国际市场能够与跨国体外诊断行业巨头竞争的中国体外诊断产品供应商之一，具备了在国内外市场全方位发展的竞争实力。

这里面，有凌世生董事长敢为人先、兴业报国、追求卓越的精神与担当；更有安旭生物团队坚守高远目标，笃定全球化发展，贯彻长期主义，抓住机遇深耕国际、国内两大市场的价值信仰与决心，以及不断优化产业链和供应链，构建生命健康产业生态的践行；更重要的是，企业和企业家都怀着对国家发展的信任和对人民的高度责任感，有着在逆境中面对困难与挫折的平静与从容，以及抓住机遇提质发展的智慧与实力，构建了独特的发展模式，奉献着中国智慧与方案，助力着健康中国建设。

加快构建新发展格局，是党的二十大报告提出的一项战略任务。

从单向循环的发展格局到双向循环的新发展格局的背后，既是中国经济迈向高质量发展的内在要求，也是中国平衡自身经济结构、推动中国经济与世界经济平衡增长的重大举措。构建新发展格局，实质上也是强调对外开放，只是强调从原来的依靠外部市场为主的开放，转向以内部市场为主体，通过国内强大的内需市场带动国际市场复苏和繁荣发展，因而是一种高水平的对外开放。这就要求人们换一个视角，重新思考和定位中国与世界经济的内在关系及其变化逻辑。安旭生物深刻理解经济发展趋势及产业成长逻辑，长期融入并直面国际市场竞争的淬炼，将全球标准的高质量发展化为核心竞争力的重要构成要素之一。同时，不断强化国内市场“创新策源地”认知，一方面通过技术迭代和智能制造，提高供应链的柔性转换能力，固化标准化的工艺流程，使得生产模式得到了质的飞跃，稳步推进智慧供应链建设，让关键设备自主可控，使得自己具有了和世界巨头竞争的优势；另一方面，围绕着毒品检测、传染病检测等核心业务，持续投入POCT核心原料自产地建设，力图打通产业链上游，从进口逐步过渡到自产替代，摆脱对国外原材料的依赖，把主动权掌握在自己手里，打造一条全产业链的安全闭环。目前，企业已实现近百种试剂产品所需抗原抗体原料的自产给，占公司生物原料需求的60%以上，为公司产品的持续创新开发与稳定生产奠定了重要基础。这一切，为企业的基业长青奠定了更扎实的基础。

党的二十大报告指出，推进健康中国建设，把保障人民健康放在优先发展的战略位置。这无疑是为中国的医疗健康产业相关企业指明了发展方向。可以预见，积极参与全球化竞争并取得优势的企业，在这场健康中国的大建设中必定会获得更大的优势。我们相信，为世界急需的即时检测需求提供中国力量的安旭生物，必将继续内外兼修，在生物医药及大健康产业领域驰骋领航，在推动高质量发展中实现更大作为，推动中国体外诊断行业持续健康发展，为中国和全球体外诊断产业贡献力量。

沈桂龙　上海社会科学院世界中国学研究所所长、研究员

第七章
中国精准医疗领跑者
——南京世和基因生物技术股份有限公司

- **楔子：**争先立潮头
- **企业概况：**中国癌症基因检测的先锋
- **创新解读：**

  第一节　精准医疗的时代命题

  第二节　精准发展，领航行业

  第三节　让检测走向生活与生态
- **企业家专访：**肿瘤，不应是一场宣判
- **专家点评：**精准诊疗技术先锋，更好服务健康中国

楔 子

争先立潮头

在人类战胜癌症的征途上，早诊断、早治疗是关键。

精准医疗已成为国际医学发展的重要趋势，惠及全人类。近年来，新兴的基因检测技术更是为我们抗击癌症提供了有力帮助：它像黑暗中的领航员，从纷乱复杂的肿瘤基因图谱中指明药物进攻的方向；也像尽职尽责的检视员，侦查到罹患各种癌症的风险概率和微小信号，从而提前做出预防。未来，谁能在精准医疗领域竞争中胜出，谁就有可能引领全球医疗新革命。

中国拥有庞大的肿瘤患者群体，但由于精准医疗起步较晚，患者的整体五年生存率远低于发达国家水平。近年，在国家政策的大力鼓励推动下，在一批与世和基因创始人、董事长邵阳博士一样心怀使命的科学家及企业家的不懈努力和潜心研发下，我国癌症精准医疗领域迸发出一系列自主研发的核心技术，衍生出大量实力堪与国际比肩的优秀产品，可以说是创新实力与制造能力并存，探索着中国在世界生物经济领域的力量，找寻到中国自己的方向。

作为行业的领航者，世和基因近十年来始终专注于高通量测序（NGS）在肿瘤精准医学领域的临床转化研究，从晚期肿瘤患者临床用药指导，到早中期肿瘤术后复发监测，再到肿瘤早筛早诊，企业核心技术与产品布局覆盖肿瘤全周期，检测灵敏度达到国际领先水平；同时，企业积极与医、产、学、研各界交流合作，与诸多临床专家携手，共建精准医疗生态圈，助力中国精准医疗产业发展，更为肿瘤精准诊断谋求新方向。飞速成长的世和基因，是中国企业自立自强，在生物医疗领域获得重大突破、取得重大成果的典型，也是中国科技企业向全世界传递学术成果，展现澎湃创新力量的代表。

“精准再精准”，不断输出中国智慧和方案的世和基因，勇立潮头，引领发展，从肿瘤全周期精准诊疗揭示精准医学新方向，用精准、可及的肿瘤全周期基因检测造福全球，让健康人人共享。

企业概况

中国癌症基因检测的先锋

南京世和基因生物技术股份有限公司（以下简称世和基因）2013年在南京成立，致力于高通量基因测序技术的临床转化应用，主要面向肿瘤患者开展基因检测，通过明确基因分型指导临床用药选择、提示耐药机制、监测术后复发，同时探索风险人群早筛早诊，为肿瘤精准医疗提供分子诊断服务和产品。

世和基因大厦Ⅰ期于2021年10月建成入驻

企业主营业务覆盖全国25个省市，与全国800余家三甲及肿瘤专科医院开展合作，市场份额稳居行业前三；企业依托全球化研发团队，授牌江苏省精准医学基因检测工程中心和江苏省肿瘤精准医疗工程技术研究中心；企业医学检验实验室多次满分通过国家卫健委临床检验中心、国家病理质控中心、欧洲分子基因诊断质量联盟等组织的各类室间质评，取得国际权威的CAP、CLIA以及ISO15189等关键认证；累计检测各类样本数十万例，稳居行业前列。

2018年，企业研发的“EGFR/ALK/ROS1/BRAF/KRAS/HER2基因突变检测试剂盒（可逆末端终止测序法）”获得国家药监局注册审批，系国内同期首批获准上市的肿瘤伴随诊断高通量基因检测产品之一。2020年，企业开发的非小细胞肺癌组织TMB（肿瘤突变负荷）检测试剂盒，成为国内首个且唯一进入创新医疗器械特别审查程序的高通量大Panel基因检测试剂盒，涵盖超400个基因，截至2023年6月底，正处于国家药监部门技术审评过程中。

一、技术驱动，学术为先

世和基因由海归科学家团队创立，核心团队具有深厚的医学背景。企业在中国南京和加拿大多伦多设有研发中心，拥有一支具有国际化学术背景、多学科复合研究经验的研发团队，汇集了肿瘤生物学、分子生物学、基因组学、生物信息学等诸多领域的人才，其中硕士博士占比合计超过70%，为企业发展提供了重要的人才保障和智力支持。

企业董事长邵阳博士毕业于加拿大多伦多大学医学院癌症生物学专业，兼任中国医学装备协会基因检测分会副会长。企业先后承接多项省市科技项目，是国内最早开展肿瘤精准医疗高通量基因检测产业化应用的团队之一，拥有丰富的科学研究经验。

世和基因坚持学术为先的理念，积极与国内多家三甲医院和肿瘤专科医院开展合作研发，旨在利用真实世界样本验证新技术、新产品的临床性能。经过多年积累，截至2023年6月底，企业核心技术人员参与临床研究项目的多项成果在《柳叶刀·呼吸医学》（*The Lancet Respiratory Medicine*）、《细胞》（*Cell*）、《柳叶刀·肿瘤学》（*Lancet Oncology*）、*Annals of Oncology*、*Immunity*、*Molecular Cancer*、*Nature Genetics*、《JAMA肿瘤学》（*JAMA Oncology*）、*Gut*、*Nature Communications*、*Journal of Hematology and Oncology*、*Journal of Thoracic Oncology*、*Clinical Cancer Research*等国际权威学术期刊上累计发表SCI学术论文近560篇，累计影响因子超4100分。

同时，世和基因配置了完善的硬件设施，建有超过2万平方米的研发实验中心，配备多种基因测序平台仪器以及质谱、微滴式数字PCR、10X Genomics单细胞测序仪等设备，能够有效保障研发活动高效开展。企业配套建立生物信息学分析中心，搭建了高性能计算平台，为研发项目提供强大的数据计算分析支持。

世和基因始终把持续的研发创新放在第一位，在研发团队软实力和实验室硬件上双重投入。企业自主研发并掌握了ATG-seq超高灵敏度ctDNA液体活检技术、Mercury多组学肿瘤早筛技术、高效靶向富集及探针捕获技术体系、RNA多组学检测分析系统和生物信息学自动化分析平台等五大核心技术体系，持续推动前沿技术在肿瘤精准医疗领域的转化应用，具有核心技术与经验禀赋双重优势。企业利用汇集了高精尖人才的强大研发引擎，开发出更多创新型产品，从而更好地服务肿瘤患者。

二、打造全周期服务生态

基于领先的技术，世和基因肿瘤精准医疗高通量基因检测服务产品种类丰富，全面覆盖不同实体肿瘤和血液肿瘤，满足临床患者从驱动基因突变分析、伴随诊断用药指导、耐药机制风险提示、术后复发实时监测等临床精准诊断全周期基因检测需求。

针对晚期肿瘤，全景多基因大Panel检测产品世和一号广泛适用于实体肿瘤新诊断患者、耐药患者以及复发患者群体。全面覆盖437个癌症主流驱动基因，系统囊括肿瘤相关通路上下游基因信息和罕见突变位点，准确揭示各种基因点突变、碱基插入/缺失、拷贝数变异和基因融合等，用以指导靶向药物选择、监测治疗效果、提示耐药趋势、评估肿瘤遗传风险。

针对早中期肿瘤术后监测，企业全新推出的检测项目“术宁Ultra”，精选2365个泛实体瘤相关基因纳入检测范围，适用于肺癌、肠癌、胃癌、乳腺癌等20种常见高发癌种，能够敏锐跟踪早中期肿瘤患者术后残留的恶性肿瘤细胞，进而有效指导术后复发风险分层，并且早于影像学发现肿瘤复发。

针对早期肿瘤筛查，世和基因基于cfDNA片段组学特征，自主开发出用于肿瘤早筛的超高灵敏度液体活检技术——MERCURY多组学技术。MERCURY多组学液体活检肿瘤早筛技术在泛癌种及肺癌、肝癌、肠癌等多个常见癌种的早筛领域均已取得全球领先的突破性进展，研究成果相继发表在*Molecular Cancer*、*AJRCCM*、*Journal of Hematology & Oncology*等高水平期刊，多篇学术论文累积影响因子124分。基于该技术的肠癌早筛试剂盒已于2022年入围工信部和国家药监局组织的人工智能医疗器械创新任务榜单。

围绕肿瘤全周期服务生态打造目标，世和基因积极开拓多种产品和业务形式。除服务临床外，高通量基因检测在肿瘤科学研究以及肿瘤药物（特别是针对罕见基因突变靶点开发的靶向药）临床试验过程中也发挥了重要作用。世和基因与包括阿斯利康、罗氏制药、百济神州在内的诸多国内外知名创新药企开展合作，为其患者入组筛选、临床分子检测、伴随诊断注册申报、上市后临床研究等方面提供多层次服务，将肿瘤精准医疗高通量基因检测融入新药研发过程中，助力客户加速新药研发上市进度、打造“抗癌诊疗一体化”新范式。

2019年至2021年，世和基因营业收入分别为3.95亿元、4.06亿元和5.17亿元，呈逐年增长趋势，即使在大环境影响下仍实现了复合年增长率14.39%。深耕精准医学检测近10年，世和基因成果丰硕，先后入选并成为中国独角兽企业、国家级专精特新“小巨人”企业、国家级高新技术企业。

未来，世和基因力争不断将新技术转化为临床产品，探索形成“中国创造”的健康服务方案。深耕中国、拥抱全球，为中国以及全球肿瘤患者提供更好的精准检测产品。

创新解读

第一节　精准医疗的时代命题

精准诊疗是医学界的一场革命，它能根据患者个体情况，提供个性化的精准诊断和精准治疗，使得疗效最大化、副作用最小化。过去十年，精准诊疗走过无序扩张期，迈向成熟。一方面，在国家政策的大力支持下，行业创新受到极大的鼓励；另一方面，各项监管措施的完善，也对企业提出了较高的要求，企业需要贴合临床实际进行技术研发和产品布局。

一、技术发展，使精准诊疗变成了现实

恶性肿瘤又称癌症，系细胞分化和增殖异常所致，是严重威胁人类健康的重大疾病，已成为我国公共卫生面临的严峻问题。2022年，中国新增肿瘤患者480万人。国家癌症中心截至2015年的调查数据显示，我国癌症患者的整体五年生存率为40.5%；而2017年美国癌症患者的整体五年生存率为68.1%。中国癌症患者初诊的晚期比例远高于美国，特别是在肺癌、胃癌等大癌种方面，国内确诊时晚期比例在80%左右，而美国则普遍低于50%。

肿瘤治疗方式经历了从手术到放化疗，再到靶向治疗和免疫治疗的发展历程，新的治疗方式不断为肿瘤患者带来新的希望。

靶向药物具有特异程度高、作用疗效好、毒副作用小等突出优点，已经成为临床治疗主流；但前提是必须能够明确知悉患者肿瘤相关驱动基因，否则将无法准确选择匹配药物，从而错失宝贵治疗时机、严重影响治疗效果。

当肿瘤中不存在相关驱动基因突变，患者不能使用靶向药物治疗时，肿瘤免疫药物通过使机体产生肿瘤特异性免疫应答，发挥其抑制和杀伤肿瘤功能，近年来已逐渐成为肿瘤治疗的重要手段。

随着精准医疗行业的发展，基于患者个体基因检测制定的肿瘤个体差异化治疗成为重要趋势。精准医学，检测先行。高通量测序（Next Generation Sequencing，NGS）作为一项颠覆性分子诊断技术，凭借通量大、覆盖面广、敏感性高等优势，将精准医学推向了新的

高度。该技术可同时对几十万到几百万条DNA模板进行测序，通过生物信息学算法将测序序列与参考基因组进行比对，最后使用多种算法分析出样本中的基因序列信息。相对于传统检测技术，NGS具有如下优势：（1）测序价格持续下降，可以以较为合理的价格一次性检测大量基因；（2）可以一次性发现多种复杂基因变异类型；（3）检测灵敏度远高于现有传统的分子诊断PCR技术；（4）针对不同类型疾病可使用通用性的检测试剂和检测流程，综合成本优于传统检测技术；（5）可以检测体液中肿瘤释放的少量游离DNA（cfDNA），降低了有创取样方式对医疗人员和场所的要求；（6）结合大数据和人工智能算法可以发现不同疾病人群的多组学生物标志物模型，对于如肿瘤早筛、神经退行性疾病等复杂疾病可以使用组合式的生物大分子序列特征开发早筛和诊断技术。

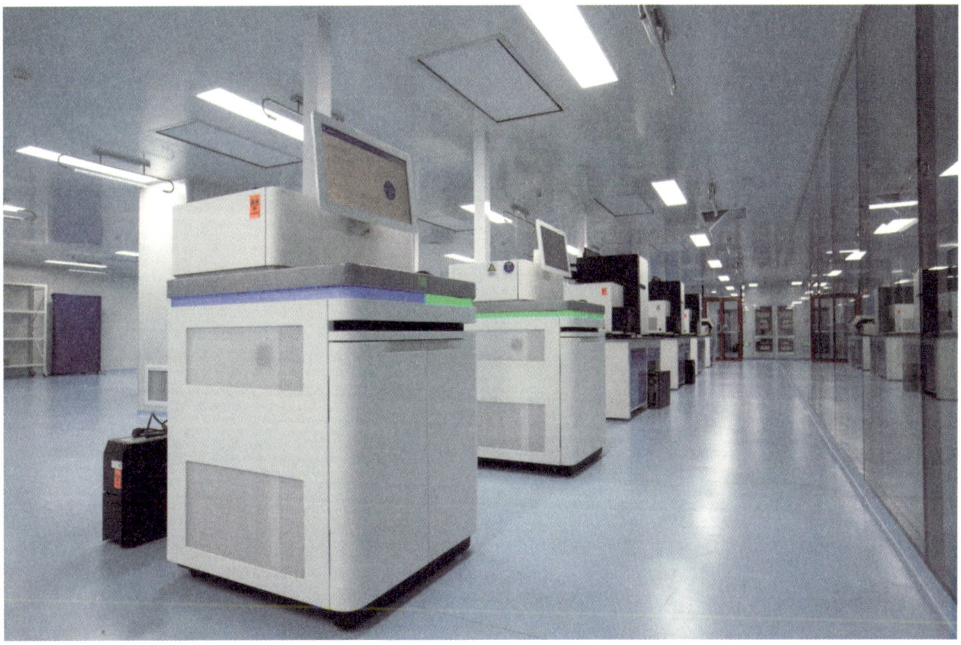

世和基因实验室—NGS测序房

NGS解决了传统医学分子诊断的痛点，显著增进患者的诊疗获益，也有效节约了国家医疗资源。随着肿瘤新靶点的不断发现以及新型靶向药物的持续上市，采用高通量基因测序技术对患者进行广泛的分子标志物检测并据此制定个体化精准治疗方案，已经成为国内外权威指南和专家共识。党和国家历来高度重视基因检测等前沿技术在临床精准医学领域的转化应用，近年来出台多项政策，为行业健康快速发展提供了强大动力。国务院先后颁布《中国防治慢性病中长期规划（2017—2025年）》《关于实施健康中国行动的意见》，全力推动癌症早诊早治，推广应用癌症个体化规范治疗方案。《“十三五”国家科技创新规划》《“十三五”国家战略性新兴产业发展规划》《“十四五”医药工业发展规划》，亦多次提及将基因检测作为重点发展的新兴产业，鼓励发展专业化诊疗机构，培育符合规范的液体活检、基因诊断等新型技术诊疗服务机构，推动基因检测和诊断等新兴技术在各领域的转化应用。

根据弗若斯特沙利文（Frost&Sullivan）的数据，国内肿瘤高通量基因检测市场规模已由2016年的7亿元增至2021年41亿元，复合年增长率为41.1%；预计2025年和2030年，市场规模将分别达到149亿元和491亿元，呈现快速增长态势；其中早中期肿瘤复发监测、肿瘤早筛早诊的未来市场空间预计将超过用药指导领域，成为行业发展的新动能。随着监管政策的不断明确、完善，临床检验实验室和各种分析物特异性试剂生产商将大展拳脚，新技术、新方法、新项目将不断涌现，满足临床使用上的新技术需求，给诊断市场带来更丰富和个性化的诊断产品。

二、回归本质，做强内功

NGS能够发现肿瘤相关突变基因及标志物，快速高效地勾画出个体基因图谱，为肿瘤精准治疗的进一步发展提供助力。多年来，肿瘤NGS产品技术不断更新，应用场景不断拓展，其临床价值早已毋庸置疑。

随着市场的打开，持续增长的样本量将反哺企业技术研发，数据的再挖掘、再使用能力将是企业发展后劲之一。过去几年，很多企业花费大量资源积累的样本和数据，推动更多新产品的诞生。比如：分子标志物用于肿瘤精准分型和预后预测、综合药效模型预测，是数据再利用的体现。再挖掘再利用的过程不仅依赖实验室能力，还需要跨领域的数据算法、知识融合能力，企业甚至需要加快、加深在AI技术上的布局。

在市场推广方面，海外市场定价权更大，天花板更高，可以为国内企业发展带来新增量，但目前大部分NGS企业出海仍处于早期尝试阶段。面对全球不同区域的器械监管法规，如何满足当地监管、如何选择合适的产品切入、如何精准把握目标市场动态、如何制定合理的市场策略以及如何将产品全程落地及提供及时可靠的技术支持等，都是精准医疗企业出海会面临的挑战。

回归价值本质，过硬的技术仍是NGS企业的核心竞争力。具体而言，完整、可操作、高标准的流程管理是稳定、准确检测的基础，基于大规模的数据库的大数据分析能力是分析解读数据的有力保障措施，而专业人才的招纳、优质团队的搭建也是必备条件。

基因测序服务行业的进入门槛虽然较高，但由于发展速度很快，目前市场上鱼龙混杂，企业间的竞争将越来越细化。随着龙头企业不断积累检测经验、持续对技术进行升级，一些技术实力不强、没有市场优势的小公司将会被逐渐淘汰，使得市场集中度得到提升。同时，随着产品与服务逐渐趋于同质化，渠道建设等便成为行业发展重点。而随着政府监管政策和法规的逐步完善，商业合规同样不容忽视。

企业需要选择擅长的方向，沉心屏气，集中资源，发挥优势，不断突破内在技术能力，专注解决行业实际问题，更好地满足临床需求。未来或将形成少数综合性头部企业与多家特色化企业的市场格局。

第二节　精准发展，领航行业

从临床需求出发发现问题，集中核心技术资源攻克技术难关；从实验室操作到生物信息学分析，多环节逐步优化、不断精进质量体系，保证检测结果真实可靠；布局多类型产品，贯穿肿瘤全周期，从晚期不断向早期筛查突破——世和基因逐步建立了企业发展的护城河。

一、精“研”不倦，构建技术壁垒

“世和基因始终坚持‘将最前沿技术应用于未被满足的临床需求’的发展理念，研发能解临床之难、技术国际领先、经济适用的检测产品。企业不断前进的关键就是把研发创新放在第一位。”董事长邵阳表示。以早中期肺癌的术后治疗为例，随着ADJUVANT、ADAURA、EVAN等一系列大型临床研究结果的揭晓，EGFR靶向抑制剂在EGFR突变型非小细胞肺癌辅助治疗中的作用已经不言而喻。然而，并非所有携带EGFR突变的患者在接受靶向药物辅助治疗后都能显著获益。“术后究竟该用靶向药，还是化疗？”一直是未解决的临床难题。

为此，世和基因与广东省肺癌研究所开展紧密合作，针对ADJUVANT/CTONG1104大型临床试验的患者肿瘤组织进行探索性研究。这一研究由吴一龙教授牵头、全国27家中心共同参加，对ADJUVANT研究入组患者肿瘤组织样本进行多层面深度检测分析，包括世和一号大Panel检测、免疫组库检测等。研究团队找到了预测靶向辅助治疗疗效的关键基因，开创了EGFR抑制剂精准靶向辅助治疗术后非小细胞肺癌的先河，首次证明完全切除的EGFR突变阳性Ⅱ－ⅢA期（伴淋巴结转移N1/N2）肺癌患者术后EGFR靶向辅助治疗

2年的无瘤生存期DFS显著获益。基于该研究，世和基因联合多领域专家建立了多基因MINERVA评分模型，有效地将患者进一步分层，以指导EGFR阳性肺癌患者术后个性化辅助用药方案的选择，使得肺癌术后辅助治疗之路“精准再精准”。

经过多年的研究探索，世和基因瞄准肿瘤精准医疗前沿发展趋势，持续推动高通量基因测序技术的临床转化应用，在新型生物标志物验证、液体活检技术升级、肿瘤早筛早诊等领域取得重要进展，形成技术优势、打造核心竞争力。

在新型生物标志物发现方面，世和基因与临床专家密切合作，开展多项研究、验证临床价值：针对非小细胞肺癌第三代EGFR抑制剂奥希替尼，探究发现多个新耐药机制，完整绘制耐药图谱，获得美国临床肿瘤学年会（ASCO）等国际知名肿瘤学术会议引用，目前行业内已有多种针对这些新耐药位点的四代EGFR抑制剂进入临床研究阶段；关于免疫治疗药物疗效预测，企业拥有基于大Panel基因检测的TMB、MSI等新型生物标志物的检测分析方法，可以有效预测免疫治疗优势人群，为临床免疫治疗提供分子生物学依据。

在液体活检技术升级方面，世和基因自主研发了具有多重降噪机制的ATG-seq超高灵敏度ctDNA液体活检技术，显著降低了超高深度测序检测过程中的多种背景噪声，实现了对极低丰度肿瘤DNA的高灵敏性、高特异性测序。基于该项技术的肿瘤微小残余病灶（MRD）检测在肠癌、肺癌、食管鳞癌等多个癌种中均可有效对患者进行术后复发风险分

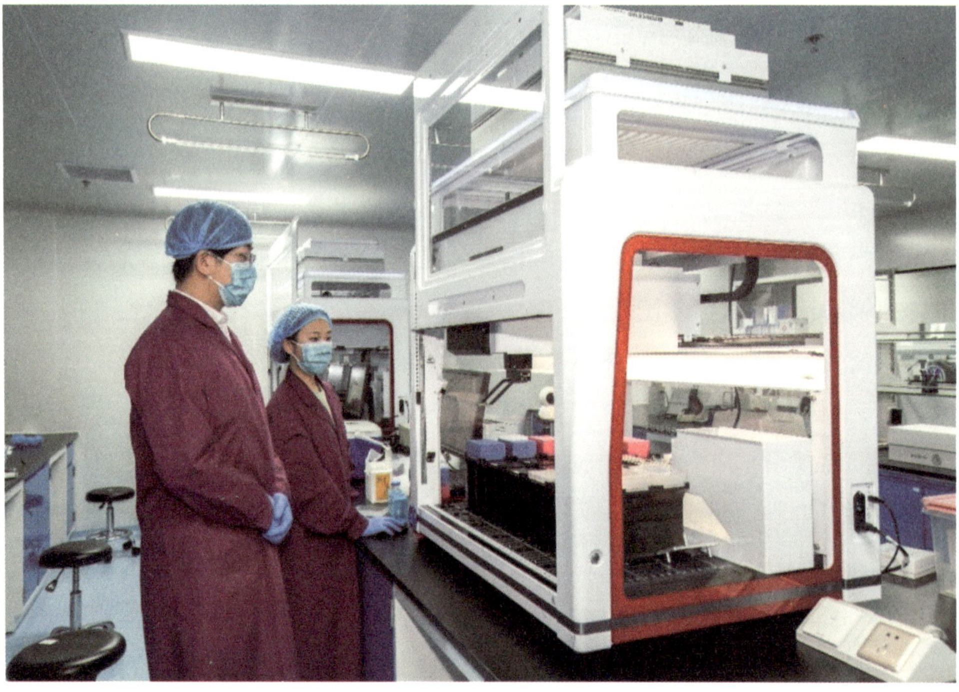

世和基因实验室-全自动化样本处理平台

层，并且大大早于影像学发现肿瘤复发，为国内肿瘤患者术后复发监测提供了一个与国际同步的新选择。

在早筛早诊前沿探索方面，世和基因自主研发了Mercury多组学肿瘤早筛技术，将多种外周血游离cfDNA特征整合构建肿瘤早筛模型，在肺癌、肠癌、肝癌等肿瘤中均能有效区分癌症和非癌症人群，显示了良好的筛查性能，相关成果已发表于《血液学与肿瘤学杂志》（*Journal of Hematology & Oncology*）等国际高水平学术期刊，影响因子高达23.2分。2020年，世和基因启动泛癌种早筛技术的大型临床验证，目前正在开展超万人规模的前瞻性验证即“金陵队列项目”，为南京居民提供免费体检福利的同时，在真实世界中验证Mercury技术的巨大潜力，走在了国内肿瘤精准医学临床转化前沿。

博极医源，精勤不倦。作为国内肿瘤精准医学龙头企业，世和基因不断加强与医院、研究所、制药企业全产业链各环节、多层次的合作，持续优化技术服务能力，助力探索创新药物研发。企业力争推进在研产品获批，不断突破基因检测技术在早筛早诊领域的临床转化应用，构建核心竞争力和技术壁垒。截至2023年3月底，企业拥有境内发明专利32项、境外发明专利2项，拥有软件著作权56项，构建了世和基因自己的技术城堡。未来，世和基因将抢抓国家创新驱动历史机遇，继续加大研发投入、提升核心技术能力，推进国际化战略，以期始终走在肿瘤精准医疗最前沿。

二、内圣外王，夯实质量根基

深耕精准医学检测领域近10年，世和基因将丰富的经验凝结成实际的平台优势、产品优势，在基因测序的各环节上逐一提升，内外兼修，不断提升管理效能和服务水平，为未来快速扩张打下坚实基础。

肿瘤高通量基因检测服务是一项精密的系统工程，实验室质量管理体系是企业的“生命线”。世和基因从建立之初，就秉承严格的质量管理体系和标准操作流程，不断优化检测体系，为交付高质量的精准检测结果努力。企业制定了严格的质量控制流程并贯穿业务全部环节，包括原材料检测、实验环境清洁、仪器设备校验、生产环节控制、数据文档保存等，确保检测结果的准确性。世和基因的医学检验实验室是国内少数同时取得国际权威的CAP、CLIA以及ISO15189等关键认证的高通量基因检测机构，多次满分通过国家卫健委临床检验中心、国家病理质控中心、欧洲分子基因诊断质量联盟等组织的各类室间质评，检测质量得到权威认证。在实验室管理方面，世和基因还自主开发了LIMS数据管理系统，全流程电子化记录检测样本信息、实验信息、突变信息，并通过自主研发的VISIONS可视化数据平台，对样本数据进行结构化管理。

在基因检测的另一重要环节——生物信息分析环节，世和基因紧跟国际研究前沿和发展趋势，结合肿瘤临床检测需求，自主研发了生物信息学一体化全自动高通量测序数据分析系统。该系统能够实时监控测序仪测序进度，在测序结束后自动配置并启动数据分析流程，极大减少人工错误及时间、提高数据分析效率。世和基因一体化全自动高通量测序数据分析系统中多种核心算法均系企业自主研发，包括用于分析点突变、碱基插入/缺失变异的软件，基因拷贝数变异检测软件，基因融合检测软件，肿瘤突变注释软件，微卫星不稳定性分析软件，肿瘤突变负荷计算软件等。企业牢固把控实验核心环节，精细优化流程管理，有效避免质量风险。

此外，随着NGS技术的快速发展及临床需求的不断攀升，越来越多的医院开始建设NGS实验室，开展院内检测。但是，NGS技术相对比较复杂，尤其是检测数据的分析解读环节，但对于患者而言，时间就是生命，较长的检测报告周期可能会错过患者治疗的最佳时机。如何协助医院相关科室快速准确处理测序仪生成的大量数据，世和基因依据自身积累给出了解决方案。企业自主研发了一款高性能、轻量级软硬件一体化智能产品——GENESIS自动化数据分析及报告系统。GENESIS系统是世和基因NGS技术优势的集大成者，其内部集成了生物信息学数据分析和报告生成两大模块：生信分析模块，基于世和基因自主研发的生信分析算法，能根据测序仪生成的数据，精确高效地分析基因突变情况；报告生成模块，存储了海量文献数据，可根据生信分析的结果自动生成报告，不仅极大提升了专业技术人员的工作效率，即便没有生信专业背景亦可使用GENESIS获得专业的NGS报告。此外，世和基因还为医院实验室人员提供培训和指导以及24小时远程技术支持，助力院内NGS顺利运行。目前，GENESIS系统已成功服务超120家综合医院及肿瘤专科医院。

内而治己，始终秉持“患者至上”理念的世和基因，严格执行国内外NGS临床检测质量标准，并且始终贯穿于检测流程各环节。积累多年精准检测经验后，世和基因还通过多维度的学术交流以及行业内权威指南与共识的编写，推进基因检测行业健康发展，为临床医生的治疗决策提供依据，为患者的精准治疗保驾护航。

三、洞察发展，构建人才培养体系

高通量基因检测行业系技术驱动型和人才密集型行业，涉及分子生物学、人类遗传学、临床肿瘤医学、生物信息学等诸多领域，具有较高的技术和人才壁垒。在体系建设方面，要求实验环境清洁、试剂验证苛刻、质量控制严格、流程管理规范，对人员的学术背景、理论素养、实验水平和临床经验提出了很高的要求。在研究开发方面，涉及液体活检策略、捕获探针设计、背景噪声消除、生物信息分析等，具有步骤流程长、技术难度大、核心秘密多等特点，需要深厚的研究积累和人才储备。

世和基因创始人邵阳不仅是多伦多大学医学院癌症生物学博士、南京医科大学特聘教授，还是我国重点人才工程A类人才、江苏省科学技术奖二等奖获得者。企业创立十年来，以邵阳为带头人，建立了一支具有国际化学术背景、多学科复合研究经验的研发团队，吸引并培养了一批涵盖细胞生物学、细胞与分子生物学、生物信息学及人工智能领域的交叉学科复合型人才，且核心管理层几乎都是80后。年轻化的管理团队在这个创新性强、技术发展飞速的行业优势明显。企业高管团队学术背景和工作经验丰富，覆盖技术、运营、财务、投融资等各个方面，在技术研发、公司治理和财务管理等方面形成了相互补充、相互协作的良好工作模式。此外，企业建立了全球性研究院——世和研究院。该研究院采用独立学术带头人PI制，鼓励和支持开拓性、系统性的基础科学及临床应用探索。世和研究院汇集了国内外优秀科研人才并持续面向全球招聘，以此进一步提升世和基因在肿瘤精准治疗领域的研发创新能力。

企业坚持以人为本的理念，高度注重人才培养建设。除组织开展“岗前培训”“导师带徒”“萤火虫计划”等活动，帮助新员工更快适应企业文化融入集体，提高其归属感和认同感外，还根据业务发展规划不断优化人员结构，延揽各类技术研发人才、经营管理人才及专业销售人才。企业构建了全方位、全周期的培训体系：为管理干部设立“翼龙计划”培训，提升管理人员的管理能力和领导力，更好地胜任工作并管理人才；为提升岗位技能，企业设有“线上魔学院”“华赛学社”等学习平台，涵盖业界最新研究论文、行业新动态、优秀研发/管理经验，主讲人从企业高管及核心技术人员，到外部高校教授、临床权威专家等。同时，企业探索建立了国外学者访问机制，积极开展多种形式同行交流协作。为了吸引和留住优秀人才，充分调动员工积极性，企业设置了“月度之星”“世和之星”“世和合伙人计划”等短、中、长期激励措施，多方位激发基层员工、核心团队的积极性和创造性，促进企业持续、稳定、健康发展。

在精准医疗这个飞速发展的新型行业中，世和基因秉承着“正直、辨证、变通”的价值观，持续学习，不断进步。在创始人团队的带领下，企业整体构建了持续学习、平等、乐于沟通的文化氛围。企业持续推动组织创新、搭建学习平台、营造创新氛围，打造多层次激励体系和成长晋升通道，不断增强人才的获得感和成就感，也为企业创新发展提供长期动力。

第三节 让检测走向生活与生态

世和基因长期在精准医疗领域精耕细作，与医院、药企开放合作，共建精准医疗生态圈，为“健康中国”贡献自己的力量。同时，世和基因走出国门，凭借优异产品赢得了国际认可，向世界发出世和声音，用精准与可及的肿瘤全周期检测造福全球。

一、大医精诚，志存救济

孙思邈在《大医精诚》中说道：“凡大医治病，必当安神定志，无欲无求，先发大慈恻隐之心，誓愿普救含灵之苦。”医乃仁术，医者仁心，在服务万千肿瘤患者的过程中，世和基因一直积极承担社会责任。

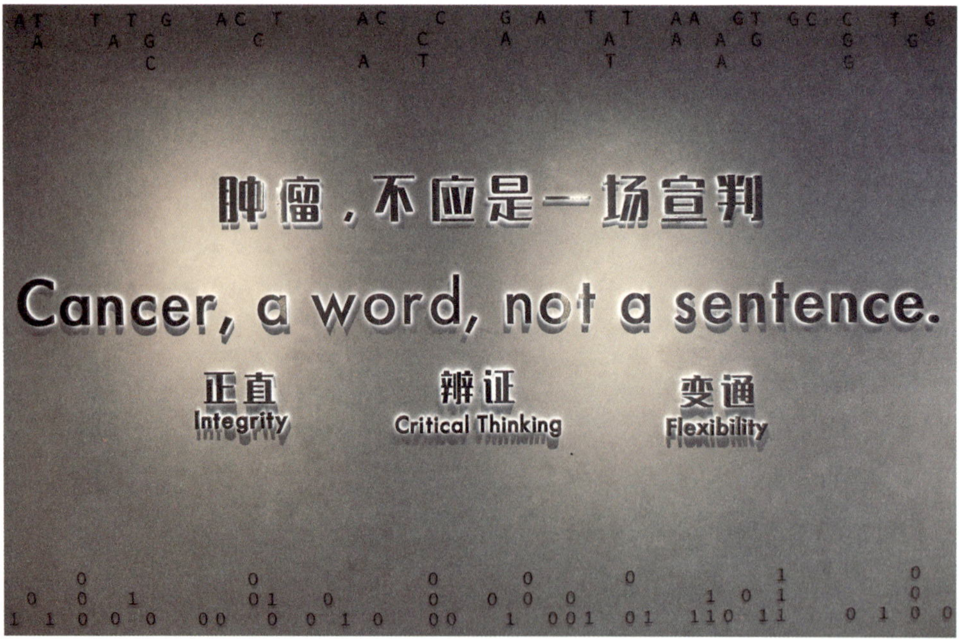

世和基因的企业愿景和价值观

生命无价，平安是福。针对经济条件较差的患者，世和基因开放了费用减免名额，尽自己所能帮助患者。另外，较长的检测报告周期可能会使患者错过治疗的最佳时机。世和基因实验室采用8/24小时三班倒制度，为的就是第一时间接收、处理样本，争分夺秒缩短出报告的时间。2023年，一位患者突发高烧不退，免疫系统各项检测指标告急，情况非常危险，医生怀疑很可能是淋巴瘤相关疾病。世和基因收到患者样本后每个环节均第一时间处理，相比正常流程提前三天出具检测报告，医生根据报告第一时间找到病因，确诊为伯基特淋巴瘤。这是一种发病凶险但可治愈的淋巴瘤，成功确诊后，患者及时得到治疗，重获健康。

2022年8月，世和基因与南京江北新区管委会、南京医科大学，联合启动"金陵队列"大型前瞻性肿瘤早筛公益项目。该项目招募45—75周岁符合项目要求的适宜人群，为其提供连续三年每年一次公立医院免费体检，一次肿瘤遗传风险基因检测，连续五年进行跟踪随访，提供健康咨询与个人健康管理建议等服务，同时验证世和自主研发的Mercury多组学肿瘤早筛技术。在参与项目的五年期间，若有入组人员确诊肿瘤，世和基因将为其免费提供一次肿瘤用药指导基因检测，减轻患者经济负担。目前，金陵队列项目已在南京江北新区成功入组过万例。世和基因在创新发展、验证早筛技术的同时，不忘履行企业社会责任，实现企业社会价值。

基因检测涉及伦理、隐私和国家人类遗传资源保护、生物安全等问题，国务院于2019年颁布了《中华人民共和国人类遗传资源管理条例》；全国人大常委会于2020年通过了《中华人民共和国生物安全法》。世和基因高度重视生物安全问题，团队于早期达成共识，为长远合规发展选择境内上市，历史融资过程中也放弃了美元资本。2019年年底，企业创始人、董事长邵阳也主动放弃了加拿大国籍，并重新加入中国国籍。

世和基因自成立以来，始终不忘"肿瘤，不应是一场宣判"的愿景，坚持科学为先、患者至上、致力精准、携手共进的使命，让精准医疗服务好每一个需要帮助的人，助力"健康中国2030"行动，全方位、全周期保障人民健康。

二、跳出"盒子"，拥抱全球

作为中国肿瘤精准医疗行业的领军企业，世和基因秉承学术为先、临床科研相互有机转化的宗旨，上游注重核心原材料的自主研发和国产化，解决卡脖子问题，不断完善和拓展高通量测序技术的临床应用，赋能精准诊疗；下游发挥核心技术平台优势，与肿瘤精准诊疗医药研发、临床科研等环节积极合作，探索创新药物研发，共同推动肿瘤诊疗的新进程。

凭借数十万例中国人群肿瘤检测经验，世和基因积极与制药企业开展创新合作，不断开辟全新的应用场景，构建多方共赢的精准医疗创新链。一方面，作为药物临床试验中心实验室，帮助药企快速招募以及检测筛选到合适的临床研究入组人群；另一方面，还可以与药企合作开发药物伴随诊断试剂盒，加速新药研发及上市。

2021年4月，世和基因与阿斯利康签订广州生物诊断创新中心战略合作协议。将世和基因在精准医学诊断领域的技术研发优势与阿斯利康在肿瘤、呼吸疾病等领域从疾病诊断、治疗和康复的完整的“以患者为中心”的创新诊疗一体化方案充分结合，通过双方战略合作，加强在精准诊断产品的开发合作。此外，世和基因还与罗氏制药、和黄医疗、武田及诺华肿瘤（中国）等数十家国内外药企建立了广泛且深度的合作关系，围绕探索诊疗一体化发展，普及精准诊疗观念，助力中国癌症诊疗水平与国际接轨，在癌症精准诊疗新局面等方面展开多方位的商业合作。创新的合作方式进一步提升了世和基因的技术能力、市场能力，为企业的发展带来了新的业务增长点。

跳出中国市场的“盒子”，世和基因连接世界，积极开拓海外销售渠道。目前世和基因已经与多家海外大型医疗机构达成技术输出转让合作，检测产品已远销巴西、土耳其、新加坡。2023年开年，世和基因创新产品——泛癌种肿瘤早筛试剂盒与泛癌种术后微小残余病灶监测试剂盒均获欧盟CE认证，拿到了进军欧洲市场的通行证。

世和基因，已经站在了肿瘤精准医学领域的第一梯队。未来，企业将与更多医药企业携手并肩，共建精准诊疗生态圈；与更多国内外专家携手同行，共探前沿科技，持续创新突破，用肿瘤全周期精准检测造福全球。

企业家专访

肿瘤，不应是一场宣判

——专访南京世和基因生物技术股份有限公司董事长邵阳

《样本》： 请您分享一下以“肿瘤，不应是一场宣判”作为企业愿景的初心。

邵阳： 癌症是危害人类健康的第一大疾病，很多人在被检查出肿瘤的那一刻感觉如同被宣判死刑。其实，大约1/3的癌症完全可以预防，1/3的癌症可以通过早期发现得到根治，1/3的癌症可以通过及时有效的治疗手段大大延长生命、减轻痛苦。得益于精准医学的发展，肿瘤新药不断涌现，极大地延长了患者的生存期，也改善了患者的带病生存质量。然而，很多抗癌药的疗效跟患者的基因分型息息相关，依托基因检测找到癌症生物标志物，才能真正实现医学上的“对症下药，精准打击”。

2008年开始，我逐渐意识到NGS技术在肿瘤精准诊疗领域的巨大应用潜力。如何把技术带回祖国，让中国癌症患者得到更好的诊断和治疗，这个念头驱使着我们创始团队决定回国创业。

对于癌症患者而言，最难的是“活在希望中”。我们不敢停下脚步，一直潜心研究，希望通过基因测序为患者画出基因图谱，结合临床证据，协助医生为患者制定个体化医疗方案，帮助他们突破绝境，获得治愈的机会和更长的生存期。大Panel NGS基因检测改变了肿瘤诊疗的临床实践，不仅可以提供更全面的基因信息，还可以发现更多原发耐药突变、罕见突变、复合突变，使得医生的临床决策更加合理化、精准化。

2013年归国创业之初，我就给自己定下了一个目标：一年帮助1万个中国患者。如今，这个目标早已实现。在“健康中国”发展策略下，我们希望可以通过基因组学新技术，把肿瘤管理的时间窗向前移——早发现、早治疗，从而延长患者的生存时间，不光活着，而且要更好地活着。

《样本》： 创新于世和基因有着怎样的意义。

邵阳： 高通量基因测序、精准医疗这些概念即源于创新，因此世和基因可以说是自带创新因子。在研发投入上，我们从不吝啬。世和基因的研发人员已近300人，其中硕士及以上学历超过70%；研发投入占营业收入比重超过20%，远超一般企业。

近年来，我们不断加大科研创新与临床转化，技术水平已经达到全球领先。同时，技术的飞速进步、临床的研究发现不断推陈出新，我们作为其中的参与者，也是推动者，更要不断地自我革命，不断地去了解行业内的最新动态。今后，我们会始终牢牢地把握住创新这个主线，把握科学发展的风向标，在肿瘤精准医学领域砥砺前行，为中国、为世界在与癌症的斗争中贡献力量。

《样本》：世和基因近几年实现跨越式发展的关键是什么？

邵阳：像您上一个问题中提到的——首先是坚持创新驱动，与药物研发、临床研究同步。一方面专注所在行业核心技术的突破，另一方面瞄准市场需求开发产品。患者觉得有用、用得起的技术，才是市场真正需要的技术。在目标精准的前提下，我们大力投入研发力量，不断优化基因测序的各个环节，逐步提升检测水平。对临床需求的洞悉，使得我们在市场教育、市场推广上也十分顺畅，规模化效应显现后，对我们的生产和研发都起到助力作用，形成了正循环。

同时，合规是行业、企业发展的生命线。世和基因始终跟随政策引导，注重人类遗传资源保护、生物安全等问题。怀着对患者、对样本最大的责任心，我们凭借一如既往优质可靠的检测服务，才能一步步稳扎稳打发展为行业领军企业。

《样本》：您认为世和基因在长三角区域以及在全球市场中，扮演着怎样的角色？

邵阳：未来产业建设是经济高质量发展的新赛道、新动能、新引擎。国家“十四五”发展规划中明确提出，目前肿瘤防治的重点与卡点是早筛早诊早治。而过去十年，南京通过前瞻布局和持续发展，已经为基因和细胞产业打下了坚实基础。世和基因作为一家南京本土企业，在发展过程中也得到了省市区多级政府部门的大力支持。未来，世和基因希望通过基因组学新技术，用“基因之城”建设成果服务民生，切实减轻居民和社会疾病治疗负担；也希望能继续与政府规划指向同频共振，努力成为南京和长三角的未来产业样板，为打造具有核心竞争力和全球影响力的未来产业高地贡献力量。

《样本》：您如何看待行业的发展趋势？世和基因未来的规划是怎样的？

邵阳：对整个行业而言，肿瘤早筛早诊的临床价值以及社会经济价值已经不言而喻。随着监管政策的日趋完善，试剂盒的注册申报能力也将是一个企业走得更远、做得更大的试金石。我们世和人的目标是星辰大海！未来，世和基因将加大在早筛领域、试剂盒注册申报、业务出海等方面的投入。我们也会加强与临床专家、科研机构、创新药研发机构的紧密合作，推出更多能切切实实解决临床需求的产品。

世和基因一直致力于“肿瘤，不应是一场宣判”的愿景，我们会为这个目标持续努力，为“健康中国”事业添砖加瓦。

专家点评

精准诊疗技术先锋，更好服务健康中国

当前，全球生物医药新技术加速演进，免疫疗法、细胞与基因疗法、核酸药物等新型治疗技术，以及以NGS（高通量基因测序技术）为代表的新型诊断技术迭代发展，有力推动了产业的发展和患者的获益。在精准诊断领域，中国企业快速融入技术发展的洪流，一批代表性企业脱颖而出，多年来专注高通量基因测序技术临床转化应用的世和基因，就是其中的典型代表。

世和基因是中国肿瘤基因检测的先行者和领头羊。10年间，世和基因从5个人的创业团队成长为1500多人的国家级高新技术企业，累计检测肿瘤样本量数十万例，居国内企业前列，对指导肿瘤患者的临床用药选择、提示耐药机制、监测术后复发等作出了重要贡献。

世和基因是中国NGS技术的领跑者，是NGS技术在肿瘤早筛和液体活检前沿临床领域应用的开拓者。公司自主开发建立了超高灵敏度液体活检技术、高效靶向富集及探针捕获体系、RNA多组学检测分析系统、生物信息学自动化分析平台等，陆续推出国内首款泛实体肿瘤NGS检测产品、国内首款NGS液体活检检测产品，世和基因及核心技术人员参与发表国际学术期刊论文超510篇，累计影响因子超4300分。

世和基因坚持以技术驱动全球化布局。企业团队坚持“将前沿技术应用于未被满足的临床需求”的发展理念，坚持创新驱动，与国家一流科研院校和众多知名三甲医院的临床医生合作，解决临床一线的问题，研发国际领先、经济适用的检测产品。企业自主研发的多项产品获得认证和市场的认可。目前，注册及备案证书累计达到19张，其中创新产品——泛癌种早筛试剂盒与泛癌种MRD监测试剂盒获欧盟CE认证，拿到了进军欧洲市场的通行证。这是中国企业自立自强的典型，也代表着中国高通量基因检测技术和产品加快走向全球，服务全球患者。

世和基因不忘初心，积极加快集团业务多元化发展，布局基因检测产业链、生态链。上游注重核心检测试剂盒的自主研发和国产化；中游不断完善和拓展高通量测序技术的临床应用场景，从伴随诊断拓展至早筛早诊；下游发挥核心技术平台优势，赋能创新药物研发。

世和基因是海外高层次人才以技术报国的“样本”，是中国基因检测企业自主创新发展的“样本”，是精准诊断技术助力健康中国战略的“样本”。新起点呼唤新作为，中国每年数百万人的新发肿瘤患者、肿瘤早筛的巨大需求、精准诊断技术的不断革新，需要持续勇攀高峰的世和基因，也需要更多有创新为民、产业报国情怀的企业持续攻关。前沿技术的发展需要政策的前瞻性支持，也期待政府出台更多促进NGS产业健康发展的监管政策，特别是赋予实验室自建项目（LDT）合法地位，引领行业健康发展。

袁安根　上海长三角医药创新发展研究中心主任

第八章

示范引领中国金融租赁服务

——交银金融租赁有限责任公司

- **楔子：** 一马当先跨海天
- **企业概况：** 金租行业领军者
- **创新解读：**

第一节　金融租赁在服务国家战略中展现更大作为

第二节　立足本源，持续进化

第三节　二次创业，创领新航道

- **企业家专访：** 为客户、公司和社会创造更大价值
- **专家点评：** 金融助力穿越周期而上

楔　子

一马当先跨海天

总资产突破4000亿元大关，租赁资产规模超过3500亿元；拥有和管理船队规模超过450艘，保持国内商船规模最大的租赁公司地位；机队规模超300架，飞机租赁资产价值保持国内金融租赁行业第二、位居全球第十……截至2023年6月底，全力服务实体经济的交银金租，资产总额、租赁资产规模等关键指标稳居国内68家金融租赁公司首位。

金融租赁因物而生、因物而兴。因兼具融资属性而更突出融物特点，成了与实体经济关联度最高的细分行业，也注定了金融租赁锚定国家战略推进转型发展恰逢其时、责无旁贷。新时期，谁更深刻理解和践行租赁本质与底层逻辑，更切实围绕实体经济发展需求赋能，谁就能在竞争中获得优势。切实传承“百年交行”金融品牌和文化基因的交银金租，积极履行国有金融机构的使命担当，当仁不让，一马当先。一方面，坚持创新驱动，坚守功能定位，产融结合，落实“真做租赁，做真租赁”的使命任务，通过诸多行业“首单”“首次”，突破竞争红海，实现持续健康稳定发展，成为当之无愧的行业领军者；另一方面，洞察需求和发展要义，全力推进二次创业和转型发展，培育并发力新科技、新能源等新赛道，进一步凸显“融物特色”，增加“绿色属性”，提升“科技含量”，助力实现高质量发展，为建设中国式现代化贡献租赁力量。

成为领军者，仅仅只是新的开始。实现以“专业化、国际化、差异化、特色化”战略引领发展的交银金租，坚守金融本源初心，以“中国制造+中国金融+中国管理”的一体化方案打造着中国金融租赁服务的未来模式，并持续赋能企业“上天”“出海”，向全球输出中国实力，助绘中华民族伟大复兴的锦绣画卷和美好篇章。

企业概况

金租行业领军者

交银金融租赁有限责任公司（以下简称交银金租）成立于2007年12月，是经国务院批准成立的首批5家银行系金融租赁公司之一，是交通银行全资控股子公司，注册资本200亿元，是国内最大的金融租赁公司。

一、均衡发展，规模、效益居行业首位

截至2023年6月底，交银金租资产总额在业内率先突破4000亿元，租赁资产余额超过3500亿元。根据中国银行业协会金融租赁专业委员会的共享数据，交银金租是目前国内最大的金融租赁公司，资产总额、租赁资产余额居国内68家金融租赁公司首位。根据公开信息的比较分析，交银金租资产总额在全部金融租赁公司、融资租赁公司中均排名第一。

作为行业发展与变革的亲历者和受益者，交银金租业务主要涵盖航空、航运、交通基建、公用事业、能源电力、机械设备等重点行业和领域。连续多年持续实现“双稳升”——总资产连年稳升、净利润稳步增长，“规模、效益、质量”三方面均衡协调发展。特别是近三年来，面对新冠疫情影响以及错综复杂的国内外形势，企业克难奋进、转型发展，全力支持六稳六保、服务实体经济。企业在业务发展的同时不断扩大品牌影响力与认可度，目前是中国银行业协会金融租赁专业委员会第五届主任单位以及上海市银行同业公会在沪金融租赁机构联席会议主任单位。凭借突出的业绩表现、卓越的经营能力，在深度扎实助力实体经济、主动对接国家战略、积极推进复工复产、稳步落实

交银金租荣获“年度最佳金融租赁公司”

助企纾困、全面深化改革创新等方面做出了卓著贡献，在由中国人民银行主管、《金融时报》发起并主办的“中国金融机构金牌榜·金龙奖”评选中，交银金租连续三年荣获“年度最佳金融租赁公司”，充分体现权威机构对交银金租品牌价值、经营理念、业绩贡献等多维度全方位的高度认可。

二、四化战略引领发展

作为“百年交行”金融品牌和服务的延伸，交银金租坚持“专业化、国际化、差异化、特色化”发展战略，恪守金融报国的初心使命，在推进高质量转型方向指引下，始终持续聚焦主业发展、突出专业能力、设计多元产品，进一步提升市场竞争力，保持着稳中有进的良好发展态势。

作为业内较早开启航运、航空领域专业化、国际化转型发展道路的企业，交银金租以创新驱动发展，不断展现和巩固专业特色和领先优势。成为首家获批在自贸区成立专业子公司的金融租赁公司，探索完成了上海自贸区首单飞机融资租赁业务、首单飞机经营租赁业务、首单船舶经营租赁业务、首单飞机资产转让交易、首单非银行金融机构境外借款业务等多项创新成果。

目前，企业业务覆盖五大洲32个国家和地区，国际客户超70余户，广泛涉及马士基、地中海、达飞、中远海运等国际顶级的航运船东，淡水河谷、托克集团、壳牌等头部货主企业以及法荷航、阿联酋航空等全球知名的优质航空公司。同时，交银金租还主动以租赁产品连接境内外客户和中国商飞、中国船舶集团等本土先进制造企业，促进国内国际产能合作，有力支持“中国制造”走向世界。

在服务和支持国家战略方面，交银金租不仅充分利用在“大交通”等基础设施领域的业务优势来构建现代综合交通运输体系，还积极投身特高压、大数据中心等新基建发展浪潮。公司深度服务产业的转型升级发展，长期与华能、国电投、宝武钢铁、中交建等央企及其下属子公司保持广泛且良好的合作关系。同时，努力践行以金融租赁力量加快推动高端装备制造、新能源、新材料、节能环保等新兴产业转型升级，主动对接京津冀协同发展、长三角区域一体化、粤港澳大湾区、长江经济带建设等国家区域发展战略，精准服务中国金融改革开放空间布局。

聚焦金融租赁本源初心，交银金租将积极履行国有金融机构的使命担当，认真落实“三新一高”要求，扎实服务实体经济，全力服务以国内大循环为主体、国内国际双循环相互促进的新发展格局。

创新解读

第一节　金融租赁在服务国家战略中展现更大作为

党的二十大报告指出，坚持把发展经济的着力点放在实体经济上，推进新型工业化，加快建设制造强国、质量强国、航天强国、交通强国、网络强国、数字中国。对实体企业来说，设备就是生产力。设备设施的优化升级、技术的迭代更新、产业链供应链畅通循环等需求，与金融租赁“融物和融资”的天然属性高度契合。充分发挥效能，包括交银金租在内的金融租赁企业将在服务国家战略中展现出更大作为。

一、精准赋能，大有可为

2022年印发的《中国银保监会办公厅关于加强金融租赁公司融资租赁业务合规监管有关问题的通知》，引导着金融租赁公司立足主责主业，突出“融物”功能，加大对先进制造业、绿色产业、战略性新兴领域等方面的支持力度，不断提升服务实体经济质效；进一步强化租赁物管理，做精做细租赁物细分市场，实现专业化、特色化、差异化发展。

经过15年的行业深耕，金融租赁成长为与实体经济需求结合最为紧密的金融细分行业之一。在银行系金融租赁企业的整体发展引领下，中国金融租赁行业迎来百花齐放的春天，得以充分发挥与银行信贷产品“错位”“补位”的竞合作用，在突出专业化、差异化经营、发挥产融结合特色上下功夫，有效缓解了金融供给不平衡、不充分的问题，并在支持工业制造、推动战略性新兴产业发展、货运物流保通保畅等领域发挥了重要作用，以实际行动为我国现代化产业体系建设贡献了力量。

近三年来，中国金融租赁公司在国内船厂新造船舶306艘，金额合计814.07亿元。截至2022年年末，共有29家金融租赁企业与284家客户开展了船舶租赁业务，船舶总量1934艘，资产价值总额约为923亿美元，以总吨计，金融租赁企业船队共计1.1亿总吨，占中资租赁船队的74.8%。以“头部金租”交银金租为例，企业始终坚定不移地支持“国轮国造、国货国运”，将支持中国船舶产品技术升级和“走出去”作为重要使命。截至2023年6月底，企业商船队规模超过450艘，航运租赁资产余额超过1200亿元，在国内金融租赁公司中排名首位；近三年每年平均航运融资投放金额位列全球航运融资机构前三。同时，企业高度关注航运业绿色化发展趋势，积极与航运企业对接，共同研究探索包括电池动力船舶、氨燃料动力船舶、甲醇燃料动力船舶等在内的新绿色航运融资项目，进一步拓宽航运业绿色高质量发展的新赛道，兢兢业业践行着“头部金租”的使命担当。仅2022年度，在交银金租全部航运业务投放中，绿色船舶投放占比就达到了49.2%，领先行业。

在航空领域，金租公司也通过深化与国内外航司和制造商合作等方式，积极助力航空产业的复苏。通过研究产业特性与需求，创新产品进行精准赋能。2022年，在第十四届中国国际航空航天博览会上，交银金租主动担当，积极携手一众金租行业头部企业与中国商飞签署了300架C919大飞机（金额超过2000亿元）、30架ARJ21飞机的确认订单，不仅为航空公司提供了资金支持、降低了财务负担，也促进了飞机制造商的产品销售。截至2022年年底，金租公司已累计签署ARJ21飞机订单（含意向订单）152架，累计签署C919飞机订单（含意向订单）455架，成为C919、ARJ21等国产民用飞机的最大订单客户群体，在支持国产飞机走向更广阔的市场中表现亮眼。同时，金租公司也持续深耕助推产业的绿色转型升级。以交银金租为例，通过交付低碳新机型以及助推飞机采用可持续航空燃料（SAF）两种形式，扎扎实实推动对产业以及绿色转型的精准赋能，积极引领着探索行业的未来发展。

不仅如此，金租公司在支持民生建设方面的成果也十分突出。以服务货运物流保通保畅为例：相关数据显示，截至2022年年底，金租企业货运物流资产余额达1072.44亿元。全年累计为货运物流行业提供478亿元融资支持，为41846名货车司机安排租金延付、展期，涉及租赁本金154.79亿元，为40973名货车司机减免租息7.69亿元。

未来，中国金租企业将继续发挥专业优势、精准赋能，坚定助力现代化产业体系建设，在支持我国经济高质量发展的新征程上奋力前行。

二、培育新动能、发力新赛道

我国租赁行业目前市场渗透率不超过10%，与发达国家如美德英法等国相比仍处于低位，未来仍有比较大的发展空间。作为我国多层次金融服务体系的重要组成部分，金融租赁行业以实际行动为我国实现“十四五”规划目标贡献金融力量，培育新动能、发力新赛道。

新能源“风光水储氢”的每一个细分领域，都是万亿规模的市场空间，都蕴藏着巨大的发展机会。近年来，以交银金租为代表的中国金融租赁公司纷纷顺应双碳发展战略，在风电、光伏、生物质发电、污水处理、绿色公交等领域开展业务，积极促进循环经济、清洁能源等新兴产业发展，推进能源绿色转型和结构优化。2022年，金融租赁公司绿色租赁业务累计投放约3267亿元，较2021年增加2023.60亿元，同比增长163.75%，绿色租赁业务投放呈爆发式增长。截至2022年年底，绿色租赁业务资产规模达7560亿元，同比增长36.09%，占行业总资产规模的20%。同时，“绿色力量”成了金租公司迅速成长新的擎动力。以交银金租为例，积极打造绿色金融实践样本，早在2021年5月就收到来自全球领先ESG（环境、社会和公司治理）评估机构Vigeo Eiris以及香港品质保证局的绿色和可持续发展双认证函。这是国内首例双认证同时授予中国租赁公司。近两年，绿色金融及绿色租赁业务成长迅速，快速助力企业不断创新突破，成为企业核心竞争力的重要内核。同样，在代表未来的新型基础设施建设领域、战略性新兴产业上，中国金融租赁公司创新探索不断，助力培育壮大。无论是城际轨道交通、通信基础设施、大数据中心等新基建业务，还是充换电相关产业链、高端智能制造等数字化高科技产业，都对金融租赁充满旺盛的需求，是成长的价值道场。以交银金租为代表的金融租赁公司也全面推进金融科技与金融租赁全产业链的深度结合，加快探索运用大数据、云计算、区块链、物联网等多种技术手段，实现金融资源的精准化配置、租赁资产的精细化管理，巩固和增强核心竞争力，为普惠金融寻找更高效、适宜的产品与方式，服务更多消费业务领域，打造新的业务样本，让租赁真正持续创造美好生活，在服务国家战略中展现更大的作为。

第二节　立足本源，持续进化

志之所向，无坚不入。交银金租坚守立足本源、创新驱动发展的理念，无论是顶层设计还是组织体系、战略布局、业务方案设计，都将持续进化的因子嵌入其中，激活动能，助力自身稳健发展。同时，洞察需求、审时度势，不断夯实经营根基，积累优势，终于蓄势成峰，成为中国金融租赁行业的领军者。

一、夯实创新服务动力源

小智治事，中智治人，大智治法，治理体系是企业发展的土壤。作为一家国有金融服务企业，交银金租始终坚持法治思维，将公司章程作为内部的基本法则，坚持党委、董事会、高管层和监事会各司其职、有效制衡、协调运作，形成了“党委核心领导、董事会战略决策、高管层授权经营、监事会依法监督”的现代公司治理体系。

创新是企业保持竞争活力的动力源。交银金租在组织架构与职能、管理制度与考核激励、人才队伍建设方面完成了一系列较为成功的革新。

在组织机制上，交银金租专门成立发展研究部来负责创新职能管理和创新工作落地。专职部门的成立一方面有助于日常管理，提升各部门对创新业务的积极性；另一方面也有助于集中力量分析重点行业，探索创新模式，做好风控合规，推动创新项目的研究、孵化与落地。

在管理模式上，交银金租相继印发《创新管理办法》等制度文件，不断规范完善公司的创新工作管理。在资源配套上，交银金租为创新工作匹配了创新专项激励，从考核和资源激励角度充分鼓励各部门员工为公司创新发展多作贡献。为全力推进二次创业和转型发展，交银金租明确了新基建、新能源、科技租赁、普惠租赁等新赛道方向，并成立专门的业务中心，组建专职团队全力拓展相关领域的创新业务。

“致天下之治者在人才”。为了精耕行业，更好地为实体企业服务，交银金租不仅培养经济金融、法律财务、税收实务、资金管理领域的专业人才，还配置了大量包括飞机技术、船舶制造和管理等极具特性的行业“老法师”，并建立起一整套科学、规范、有竞争力的人才选用育留机制。同时，持续推动教育、科技、人才与金融深度融合，进一步推进校企共建、深化校企共研。比如，交银金租与上海财经大学滴水湖高级金融学院签署“政产学研”人才培养合作协议，持续赋能高质量金融人才培育。

对国际业务而言，快速高效建立国际化组织与人才团队，更是重中之重。为快速打造一支复合型、国际化的人才队伍，交银金租从组织架构、人才招聘、人才培养、文化融合等角度进行创新变革。境外公司搭建初期，主要借助当地会计师事务所、律师事务所等专业机构，确保机构设立合法合规；聘请人力资源咨询服务机构，充分调研当地主流航空租赁架构设置，并结合公司特点，优先配置销售团队，并逐步配齐技术、法务、营运等各个职能；与当地业内具有影响力和口碑的专业猎头合作，选择外籍人才的同时快速融入“国际租赁人才朋友圈”，建立雇主品牌形象；文化方面，则是一方面格外注重挑选文化相容性较高的候选人，另一方面尊重外籍员工民族、地区的文化属性，强调入乡随俗和按国际规则办事，注重营造实干、高效、进取、公平的团队文化。

夯实创新服务管理机制动力源，就如同打造了一块适宜创新的沃土，为植被的成长提供厚厚的营养。交银金租通过强化公司治理体系、建立清晰的组织架构和明确的业务赛道来保障创新的土壤安全肥沃、创新的品类多种多样、创新的种子快速生根发芽；通过科学的管理机制、专业化的人才队伍建设和考核奖励机制来保障创新茁壮成长、开花结果。

二、力出一孔，蓄势成峰

中国企业行业精、门类多，且现阶段转型升级步伐快，对运营资产的需求旺盛。为了在行业中脱颖而出，也为了更好地践行使命服务国家战略，交银金租通过聚焦细分产业、细分市场，不断开拓性创新，充分发挥以物融资、期限灵活等优势，推出具有专业化特征的租赁产品和服务方案，强化在优势产业的核心能力，拓深护城河，进一步巩固行业地位。

在上海这座国际航运中心，交银金租凭借专业聚焦、创新引新，成为航运融资领域的领跑者、国际航运市场的重要参与者。交银金租明确战略，以服务全球顶级的客户、持有全部主流船型、实行船舶全生命周期管理为基本模式。比如，2010年交银金租在综合保税区设立项目公司，落地区内首笔单船融资租赁和经营租赁项目；率先在自贸区设立航空航运专业子公司；落地国内行业首单自贸区SPV跨境集装箱设备租赁创新项目；等等。近年来，年均船舶融资新增投放金额超过200亿元，与国内外知名航运和货主企业密切合作，业务涉及大型集装箱船、大型散货船、油轮、LNG船等多种船型，在商船规模和种类、业务模式、盈利状况、资产质量等方面的指标均位居行业领先水平，有力地推动了上海国际航运中心、国际金融中心建设。

航空租赁——交银金租的另一项核心业务，以商用飞机经营租赁业务为主，覆盖支线机、公务机。成立之初企业便以“立足中国、放眼全球”的视野，通过境内和境外业务平台在全球范围内开展经营租赁和融资租赁等多种模式的飞机租赁业务。近年来，随着专业能力的提升，交银金租不仅拥有一支精通飞机专业和金融租赁领域的国际化精英团队，更具备飞机资产全生命周期管理能力和为航企提供量身定制综合解决方案的实力；不仅拥有规模庞大的航空资产，还建立了覆盖全球5大洲、26个国家、超过70家一流企业的客户群体。

前行不止，创新不止。2021年，交银金租充分利用金融监管先行先试政策，成功将自贸区内SPV租赁业务拓展至集装箱、车辆等设备领域，引领了金租行业SPV租赁业务的租赁标的物种类的创新，实现了国内金融租赁行业首单自贸区SPV跨境设备租赁业务的突破。

为更好支持集成电路产业发展和打造临港世界级前沿产业集群的要求，近日，交银金租在原上海银保监局和临港新片区管委会的支持指导下，携手两家同业共同设立上海金融租赁服务集成电路产业实验室。实验室将首先试点开展“SPV集成电路设备租赁”业务，此举不仅有助于集成电路行业客户投资引进设备提升先进技术水平，而且通过资产流转、风险隔离、进口税负减轻、资金成本降低等方式，可以为集成电路客户可持续发展提供更深入、更全面的金融支持与服务。

无论是在战略定位，还是在商业模式、业务类型、合作方式上，交银金租都已建立自己的专业壁垒和护城河。在航空、航运、交通基建、公用事业、能源电力、机械设备等重点行业和领域，在租赁标的物和业务模式上实现了创新突破，有效解决了企业融资需求，推动了实体经济发展。

三、构筑“大坝”，护航发展安全

一手抓发展，一手控风险。针对以科技赋能业务、以数字化推动风控创新，下好风控先手棋这一课题，交银金租成立科技赋能创新小组，经过行业及同业调研，结合既有的航空航运业务及风险监测经验，研发“交银金租航空航运风险监测系统”并成功运行。在中国人民银行旗下金融电子化杂志社组织的评选中，该风险监测系统项目荣获“2022金融业科技赋能业务创新突出贡献奖”。

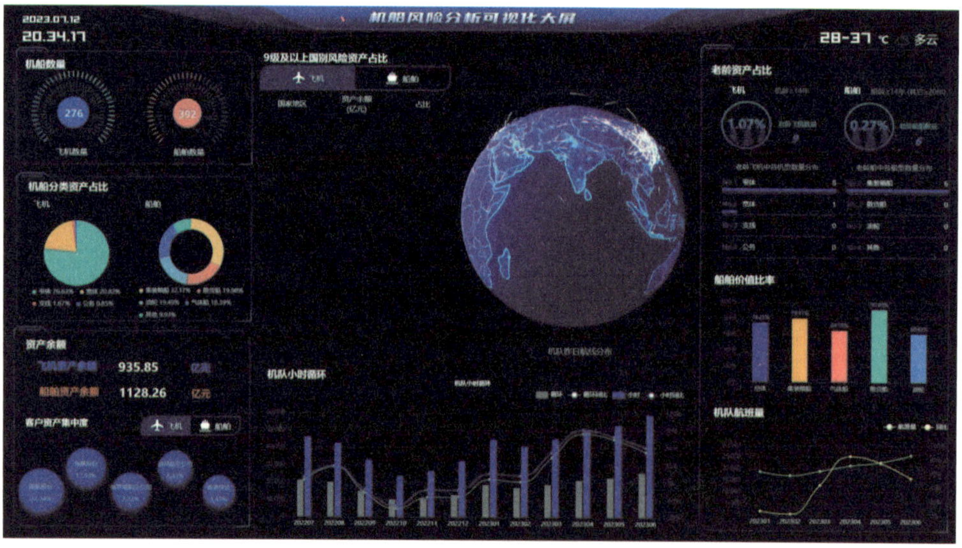

交银金租“航空航运风险管理平台”

这是一套国内金租行业首创的集人工智能、大数据和物联网三项技术于一体，专为机船业务“数字化”转型而打造的航空航运风险管理平台。其核心价值在于三个首创——数据建模的首创，通过模型算法和技术实现了客户画像；数据融合首创，平台坚持充分融合内外部数据（包括公司业务核心系统、VesselsValue等），确保立足实际并突出重点；研究方向的首创，融合了人工智能建模、大数据分析挖掘、大数据可视化、电子围栏等多项先进技术，充分展示航空航运风险管理成果。目前实现了对约300架飞机、450多艘船舶资产的信用风险管理，实现资产“在建—运营—退租”的全生命周期数字化动态管理体系。

身处“高风险、强监管”领域，组织内部风险管理能力成为金融企业的核心竞争力之一。交银金租已建立起一整套完善的风险管理体系，对内部各项业务操作环节等进行强化，也不断优化全流程规范化风险管理，准确实施资产风险五级分类，大力推进不良资产清收处置，强化“应收尽收”“应收快收”，有效降低各项风险，为盈利和健康发展做出了有力保障。

随着新业务赛道如高科技、数字基建、绿色业务的拓展，租赁业务体量仍持续增大、管控复杂程度持续增高、业务数据更加繁杂分散、金融租赁资产更加多元化等管理难题也会相应增加，如何持续高效管控新增风险，交银金租仍将实时关注、深入探讨、敏捷应对。

四、一体化方案服务全球

先行者，不仅需要探索的勇气，更需要智慧作底气。作为较早开展国际业务的中国金融租赁公司，交银金租并无太多先例可循，只能一步一个脚印、摸着石头过河、边探索边总结，由此摸索出一条充满东方智慧的全球化之路。

2020年，交银金租积极对接老牌欧洲石油公司——壳牌石油并深度分析其海运需求特点，成功中标壳牌石油双燃料动力油轮经营租赁业务，将高达45亿元的造船订单引入国内。同年4月，交银金租与中国船舶集团签订了12艘12万吨环保双燃料油轮的建造合同，为当年全球单笔最大油轮订单。这一项目开创了金租企业从传统船舶融资为主的租赁模式，转向整合国内船厂、境外大型船舶终端用户、船舶管理技术公司等多方资源，为客户提供一揽子船舶运输解决方案的船舶租赁新模式。通过批量开展12艘油轮的期租业务，一方面大幅降低了船舶管理成本，另一方面减少了第三方船东等中间环节，增加了潜在的船舶管理收益，市场竞争力强。以这样的方式，交银金租有力地支持了中国船舶制造业的发展，进一步彰显了中国在国际航运市场产业链上的重要地位。

2021年，交银金租与中国邮政航空合作的客改货飞机租赁项目，则是另一种中国式创新智慧的体现。该项目开拓了新冠疫情冲击下客改货飞机租赁的新业务领域，是中国租赁公司第一架全流程客改货飞机经营性租赁项目，也是目前为止最低机龄的B737-800飞机客改货项目。项目利用交银金租在爱尔兰和国内SPV公司的双向协调，创新性使用了“卖出—买入”的交易结构，为客改货费用支付、保税改装监管等创造了灵活的交易

2022年9月，全球最大成品油轮——H1537LR2型油轮命名交付

通道。在完成客改货的同时，合理优化了改装成本，提升了实务操作可行性，是中国租赁公司资产处置和管理水平的集中展现，为国内租赁公司加强航空租赁业务资产管理起到了引领示范作用。

当然，在全球化和经济一体化的发展趋势下，交银金租在航空租赁新型国际贸易方面的创新不止于此。仅2022年，交银金租就与迪拜航空签署4架波音737MAX8飞机的租赁协议并于12月向迪拜航空交付该批飞机中的首架；向中东欧最大的低成本航司、总部位于匈牙利的威兹航空集团交付3架A321neo飞机；通过旗下爱尔兰公司与商飞签署《50架C919和10架ARJ21飞机购买意向书》。交银金租始终秉持“相互尊重、平等互利、包容互鉴、合作共赢”的原则，积极践行“一带一路”倡议，截至目前，交银金租共为“一带一路”6个国家、8家航司提供租赁服务。

“一带一路”倡议源于中国，但机会和成果属于世界。未来，交银金租仍将通过“中国制造+中国金融+中国管理”的一体化方案，打造行业生态圈，更好地发挥金融租赁的桥梁功能，帮助民族制造业走出国门，为“中国制造”打开国际市场提供强有力的支持，在航运业、船舶工业结构调整和转型升级过程中发挥更深层次的作用。

第三节　二次创业，创领新航道

时刻心怀“国之大者”，交银金租将绿色低碳发展作为持续开展业务的基本出发点，不断优化展业模式，进一步完善支撑转型发展的组织架构，主动挖掘客户需求，创新研发与细分行业、客户经营特征相匹配的“资金+资本+资源”一体化的产品创新体系，积极构建新格局。同时，交银金租围绕制造业转型升级、乡村振兴、共同富裕等国家重大战略方向及目标，从相关领域寻找机遇，开展业务。近日，企业增资申请获原上海银保监局核准，增资完成后其注册资本增至200亿元，登顶金融租赁公司注册资金排行榜，助力新航道建设。

一、聚焦绿色，聚力可持续发展

碳达峰、碳中和不仅是造福全人类的现实目标，也是我国发展的基本国策，绿色租赁在支持碳减排方面有着广阔的发展前景。据预测，我国绿色租赁市场规模将在2060年达到10万亿元，巨大发展机遇也对金融租赁服务提出更多更高要求。根据国家绿色低碳发展目标规划、《银行业保险业绿色金融指引》等文件要求，交银金租制定了《交银金融租赁有限责任公司绿色金融政策》，将绿色发展理念融入公司核心价值观，持续加大对绿色、低碳、循环、应对气候变化等经济领域的支持，广泛服务环保、节能、清洁能源、绿色交通、绿色建筑等多领域。

为实现煤炭资源的高效清洁利用，宁夏宝丰能源集团一直致力于打造高端煤基新材料循环产业集群以实现煤炭资源绿色能效。为扶持该项目的资金资产需求，交银金租协同交通银行宁夏区分行成功落地宝丰能源内蒙古300万吨“绿氢+”煤制烯烃项目的设备直租业务。该项目是全球唯一的规模化以绿氢替代化石能源生产高端化工产品的项目。交银金租累计投入3.38亿元，成功推动该项目的可持续发展。

近年来大健康消费不断升级，也为生物科技发展带来前所未有的机遇。2022年9月，交银金租完成南京江北新区生物医药公共服务平台有限公司5亿元售后回租项目，支持国家生物医药产业相关领域的科学研究、技术开发、产品研制，切实服务创新基础设施，深入推动技术更新突破。同时，交银金租大力支持“交通强国”战略以及绿色循环经济转型升级，聚焦智慧交通建设，助力打造ETC生态圈，向广西交通投资集团投放10亿元ETC

建设项目，支持广西车路协同设施及公路感知网络建设；与上海启源芯动力科技有限公司开展合作，资金用于企业采购动力电池箱总成系统；等等。

事实上，此类项目只是交银金租深入践行“绿色金融”发展项目的冰山一角。在绿色公交、新能源汽车、再生资源、清洁能源、垃圾发电、LNG船舶及脱硫设备等相关领域，交银金租有着更广泛的业务开展和典型案例。

在交银金租的大满贯项目——航运航空租赁领域，绿色创新也从未停止。结合当前全球航运环保趋势，航运业务积极开拓了一系列的环保船型，包括壳牌12艘LNG双燃料动力新造船项目，6艘与中远海特合作的7000多车位LNG双燃料汽车运输船，与招商金陵合作的4艘9000多车位的LNG双燃料汽车运输船等，采用全新绿色环保、高效节能与安全等技术设计，能有效降低船舶总能耗，减少碳排放，具有极强的行业示范引领意义。在航空业务领域，一方面交银金租交付的低碳新机型比例不断提升，目前新技术环保机型占比已达36%；另一方面航空燃料绿色转型趋势明显，交银金租交付东方航空、四川航空的neo系列飞机均采用可持续航空燃料（SAF）。2022年9月，首架使用可持续航空燃料的A320neo飞机顺利交付东方航空，这是中国租赁公司首次加注可持续生物航空燃料。

2022年9月，交银金租首架使用可持续航空燃料的A320neo飞机交付

在拓宽绿色金融国际化发展路径方面，交银金租一直积极探索新融资模式，拓宽融资渠道，开展绿色和可持续发展等特色债券发行，包括开展与可持续发展指标挂钩的船舶项

目融资、绿色/ESG银团/俱乐部贷款、绿色/ESG境外债券发行（公募债或私募债）等，助力绿色金融产业可持续发展。2022年12月，在徐斌董事长带领团队全力推进下，交银金租成功筹组一笔境内35月期、以隔夜SOFR计价的美元绿色定期银团贷款。这是中国金融租赁行业首笔在全球领先的ESG（环境、社会和公司治理）评估机构Vigeo Eiris认证的可持续融资框架下筹组的在岸美元绿色银团贷款。发行前已完成了绿色项目的选定，所募集资金将用于符合以上框架的多个可持续绿色金融项目。同时，交银金租也是行业内首家获得Vigeo Eiris以及香港品质保证局的绿色和可持续发展双认证函的金融租赁公司。

2022年12月，交银金租成功发行全国首单金融机构ESG自贸区离岸债券

“将绿色与可持续发展纳入战略、融入经营”，知易行难。交银金租为此规划了一套完整的可执行、可落地方案。交银金租在“十四五”发展纲要中制定了“发展绿色金融”的战略目标规划，将“服务生态文明建设，助力经济社会全面绿色转型”作为业务开展的基本定位。截至2023年6月末，交银金租绿色租赁资产余额为1442.46亿元，占公司租赁资产余额的40.3%。

二、焕新引擎，构建新格局

成为行业排头兵，是新一轮发展的起航。紧密服务国家发展战略，二次创业，开辟崭新赛道，推进业务持续转型，是新时期交银金租的发展要务。

无论是业务层面落地的60架中国商飞飞机购买签约意向，还是成功发行全国首单ESG自贸区离岸债券（明珠债）、首单包机公司飞机交付、对光伏电站建设和乡村设备改造等多个重点项目予以定向金融服务支持等，交银金租以一个个强有力的案例作为佐证，展示着自身的焕新成长及新格局的构建。

新型基础设施建设领域作为国家新旧动能转换和保持经济增长的重要引擎，相关领域投资体量大，设备占比高，适合租赁业务的开展，带来新基建领域的发展机会。交银金租高度重视产业分析研究，突出产融定位，全面准确地把握产业结构特点以及业务契合点，除交通基建、市政民生、能源电力、制造业等四大传统行业外，积极以新型基础设施建设为突破口，在5G基站建设、城际高速铁路和城市轨道交通、新能源汽车充电桩、大数据中心、人工智能、工业互联网等新浪潮中寻求发展机遇。以数字基建为例，交银金租支持的各个项目正在如火如荼地实施中。目前，交银金租已通过大数据分析在智能获客领域内进行了尝试，积累了一定的经验，通过数字化技术提升了精细化水平。同时，企业密切关注集成电路、大数据、高端智能制造等产业，近年来先后与国家级专精特新“小巨人”企业、高端医疗设备领域领军企业开展合作，积极支持电子信息产业、生物医药产业发展。交银金租希望借助切实服务创新基础设施，深入推动技术更新突破，有效支持上海科创中心建设，积极布局互联网数据中心和5G等数字基建领域，先后落地普洛斯、常山北明、奥飞数据等数据中心项目，完成国动网络5G设备租赁，促进数据高效流通，共襄数字中国的美丽愿景。2023年上半年，企业服务科技型企业42户，为高新技术企业、专精特新企业、科技型中小企业等科技型客户，以及科技型企业的具体项目累计发放融资租赁款98.45亿元，较去年同期增长194.96%。截至2023年上半年，企业实现新基建、新能源领域投放220.76亿元，同比增长127.68%。新基建、新能源余额为543.90亿元，占设备设施板块余额的40.88%，较年初增加168.31亿元，增长37.79%。

交银金租始终将推动乡村振兴作为履行社会责任的“一号工程”。多年来，企业积极聚焦主责主业，在赋能美丽乡村、精准服务“三农”等方面也取得积极成效，先后支持上海源烨新能源建设户用分布式光伏电站、贵州金元威宁能源建设农业光伏电站，为数字广西“广电云”村村通户户用项目提供资金，点亮美丽乡村；还向通辽新好农牧有限公司投放2.5亿元资金，实现重要农产品稳产保供，支持农牧企业发展；与广西糖业集团昌菱制糖有限公司开展2.3亿元回租项目，推动了甘蔗机普及，有效提高甘蔗的采收效率和附加价值，把金融支持乡村振兴真正落到实处。同时，企业坚持产业帮扶、消费帮扶、教育帮扶、党建帮扶齐发力，通过采购帮销当地农特产品、支持农村集体经济及学校建设、捐赠图书及教学设备等方式，先后为甘肃省天祝藏族自治县、贵州省黔南州罗甸县、四川省甘孜藏族自治州理塘县、广西百色市田东县祥周镇联合村累计投入和引入相关帮扶资金和物资超过330万元，成功推动田东县祥周镇联合村农产品交易及仓储中心建设以及罗甸县茂井镇高兰小学“水冲式厕所”改造等重点项目落地。目前，已荣获2018陆家嘴年度公益榜“资教赋能实践奖”、2020第一财经中国企业社会责任榜“公益实践贡献奖”、金融界“杰出乡村振兴典范奖”等多个重要公益奖项。

董事长徐斌表示，为了积极适应监管转型要求，聚焦落实国家“三新一高”和“制造强国”、实现“双碳”目标的重大部署，交银金租设立了专班性质的新基建（新能源）租赁业务中心、普惠（科技）租赁业务中心，组建“上海主场”业务团队，充分发挥金租专业能力，在科技金融创新、绿色金融改革、高质量金融供给等方面加快创新突破，助力上海在新能源、新材料、人工智能这些先导行业的创新引领和示范作用，助力上海融资租赁发展高地建设。同时，突出专业化特色，推进高质量发展。未来，交银金租将积极履行国有金融机构的使命担当，扎实服务实体经济，充分发挥租赁本源特色，全力服务以国内大循环为主体、国内国际双循环相互促进的新发展格局。

十五年赓续前行，矢志不渝，交银金租将继续以全球化的视野和思维助推高质量发展，于高山之巅，览群峰逐秀，见大河奔流。

企业家专访

为客户、公司和社会创造更大价值

——专访交银金融租赁有限责任公司董事长徐斌

《样本》：近年来交银金租在助力国内国际双循环，提升专业化经营发展进程中取得了积极成效，请分享您的思考。

徐斌：上善若水，水善利万物而不争。金融如水，处众人之所愿，几于道。深度服务国家战略、全力支持实体经济是职能所在、责任所向、使命所需。尤其是新的历史条件下，积极服务国内国际双循环格局，与行业的发展阶段、功能属性和资源禀赋高度契合，内生动力也更加充沛，势之所趋。这要求我们必须主动识变求变应变，聚焦专业领域，发挥专业功能，突出专业经营，坚持“向内生长、向外探索”，趁势而上。

专业能力建设始终是我们的基本功。以业内最早探索形成专业化经营的领域——机船租赁业务为例，交银金租是最早介入并重点布局的金融租赁公司之一。起步之初，我们就高度重视专业化发展，汇集了一批精通飞机与船舶专业知识，横跨产业、金融、法律等相关领域的国际化精英团队，为客户量身定制综合金融解决方案的同时，以累加的创新实践案例和突出的成绩，构建了以资产管理为目标的交银金租的经营发展模式。2023年上半年，我们的制造业融资租赁业务和飞机、船舶制造商直接订造资产新增业务余额合计已经超过300亿元，业务也覆盖了五大洲32个国家和地区。可以说在机船领域，交银金租的发展模式开创了行业专业化经营发展的实践样本，引领并赋能行业的发展。

近年来在贯彻落实国家“三新一高”发展要求时，我们仍然秉持贯彻产融结合，尤其在制造业、新基建、高新技术及人工智能等领域，以全球视野积极展业，持续加强学习、研究武装自己，创新研发与细分行业、客户经营特征相匹配的产品和服务模式。同时，借助平台资源优势，促进技术、设备、管理以及产品、服务的有序流动，最终实现助力“中国制造”走向世界的目的。我们希望以专业优势解决痛点难点问题，有效赋能企业高质量发展，切实当好全球资源互联互通以及国内国际产能合作的纽带桥梁，助力国家战略有效落实及推进。

《样本》：您一再强调金融租赁行业要为科技行业赋能、支持科技企业发展。请您结合具体案例分享交银金租的探索与思考。

徐斌：创新基因，深埋在交银的体系中。创新的目的是为客户、公司和社会创造更大的价值。交银金租始终强调“以自身创新服务产业创新”，因此为了加快实现高水平科技自立自强，我们深入研究产业和行业特性，创新探索了很多模式，创造了很多“首个”。比如根据科技型企业行业广、数量多、分布散的特点，以“集团+机构+产业”的思路整合资源，推出科创快易租、科创信易租和科创智易租产品体系，破解融资难问题；2023年作为唯一一家金租公司，入选原上海银保监局科技金融试点机构等。

近期，交银金租将按照交通银行科技金融发展有关部署，将科技租赁业务专属流程推广到长三角、大湾区、京津冀、中部地区的12个省份覆盖区域。当前，公司正在积极研究与外部机构和科技公司合作，进一步强化金融科技手段在服务科技金融场景的应用力度，通过大数据、人工智能等前沿技术，提高智慧获客能力，为更广泛的科技型企业提供租赁服务，更好地提高科技租赁的可获得性。

《样本》：交银金租敢为人先、敢于担当，创新引领着行业的发展，请谈谈企业在绿色金融方面的创新探索与思考。

徐斌：近年来，随着我国经济发展方式的深刻转变以及可持续发展理念的深入人心，绿色融资也迎来了蓬勃发展机遇，展现出“从蓄势到迸发、从单一到多元、从无序到规范、从探索到接轨”的演变态势，内涵也更加丰富，形态也从过去单一的绿色贷款向以绿色贷款为主，绿色债券、信托、租赁、资管、基金等多种融资方式百花齐放的格局转变。交银金租作为行业领军者，深度融入中国式金融现代化的改革发展洪流中，为中国在国际舞台上当好“双碳”规则的制定者和全球绿色低碳产业的引领者而主动作为。

知是行之始，行是知之成。知行合一是交银人的本色。我们坚持创新驱动，将绿色发展理念融入实践中，从发展目标规划制定、核心价值观融入建立包括考评、运营与信息披露、风险管理以及人才支撑等在内的严密完整且符合发展特征的体系和制度建设，努力夯实绿色租赁业务根基，以实际行动助力实现低碳环保理念与实体经济发展的良性互动。同时，我们持续加大绿色支持，广泛服务环保、节能、清洁能源、交通、建筑等诸多领域。不仅持续深耕绿色产业垂直产业链，变融资租赁为产业租赁；同时也向产业链上游延伸，通过全景布局、梯次推进，持续加大对风电、光伏等产业的支持，并加快向单晶硅、光热玻璃等上游企业及储能电站、氢能等领域延伸，构建自身在产业生态上的先发优势和核心优势。

我们为此还专门成立了新基建（新能源）租赁业务中心，以创新金融产品为手段，深入推进业务模式创新，严格落实监管及交行绿色信贷政策，加强对绿色租赁的支持，不断加大绿色资产占比。此外，我们在绿色金融国际化发展路径拓宽探索上，也成果不断，先后落地多笔行业“首单”“首笔”业务，释放绿色金融新动能。2023年，公司计划在新能源、绿色、新基建等领域实现投放金额400亿元左右。

“双碳”目标的实现任重道远，促使绿色融资市场发展进入新阶段，承载新意义。未来，我们将继续强化开放，依托金融租赁产融结合的优势，积极凝聚社会各界的共识与智慧，集全社会之力共同参与环境治理，推动可持续发展。

《样本》：未来，行业发展趋势是怎样的？交银金租未来在全球化竞争中怎样谋篇布局？

徐斌：中国已经成为仅次于美国的全球第二大租赁市场，截至2022年年底，金融租赁行业总资产规模达3.78万亿元，占国内融资租赁行业的50.4%。但目前国内的租赁业市场渗透率仅约为10%，虽较以往已有较大幅度提升，但与欧美市场20%~30%的水平相比，还存在一定差距。另外，行业监管和外管、财税、法律、海关等领域配套政策，以及金融租赁所涉及各类产业的支持发展政策环境不断完善，政策体系的系统性和连续性持续增强，为行业发展提供了坚强保障。同时，随着“真做租赁、做真租赁”的理念愈发深入人心，体现租赁业本源特征的经营租赁和直租业务占比正在进一步提升，向着高质量发展转型升级。相信未来，随着中国产业链、供应链现代化水平有效提升，行业的功能优势进一步凸显，市场渗透率将越来越大，发展潜力巨大。

交银金租躬身践行，在世界经济的汪洋大海中搏击风浪、强筋壮骨，积极为中国不断提升国际影响力，更好地参与全球治理贡献力量。我们主动适配经济金融与产业政策的战略高地，立足国际市场需求谋篇布局，扎根上海、辐射全球，突出国内国际资源的整合联动，切实成为产业链价值管理者，着力支持新战略发展引擎打造。尤其在上海国际航运中心建设和国际金融中心建设上，公司突出创新引领、推动产能合作，以专业化、国际化特色推动上海聚集全球航运产业要素，率先走出航运金融领域的中国特色金融发展道路。截至2023年6月底，我们已与中国船舶集团开展近百艘船舶订造合作，合计超过300亿元，以自身发展经验与成果唱响上海国际航运中心品牌建设“新乐章”。2022年年底，交银金租积极发挥专业化、国际化优势助力的C919飞机全球首架交付，让国产大飞机逐梦蓝天迈出关键一步，也为大国重器走出去赋能增信，助力航空产业链发展。

在新的历史关键时期，我们立足新发展阶段、贯彻新发展理念、构建新发展格局，坚持践行“专业化、国际化、差异化、特色化”发展战略，主动革新，以创新多元的租赁产品和服务撬动全球航运资源配置，实现在全球稳中有进的谋篇布局，在高质量发展新征程上谋划新思路、开创新格局、展现新作为。

专家点评

金融助力穿越周期而上

当今世界，正经历着百年未有之大变局，国际格局和国际体系正在进行着深刻的调整。中国，正以平等的身份深度参与世界经济新秩序的构建。

最直接的，是科技的竞争。而这种竞争存在周期性，需要穿越已有周期才能实现真正的“后来居上”。在过去40年的快速发展中，中国企业不囿于对前人成果的亦步亦趋，通过“二次创新”在创造性学习中成长，投入了巨大的资金与资源，在产业发展中取得了成效。但同时，也面临着巨大挑战——要求更有效地从学习中加快向创新驱动转变，在新领域新赛道中形成高质量发展的新动能、新优势。

作为国家创新体系中的重要一环，金融在服务国家战略中展现出了诸多作为，发挥了积极的活水作用。无论是自我革新，还是在支持实体经济、科技创新、生命健康、绿色能源，抑或是乡村振兴等方面，金融的力度、广度、精度等都在不断提升；尤其是在战略性新兴产业上，不断地通过进行体制、服务和产品体系等革新，促进技术—产业—金融良性循环。在金融的助推下，我国全球创新指数排名上升至第11位。目前，我国已成为全球第二大融资市场。这得益于时代的“需求”，也得益于金融租赁企业积极响应需求、扩大开放，抓住“一带一路”、产业结构调整、“互联网+”等带来的发展机遇，创新服务与产品，助力我国固定资产投资市场渗透率的持续增长，促进经济的发展。也正是因为它们的严谨、务实与创新开拓，金融租赁企业在时代潮头趁势而上，收获着行业发展带来的红利。

作为行业的领军者，交银金租成绩颇丰。尤其是在新时期洞察需求和发展要义，全力推进传统产业的二次创业和转型发展，培育并助力新科技、新能源等新赛道中，进一步凸显“融物特色”，增加“绿色属性”，提升“科技含量”。特别是专班性质的新基建（新能源）租赁业务中心、普惠（科技）租赁业务中心的设立，组建“上海主场”业务团队等重大举措上，切切实实地深度融入中国式金融现代化的改革发展洪流建设中，真做租赁，也做真租赁。在我国正处于从追赶走向超越追赶的穿越周期时代，迫切需要抢占新的战略制高点，尤其是在新能源和人工智能领域。交银金租在助推转型中的种种创新探索，极大地助力了我国企业换道到更具动力的高质量发展领域，穿越成长周期陷阱，跃升而上。

主动识变求变应变，坚持“向内生长、向外探索”，积势蓄势谋势，也是交银金租快速成长为行业领军者的奥义。此外，通过专业化、特色化、国际化建设，以专业水准整合产业发展与金融资源，以专业优势有效赋能高质量发展，更是奠定了交银金租成为行业标杆的基础。作为业内最早介入并重点布局机船租赁业务领域的公司之一，交银金租很早就认准以资产管理为目标的经营发展模式，精耕细作，在组织架构、人才队伍、业务流程、风险管理等全领域深度打造专业化经营优势，为企业赢得了在航空租赁领域的全球领先地位，同时也带动了航运领域的高质量快速成长，开创了专业化经营发展的实践样本，为金融租赁行业提供了有益的经验借鉴。同时，将金融租赁与实体产业发展紧密协同发展，并穿透产业发展周期，在更高水平上参与全球创新协作发展，抢占新兴产业制高点。

当前，中国金融业改革发展正处于奋进新征程、建功新时代的关键时期，金融租赁行业高质量发展任重道远。期待交银金租等金融租赁企业通过创新多元的租赁产品和高效服务撬动全球资源配置，实现在全球经济新格局中稳中有进的谋篇布局，在促进我国经济高质量发展新征程上展现更大作为。

吴晓波　教授、浙江大学社会科学学部主任

第九章
差异化发展，创新引领金融服务
——东吴证券股份有限公司

- **楔子：**时时新，万里春
- **企业概况：**区域特色券商标杆
- **创新解读：**

  第一节　金融助力经济范式变革

  第二节　坚定站位，穿越周期

  第三节　持续驱动长期价值提升
- **企业家专访：**一张蓝图绘到底
- **专家点评：**把差异化、特色化做到极致

楔 子

时时新，万里春

近水远山皆有情的苏州，褪去烟雨朦胧面纱，拥有“钢筋铁骨”般的强壮体魄。

作为“最强地级市”，苏州是全国地级市中唯一一个可与省会城市和副省级城市相较，经济规模和工业体系不容小觑——工业基础雄厚、门类齐全，涵盖了35个行业大类、171个行业中类和505个行业小类，并拥有16万家工业企业，规模以上工业企业超过1.2万家，是长三角地区乃至国内很多产业循环的发起点和连接点。同时，苏州也是一座创新之城，2022年规模以上工业总产值全国第二，高新技术产业产值占比高达52.5%。

敢为、敢闯、敢干、敢首创的苏州人，把握住中国经济发展的机遇，为中小企业发展提供了广阔舞台。起于苏州的东吴证券，在这片厚实的沃土上深耕灌溉，坚定服务地方，构建差异化领先优势为企业提供全生命周期金融服务，不断为科技创新注入力量，积极助力实体经济发展，在服务国家战略中实现自身做大做强，以实干蹚出券商的家国同行之路。

时时新，万里春，江南奋进正当时！有根、有情怀、有特色的东吴证券，正积极为实现强链补链延链的目标展现更多赋能力量，为实体经济增添活力，为美好生活创造价值。

企业概况

区域特色券商标杆

东吴证券股份有限公司（以下简称东吴证券），起步于1993年，前身为苏州证券。2011年12月12日，在上海证券交易所挂牌上市交易，股票代码“601555”，为全国第18家上市券商。

企业拥有以财富管理、投资银行、资产管理、证券投资等为基本架构的业务体系，以及研究咨询、信息技术和风险管理等强有力的业务支持体系，为境内外客户打造协同发展、合作共赢的财富家园。截至2023年6月底，东吴证券总资产超1700亿元，较成立之初增长4000余倍，在全国券商中的综合实力排名从40位左右上升到20位左右，稳居地级市券商头名。

东吴证券公司大楼

一、深耕根据地，服务中小微

在30年的蓬勃发展岁月中，东吴证券坚持“待人忠、办事诚、共享共赢”的核心价值观，以“坚持根据地、融入长三角、服务中小微”为战略导向，不断累积区域经济动能、谋略全国布局发展。

当好苏州城市的宣传队、苏州企业的服务队、苏州经济的招商队，是东吴证券一直坚守的工作目标。凭借在长三角区域扎根深、触角实的优势，东吴证券取得了丰硕成果。目前，已保荐承销44家苏州企业上市，苏州地区市场占有率排名第一；累计承销苏州地区企业债及公司债近2700亿元，占据苏州地区的半壁江山、排名第一，发挥了资本市场服务实体经济的主力军作用。此外，东吴证券还积极引进各类金融资源支持苏州高质量发展，其中包括设立规模100亿元的东吴（苏州）城市发展基金，是苏州历史上实缴规模最大的产业基金；发挥投资基金作用服务创新集群建设，加快推动在苏州各板块设立科创培育基金，陪伴企业成长，目前已在太仓市、常熟市、相城区、吴中区相继落地。

企业下设全资子公司东吴创投、东吴创新、东吴香港子公司，并控股东吴基金、东吴期货、东吴中新（新加坡）子公司，证券控股集团版图日益清晰，在国内累积了广泛的声誉和品牌优势，已成为治理规范、经营稳健、资本实力雄厚、业务种类齐全的证券控股集团。

二、全生命周期金融服务

作为面向全国的综合性券商，东吴证券站在“完整准确全面贯彻新发展理念”的高度，牢牢把握历史性战略机遇，在资本市场改革中自加压力、全力以赴、奋勇争先，坚守服务实体经济、满足人民财富管理需求。

企业积极全面对接注册制改革，通过“投资+投行+研究”高效联动，以差异化领先优势为企业提供全生命周期金融服务。东吴证券组建专业团队，面向主板、创业板、科创板及新三板打造多层次资本市场方案，组合不同资源为不同阶段企业提供专项综合金融服务方案。截至2023年6月，公司已先后保荐83家企业上市，保荐北交所IPO企业12家、行业第三；服务企业完成股权融资规模超2000亿元，债券融资规模近6000亿元，并依托苏州智能制造等产业集聚优势，通过多种方式合计投资17家苏州科创板企业。

近年来，公司扎实推进基本经济制度与市场化改革的深度融合、坚持“根据地”战略与“走出去”战略相结合、坚持人才要素与资本要素相结合、坚持业务创新与风险控制相结合，在国内累积了广泛的声誉和品牌优势。

作为一家有理想、有情怀的国有企业，东吴证券始终牢牢把握金融工作的政治性、人民性。在服务乡村振兴方面，东吴证券成功运作的东吴乡村振兴产业发展引导基金，先后推动实施漫山岛旅游开发、常熟支塘工业集中区改造、莫城工业集中区改造、周庄影视基地建设等项目，实现基金带动产业、产业促进乡村振兴的投资格局，撬动资金11.25亿元。此外，企业积极弘扬公益慈善文化，扎实开展精准扶贫、捐资助学、改善民生等公益慈善工作，并成立了江苏省内券商成立的首家慈善基金会——东吴证券慈善基金会，积极全面推进乡村振兴和共同富裕。

三十年初心不改，三十年勇毅前行。东吴证券用三十年的时间，坚定走服务地方、服务实体经济的稳健可持续发展之路。展望未来，企业将心怀“国之大者”，朝着“规范化、市场化、科技化、国际化的现代证券控股集团”目标不懈奋斗，为助推中国特色现代资本市场建设、服务经济高质量发展做出应有贡献。

创新解读

第一节　金融助力经济范式变革

在第五次全国金融工作会议上，国家明确了服务实体经济、防控金融风险、深化金融改革三项任务；强调回归本源、优化结构、强化监管、市场导向四大原则等，金融改革进入全面深化阶段。

大潮涌动，金融行业高质量发展逐浪前行。目前，我国银行业资产总规模位居全球第一，股票、债券、保险的规模位居全球第二，外汇储备规模连续17年位居全球第一。人民币国际地位也大幅提升，在国际货币基金组织特别提款权货币篮子中的权重排名已位居第三，80多个国家和经济体将人民币纳入储备货币。

一、为实体经济发展注入金融活水

百业兴，则金融兴；百业稳，则金融稳。

作为实体经济的血脉，“为实体经济服务”是所有金融工作的出发点和落脚点。换言之，金融在现代经济中的核心地位在服务实体经济的过程中体现出来——如果不为实体经济服务，金融最终就会成为无源之水、无本之木。

过去十余年，我国金融与实体经济良性循环逐步形成，信贷投放的精准性不断增强——银行贷款、债券投资年均增速分别为13.1%、14.7%，与名义GDP增速基本匹配，其中普惠型小微企业贷款、普惠型涉农贷款年均增速分别达25.5%、14.9%，大大高于贷款平均增速。与此同时，金融脱实向虚得到扭转，同业理财、信托通道较历史峰值大幅缩减。

新时期，国家要求金融支持国民经济发展中的重点领域和薄弱环节；服务实体经济向广度深度显著拓展。2022年10月公布的《国务院关于金融工作情况的报告》强调，坚持金融服务实体经济的宗旨和本源，继续加大对实体经济的支持力度，保持经济运行在合理区间。这要求金融机构满足实体经济有效融资需求、完善薄弱环节金融服务、强化经济转型升级金融支持、支持基础设施和重大项目建设、加强金融基础设施建设等。2022年以来，人民银行先后两次下调存款准备金率，保持流动性合理充裕。不断畅通的金融血脉，为实体经济健康发展提供了有力支撑。数据显示，2022年全年我国社会融资规模增量累计为32.01万亿元，比上年增加6689亿元；2022年全年我国人民币贷款增加21.31万亿元，同比增加1.36万亿元。十年来，我国股票市场规模增长238.9%，债券市场规模增长444.3%，两个市场均已位居全球第二。股票市场投资者超过2亿，为服务高质量发展做出了重要贡献。

与此同时，针对小微企业和个体工商户遇到的暂时性困难，国家出台了贷款延期还本付息政策，帮助市场主体渡过难关。尤其是2023年2月，中国证监会发布的全面注册制使科技创新企业的融资渠道进一步畅通，特别是对盈利要求的放宽，让更多科创企业能够通过IPO获得足够资金支持研发，有效缓解了企业融资难问题，助力科创企业做优做强。这一举措有效推动了我国科研创新实力的增强，促进高新技术产业发展，实现产业链自主可控，助力我国制造业高端化发展。

推动发展方式绿色转型是现阶段工作重点。2023年政府工作报告提出，完善支持绿色发展的政策和金融工具。我国已成为全球最大的绿色金融市场之一，建立了多层次的绿色金融体系。2021年11月，中国人民银行创设推出碳减排支持工具这一结构性货币政策工具，支持清洁能源、节能环保、碳减排技术等重点领域的发展，为相关企业提供优惠利率贷款，整合更多社会资金促进碳减排，从而引导经济主体转变行为。截至2022年年底，我国本外币绿色贷款余额22.03万亿元，同比增长38.5%，高于各项贷款增速28.1个百分点。券商对碳金融的尝试也呼之欲出。2023年，多家券商陆续发布公司自营参与碳排放权交易，在地方试点碳交易市场开户“试水”，获得中国证监会无异议函，引起行业关注。发展势头正猛的绿色金融，积极为绿色转型注入新力量。

“金融活水”，正在源源不断地注入产业升级、重点项目建设，有力推动了企业成长，助力实体经济高质量发展。

二、夯实“科创明珠”底座

发挥好资源配置作用、引导更多资金流入科创领域，是金融机构面临的重要使命和时代课题。建成现代化经济体系的过程中，攻坚克难的科技“高峰”和充盈血脉的金融“活水”缺一不可。科技企业的“新”“精”“巧”特性，高风险、高成长发展模式以及缺抵押、缺担保的融资特点，需要金融机构结合发展实际，推动更多差异化的量身定制，走专业化发展道路。各地金融系统也在不断完善科创金融服务模式，持续加大对科创企业的支持力度，探索推动形成可复制、可推广的实践经验。

以苏州为例，198家上市公司占江苏省上市公司总数的19.5%，聚集了大量的股权融资、并购重组等高频金融活动。2021年年初，苏州市委市政府提出加快打造金融服务实体经济标杆城市、数字金融创新标杆城市、产业资本集聚标杆城市、金融开放合作标杆城市，大力促进金融活水在中小微企业的服务与赋能。尤其是苏州工业园区，在科技部火炬中心为有效解决科技企业与金融机构之间信息不对称问题开展的"企业创新积分制"中，生物与新医药技术领域入选企业数量位居全国第一。经过多年深耕发展，截至2022年年底已汇聚科技企业超1万家、各类金融机构超1600家。为实现科技和金融产业深度融合，还特地于2023年启动"科技金融创新服务中心"，持续加大金融资源向科技领域的倾斜力度，打造多层次、专业化、特色化的科技金融体系，为高水平科技自立自强和高质量发展提供金融支撑，让自身成为苏州乃至江苏省的科技和金融"双高地"。

长期以来，债券投资者风险偏好整体偏低，对科创企业的服务能力相对薄弱。不过近年来，债券市场"补短板"和自我创新，正逐渐成为支持创新的主战场之一。《中国证监会　国务院国资委关于支持中央企业发行科技创新公司债券的通知》，在规范与服务中央企业科创融资等方面发挥合力，以引导金融资源向科技创新领域聚集。这是证监会积极推动构建科技创新企业全生命周期债券融资支持体系的重要一环，也是国务院国资委第一次对单一债券品种发文，希望发挥中央企业科技创新的引领示范作用，促进科技、资本和产业高水平循环，更好地服务国家创新驱动发展战略。之后，中国证监会发布的《推动科技创新公司债券高质量发展工作方案》，提出18项工作举措，以更大力度、更实举措支持科技创新企业高质量发展。近年来，各方积极推动构建科技创新企业全生命周期债券融资支持体系。截至2022年年底，科技创新公司债券共支持130多家企业融资约1400亿元，募集资金主要投向集成电路、人工智能、高端制造等前沿领域，助力科技成果加速向现实生产力转化。

科技金融助力科技企业成长也已成为全社会关注的热点问题。2021年11月，济南正式获批全国首个科创金融改革试验区。2022年11月，上海、南京、杭州、合肥、嘉兴获批建设全国科创金融改革试验区。以大数据、区块链、人工智能等金融科技为基础，以创新金融产品、服务模式、业务流程为手段，以服务科技企业发展、推进科技创新进程为目标的金融活动，在实践服务过程中正有效缓解科技企业融资难问题。人民银行数据显示，2022年我国科技型中小企业贷款余额同比增长24.3%，高出各项贷款增速13.2个百分点；专精特新企业贷款余额同比增长24%，高出各项贷款增速12.9个百分点。

国家正引导各类金融资源加快向科技创新领域聚集，以更好服务国家创新驱动发展战略，夯实科技明珠的培育土壤，助力实现高水平科技自立自强。

第二节　坚定站位，穿越周期

至2023年，东吴证券成立30周年，迎来而立之年。

30年间，东吴证券经历大时代风云变幻，实现可持续发展——用350天时间实现上市，四次再融资再造了三个东吴证券，累计实现利润总额227亿元，以更强的能力服务实体经济。同时，企业在发展中始终认清自身、坚定站位，以充分经营，扩大差异化、特色化竞争优势，建设了一条独有的发展之路。

一、“根据地”战略，引领特色发展

东吴证券和苏州是紧紧绑在一起的。

苏州以制造业立市，走以开放促创新迭代、以创新促内生增长、以集群促链式融合的产业升级之路。在工信部2022年11月公布的45个国家先进制造业集群中，江苏以10个先进制造业集群位居全国第一，苏州则以生物医药及高端医疗器械、高端纺织、纳米新材料等三个制造业集群位居全省第一，占全省三成、全国1/15。数据显示，2022年，苏州11家国家、省级高新区已占全市18.5%的土地面积，创造了全市46.4%的地区生产总值、61%的高新技术产业产值和44%的出口总额。截至2023年4月，苏州拥有国家高新技术企业1.34万家，位列全国第四，增速全国领先；拥有境内外上市企业247家，位列全国第五。

东吴证券早早明确自身的市属优势，以及深耕根据地的战略意义。以此为基调，全面下沉铺开局面——与江苏部分地级市和苏州各县市（区）签订全面战略合作协议，为地方政府及其辖区内企业提供全方位的金融服务：第一时间触达客户需求；陪伴帮助传统行业企业规划发展路径，加快产业转型升级；设立中小企业融资总部，建设“科创”蓄水池，投早投小，以多层次资本市场方案陪伴成长等组合形式，构建自身竞争壁垒，与城市发展同步。同时，积极在江苏全省复制经验，外延拓展根据地，与镇江、常州、无锡、南通、淮安等江苏重要城市签署战略合作协议，对接当地资源、融入产业发展，服务省内一体化。

坚持“做深、做熟、做透、做细”的根据地发展方针，东吴证券大力发展直接融资业务，积极引进各方资源，主动服务地方发展。以债券为例，2023年4月，由东吴证券主承销的23锡投K1成功发行，发行规模5亿元。这是全国首单创投类专精特新科技创新公司债券，也是无锡锡山金融投资集团首次亮相资本市场。此次债券的成功发行将助推锡山区产业升级，提升锡山区科技创新能力，也是东吴证券支持科技创新国家战略的又一创新举措，以及金融机构支持国家战略的有益探索。对东吴证券稍有了解的人都很清楚，该债券的诞生发行，很具“东吴证券”风格。在过去十年里，东吴证券已先后成功发行全国首单创新创业债、全国首单创新创业可转债、全国首批科技创新债、全国首单绿色碳中和科技创新债券等，创新创业债发行数量连续六年全国第一。在债券领域的创新探索里，紧密联动主管部门，进行了一系列敢作敢为且务实的践行，擦亮了东吴证券的“新”字招牌。在行业创新变革的形势下，这意味着旺盛的生命力和市场核心竞争能力。

这一切，得益于东吴证券对自我的清醒认知，将区域券商集中于区域发展的劣势转化为“家门口企业”“身边的券商”的优势进行深耕创新。尤其是中小企业私募债具有单只产品发行规模较小、偿付风险相对较高的特点以及需要券商进行更加细致深入的调查和风险控制的特性，这些均被东吴证券充分消化与掌握。2015年，在中国证监会和上交所、深交所以及苏州市委、市政府的鼓励和支持下，东吴证券组织多个部门全力以赴研究探索，于2016年3月在上交所成功发行全国首批试点的创新创业企业公司债券，开创了创新创业企业通过债券市场实现融资的先河。2017年，中国证监会创新创业债券指导意见出台后，东吴证券再接再厉，相继成功发行全国首批创新创业债券、全国首批创新创业可转债，为创新创业企业通过债券市场筹集资金做出了自己的贡献。在这个过程中，东吴证券坚定投入，保持着一支上百人的队伍，甘坐“冷板凳”，潜心发展创新创业债券。在业务开展最艰难的时候，团队甚至需要依靠其他业务板块来补贴支援，但实实在在为科技创新企业提供一揽子全产业链投融资服务的初心始终不变。也因为在债券上不断突破的创新探路，东吴证券获得了市场更多的信任，开启了由直接融资带来大发展红利的新篇章。2020年5月，创设了全国首单知识产权质押创新创业债券信用保护合约，为苏州金枪新材料股份有限公司主承销了全国首单知识产权质押创新创业疫情防控债券，为探索中小科创企业融资、推进知识产权证券化作出了有益的创新尝试。这样的案例，不胜枚举。

用十多年的时间，东吴证券实现了债券承销规模当年度超千亿元的历史性突破，业务布局也从苏州核心根据地逐步向外突破，在江苏省内市场领先，并在浙江、山东等省外市场多点开花。目前，双创债数量连续多年行业第一，公司债和企业债市场份额连续多年在江苏省保持第一，2022年科创债发行数量位列行业第八，公司债和企业债承销规模和单数均跻身全市场前十。

凭借扎根深、触角实的优势，东吴证券成果丰硕。截至2023年6月底，累计保荐承销

IPO项目83单，主板、创业板、科创板、北交所全面开花。累计挂牌新三板企业464家，挂牌家数行业排名第五；2021年11月15日，北京证券交易所鸣锣开市，全国81家优质中小企业首批上市，苏州占据四席，居全国第二，东吴证券保荐的两家企业位列其中。

同时，东吴证券出色担当起了企业和地方政府开发区之间的桥梁架设角色，协助双方形成良好互动。“每年我们服务的企业产生大量的投融资活动，而这些资金带来的项目正是各地政府比较看重的。”董事长范力表示。企业自觉做好“城市的宣传队，企业的服务队，经济的招商队”，深度服务区域经济，打造精品券商。在城市宣传方面，东吴证券发挥研究所专业优势，深度研究苏州产业创新集群，组织主题论坛，发布苏州创新50指数，给企业更多曝光机会，用资本市场的逻辑和方法提升苏州上市军团的知名度；在企业服务方面，则围绕股权融资、债券融资两大抓手，整合社会资本支持企业，让企业切实享受到资本市场带来的助力；而在经济招商方面，则通过不断延长的价值链条，引导企业投融资活动落地。

2021年，东吴证券完成上海业务总部新大楼的搬迁入驻，力争把上海业务总部建设成为苏州金融企业在陆家嘴国际金融中心的桥头堡。积极融入长三角一体化发展国家战略，在长三角地区复制根据地经验，充分发挥长三角地区自然禀赋优良、经济基础雄厚、城镇体系完整、体制环境优良、科创资源密集的区位优势，依托优质客户资源，开拓推进各项业务的东吴证券，与地方经济同呼吸、共命运，迈向新征程。

2023年2月10日，东吴证券荣获“苏州市金融服务实体经济综合评价券商贡献奖”一等奖

二、"投行+投资+研究"，构建多层次一体化服务

从实验室里的科研成果，到进行项目孵化的初创团队，再到行业独角兽甚至IPO上市，科技成果产业化建设的全流程中，光有创投机构的股权融资不够，仅有银行信贷的债权融资也无法满足，恰恰只有构建起覆盖全生命周期的多元化接力式金融服务体系，才能更好发挥金融活水精准浇灌的准确含义。

东吴证券自2015年从零筹备卖方研究所开始，逐步构建了具有自身优势的"投行+投资+研究"三位一体的服务体系，将服务贯穿从产品到企业再到产业的全过程。依托研究所对行业赛道进行专业判断与选择；找寻合适的产业基金、投资人，为优质的初创企业提供资金支持，助力优质产品的企业化；为成长中的企业提供法律金融等方面的专业服务，帮助企业走向资本市场；以再融资、并购等方式助推企业在上市后做大规模，成长为产业内有话语权的领先企业。

作为全球最大的工业城市之一，苏州目前重点发展四大产业集群，涉及25个门类，对金融机构服务实体企业提出了更高要求。持续深入打造研究能力，既是顺应行业发展趋势，也是责任担当。于是在范力董事长的带领下，东吴证券八年来始终坚持"研究创造价值"的原则，在总量研究、上游能源、高端制造、大消费、TMT等多个研究领域形成了特色优势，覆盖包括宏观、固定收益、金融工程、策略、新三板、海外及20余个行业研究领域，并在以上领域具有领先优势。在研究布局上，东吴证券研究所并不一味追求全行业覆盖，而是将有效资源优先布局到最核心的领域，牢抓优势产业。例如，根据地苏州在电子信息、装备制造、生物医药、先进材料等建设的四大优势产业集群，东吴证券研究所每年都会组织多次专题会议，广泛邀请当地的上市公司代表、产业专家、地方政府代表以及机构投资者参加，让市场充分了解苏州的企业，助力本地产业"走出去"。

以市场化机制进行建设的研究所，队伍规模从最初的几十人快速扩张到200多人；研究业务收入用三年时间实现分仓佣金收入破亿元，到2022年实现近6亿元，保持稳步增长态势，总体实力连续四年跻身行业前十，成为业内少有的、实现自主盈利的券商研究所。市场影响力的稳步提升，让研究所成为企业发展的强劲动力，在促进投行业务、财富管理等方面的转型升级中发挥了至关重要的作用。同时，企业也从区域性券商迈向全国性券商，向市场展示了良好的品牌影响力。

"苏州有200多家上市公司，如果我们的研究能力能够覆盖到位，那么就能在服务苏州、江苏乃至长三角企业中占据制高点。"范董事长表示，东吴证券研究所走到现在，有余力进一步服务地方企业，就更需要开阔视野，投身到服务重点产业转型升级、助推资本

市场全面注册制改革的大浪潮中来。按照东吴证券管理层的构想，未来研究所在卖方研究服务之外，也要努力成为各级地方政府的智囊团，将市场研究与地方产业政策更好地结合起来，以更加专业精准的服务，助力优质产业、企业实现价值发现。

在投行业务方面，东吴证券近年来全面对接资本市场改革，致力于服务实体经济，通过创投、科创基金等为初创期企业提供资金支持，为成长期企业量身定制新三板、双创债等融资方案，为成熟期企业提供IPO服务，助力企业登陆资本市场，为上市企业提供再融资、并购重组、产业基金等金融服务，支持高质量发展。

2016年，与中国人寿成功联手设立规模为100亿元的国寿东吴（苏州）城市发展基金，助推苏州产业转型升级——这是东吴证券探索新型融资发展模式的又一次成功实践，为苏州的民生工程和重大项目建设提供有效的金融支持。同时，这也成为苏州历史上实缴规模最大的产业基金。2018年，主导设立的江苏省首个城乡一体化基金，募集管理总规模达25亿元，为苏州基层城乡一体化项目提供融资支持；成功实施盛虹集团子公司借壳东方市场项目，交易金额近130亿元，成为江苏省国有企业混改的典型案例。2018年至2022年，共完成IPO项目39单，业内排名第16位。2022年，完成IPO项目11单，承销数量行业排名第13位，实现江苏省市场占有率第一的历史性突破，综合实力和品牌影响力稳步提升，积累了一大批优质的核心客户，为实体经济高质量发展贡献了应有的力量。

东吴证券作为独立财务顾问主导完成东方盛虹重大资产重组项目

为进一步凸显、强化服务能力，东吴证券在此基础上专项形成了“护航行动”“领航行动”“启航行动”三大计划，面向不同阶段的企业提供不同的服务。例如“护航行动”，核心为组建四个专业服务“百人团”，为上市“生力军”提供全生命周期金融服务，助推一批创新集群企业IPO；“领航行动”则研究成立定增基金，聚焦上市公司做大规模，建强“主力军”；“启航行动”则是直接陪伴式服务中小微企业，储备“后备军”。

同时，东吴证券搭建与同业、银行、基金、创投等机构的朋友圈，通过管理好并购基金，引入金融资源服务苏州优势产业发展等构建合作圈，延伸服务链条。

内生模式强化服务功能，外延协同壮大“生态圈”，东吴证券以创新驱动，不断淬炼自己的服务能力和专业能力，在打造差异化优势的道路上砥砺前行。

三、持续“自主”投入，打造数字标杆

强化金融科技赋能是近年来证券行业最重要的发展趋势。

2023年5月18日，东吴证券在30周年高质量发展大会上与同花顺正式签约，双方联合成立AI研究院，共同研发东吴证券——证券行业大模型，共同打造AI技术在金融领域的标杆。从数字化到智能化，东吴证券不断以技术和研究创新，试图打造自身的数字新标签，激发动能成长。

作为中小券商，资源、品牌和专业能力相对弱势，亟须在新业务、新模式和新技术上保持敏感度，大胆谋求突破，争取建立自身独有的先发优势，实现突破。敢想敢干的东吴证券，2014年就将目光投向了移动互联网领域，推动数字转型，使企业成了第一批获取业务试点资格的券商，实现了券商全业务在线办理。在业务条线上，东吴证券锚定发展目标，与业务部门共同探索新应用场景，提升各业务条线和业务平台之间的对接效率，先从财富管理业务板块切入。2015年，企业成立东吴证券网络金融事业部，全力推进互联网财富管理体系建设；同年，财富管理平台秀财App正式上线运营。这样的双体系形式，为东吴证券带来了在互联网金融领域的意外惊喜，让资源的整合、业务的联动带来了专业上更精准地自我进化。尤其是随着业务发展，面向长三角及新加坡、中国香港等资本市场，东吴证券努力建立境内外一体化金融服务平台，构建自身的差异化竞争优势。2021年，东吴证券设立财富管理委员会，经纪业务全面向财富管理转型，加快由“卖方代销”向“买方投顾”转型，深化机构客户开发，形成实体网点与互联网相结合的差异化服务体系。2022年，自主研发的新秀财App搭载A5核心交易系统全面上线，积极探索互联网产品数字化运营，拓展引流渠道，交易速

度处于市场领先水平。截至2023年4月末，东吴证券互联网渠道客户总数突破90万。

在技术条线上，东吴证券持续加大信息技术开发投入，提升自主研发能力，着力建设以新一代核心交易系统A5、数据与技术中台、全面风险管理平台等为代表的一批行业领先的信息系统。技术创新也为东吴证券带来了持续的发展动能。例如已经上线投行业务管理平台、自主研发的底稿电子化系统，通过金融科技赋能，实现承揽、承做、承销、持续督导的项目全周期线上化管理，切实提升执业水平和合规风控水平。即信息化建设从单纯的服务系统提升扩容为全内存、全业务的集中交易系统，研究开发团队从最初的几个人扩容为400人的支撑团队。仅仅实现了数字化，对东吴证券来说还远远不够，要做到核心技术自主可控，不被“卡脖子”才是关键。为此，2020年6月，A5全面上线运行后，即成为国内证券行业首个完全自主研发自控的系统，打破了20年来券商核心交易系统依赖国外商业中间件与数据库产品的局面，标志着中国券商IT核心技术迈入全面自主可控的发展新阶段，对维护国家金融安全具有积极意义。2020年，东吴证券《证券新一代交易系统A5》《RAMS信息系统支撑平台》分获央行2020年度金融科技发展奖二等奖和三等奖。同时，A5也突破了上代系统在业务处理容量、响应速度、并发处理等方面的瓶颈，覆盖了东吴200万多零售及机构客户。“我们的交易速度提升近百倍，容量提升10倍以上，而且我们把核心软件、硬件都替换成了国产设备。”范董事长表示。此外，企业还积极引入大数据、区块链等前沿技术，建设五大业务管理数字化平台，促进业务发展、提升工作效能、优化客户体验，为群众提供更加优质的高质量金融服务。

这一切，还仅仅只是开始。2021年，东吴证券制定《金融科技“十四五”发展规划》，明确未来五年金融科技发展原则与发展目标。2022年，企业深入践行数字化发展理念，通过落地科技产品、创新融合机制、培育数字文化，贯彻落实规划发展目标。2022年，东吴证券在金融科技方面累计投入超3.5亿元，占2021年全年营业收入超6%。

三十而立的东吴证券，将目光投向了组织架构的革新中。以先破后立的决心和勇气，在行业内创新性启动机构客户协同平台的建设，期待加快数据中台的智能化服务能力建设，以信息化的优势有效整合散落于各个条线的资源，推动跨系统、跨业务数据资源有序共享，让整体效能实现量级增长，并向“数字化智能券商”全面转型。企业以不断迭代的差异化，夯实自身在细分领域和特定区域的显著影响力。

第三节　持续驱动长期价值提升

与苏州同成长的东吴证券人，与坚韧不屈、勇于创新的城市气质紧密契合，致力于打造与客户共同发展的财富家园。文化的驱动力，也不断夯实着企业的发展土壤，让东吴证券稳健成长，稳居地级市券商头名。

企业在长期的探索实践中，构建了独具特色的企业文化体系。

一、文化聚力，行稳致远

近年来，东吴证券持续深入贯彻“合规、诚信、专业、稳健”的行业文化理念，结合自身战略定位和文化特色，围绕“一个目标、两轮驱动、三项融合、四大保障、五级荣誉”建立了“12345”文化建设工作体系，持续赋能企业成长。

秉承“待人忠、办事诚、共享共赢”的核心价值观，东吴证券不断优化文化建设的实现机制和成果体现，把党的全面领导下的文化建设工作贯彻到经营管理的“神经末梢”。同时，发挥党委“把方向、管大局、促落实”的作用，以党建红色文化引领企业文化建设；充分发挥现代公司治理优势，坚持“党委领导核心、董事会战略决策、监事会独立监督、管理层全权经营”治理体系，实现党的领导与企业现代化治理的双轮驱动，以健全内控合规机制，保障文化建设工作有序开展。“公司始终以党的领导为核心，优化公司治理结构。加强党的领导与优化公司治理结构目标一致，相互促进。”范力董事长表示。

东吴证券将党的领导贯穿于改革发展的始终，构建了党的领导与公司治理、经营发展以及企业文化三者深度融合的工作格局。企业将党建工作要求写入公司章程，坚持重大事项由党委前置研究讨论，规范“三重一大”决策行为、提升决策科学性，形成党委、董事会、经理层充分尊重、彼此信任、相互支撑的良好决策环境，确保党委“把方向、管大局、促落实”的作用落到实处。同时，着力打造“海棠东吴红”党建品牌，全面落实证券基金行业文化建设要求，使行业文化成为员工的内心追求和行动自觉，成为东吴证券人的鲜明标识。以制度建设为抓手，发挥党建引领作用，东吴证券在党建方面实行了多项有力举措：出台了党建高质量发展规划及具体实施办法，为党建工作描绘路线图、排出时间表和工作清单；制定公司党组织落实全面从严治党主体责任实施办法，系统梳理公司党委和党支部所要履行的管党治党职责，细化“责任清单”和“负面清单”，进一步压实全面从严治党政治责任。

2020年，按照“工作性质相近、地域相邻”的原则，东吴证券解决了“党员较分散、活动难开展”问题。企业工会、团委根据党组织架构变化同步调整，通过党建带群建，织密组织体系，提高凝聚力和战斗力。同时为使党组织设置在业务一线、行动在经营一线、争先在项目一线，东吴证券制定了《东吴证券推广“行动支部”工作法实施方案》，围绕公司发展战略、重大项目、技术难关等经营重点难点问题，按照“一行动一清单”要求，明确“行动支部”建设的具体路径，推动工作任务项目化、组织生活规范化、服务机制统筹化。2020年，“金融科技”行动支部深耕前沿领域，持续助力推动科技赋能走向纵深；2021年，企业“公募基金创新REITs”行动支部服务苏州工业园区成功发行了全国首批、全省首单公募REITs项目；“企业金管家”行动支部服务两家企业在北交所首批上市，并包揽前两单过会项目；等等。一个又一个的特色支部的建设成果串联出了东吴证券的经营发展路径，充实着东吴证券的红色徽章。

全国首批、江苏首单公募REITs

在企业文化与党建工作、业务经营和社会责任相融合的过程中，东吴证券有效推动战略实施，扛起了使命担当。尤其是把创新力投注于弘扬企业文化、推进公益慈善上，东吴证券不遗余力地推动各项建设——成立爱心基金、参与帮扶结对等慈善项目。发挥专业所长是东吴证券投身公益另一大特色。在与贵州铜仁及所辖的偏远地区结对帮扶中，创新实施教育、产业、金融三大帮扶举措，选派业务骨干挂职，设立“苏州帮扶铜仁教授专家库”，设置营业部并成功推荐铜仁企业挂牌新三板。此外，还通过成立乡村振兴发展引导基金、增资乡村振兴公司、承销乡村振兴债券等方式，不断强化乡村振兴金融服务，以市场化方式设立苏州市东吴乡村振兴产业发展引导基金，总规模5.01亿元。围绕农村一、二、三产业融合，通过市场化的投资提升乡镇产业内生动力，实现基金带动产业、产业促进乡村振兴的投资格局等。2021年3月，企业还专门申请成立江苏省内证券机构首家慈善基金会——“东吴证券慈善基金会”。这是苏州市属国企的首家慈善基金会，也是江苏省内券商成立的首家慈善基金会，扎实开展乡村振兴、疫情防控、改善民生等公益慈善事业，塑造国企自觉担当、创新发展的新典型。

东吴证券乡村振兴产业基金苏州太湖漫山岛

另外，企业还从制度、组织、人才、资金四个维度形成了保障，建立包括“群团”“行政”“党内”“文化”“精品”“五级荣誉”体系，激发文化建设体系的内生性、系统性升级迭代，形成源源不断的内生能量。

未来，东吴证券将持续深入贯彻“合规、诚信、专业、稳健”的行业文化，努力打造特色文化品牌，真正把文化品牌的影响力转换为公司的竞争优势，为中国特色证券行业文化建设贡献东吴力量。

二、引进来，走出去

融入长三角、谋局全国、拓展海外，是成长起来的东吴证券面对的课题。

“我们要加快自身发展、做大公司规模，提供更优质的金融服务，进一步完善营业网点布局，加大北上广深等一线城市开拓力度，引进专业化优秀人才，逐步提升财富管理、大投行业务市场份额。”范力董事长在接受新华社记者采访时说道。东吴证券的做法是，优化大类资产配置结构、提高资本配置能力，加大对债券投资、金融衍生品、资产管理等业务领域的投入，特别是重点加强撮合交易服务、场外衍生品业务等非方向性投资领域，提升应对市场波动能力，打造多元化盈利增长点。

而国际金融中心上海成为新的出发点。2016年，东吴证券在浦东陆家嘴布局上海业务中心，聚集了研究所、投资总部、债券投资总部等15个部门及东吴基金、东吴期货、东吴金融科技等公司，将上海拥有的人才、科技、金融、信息等方面的优势，与苏州的产业集群深度融合，形成新的探索，拓展新的空间。经过多年努力，东吴证券集团各个板块坚持特色化、协同化发展：东吴基金厘清发展方向，完成非主动管理产品清理与整改，全面转向主动管理，基本形成完备产品线、运营互联网金融平台、深化核心渠道合作、打造成长风格的特色行业主题基金；东吴期货加大拓展力度，业务规模再上台阶，郑商所成交排名第10位，尤其是在强化产业客户服务上，连续三年获评期货行业分类评价A类，行业排名第25位，同比上升10名；东吴创投努力扩大基金管理规模，实施合伙人制度，搭建投资生态圈，提升了投资有效性；通过低相关性组合配置，分散市场震荡风险，全年投资收益超过8%，抢抓REITs基金黄金投资期，推动类固收业务转型，股权投资业务运行良好。在对外拓展上，东吴证券持续推进分公司综合化转型，并以分公司建设为抓手，加速全国业务布局。目前，以江苏省内全覆盖、长三角重点布局、全国空白区域有支点为原则，推进分公司建设的策略正逐步展现成果，由原先的分公司单一业务朝着全链条业务方向发展，逐步实现与总部高度协同、具有竞争力的区域综合化经营平台建设的目标。

在业务布局和组织架构上，走出去拓展的东吴证券，面对绿色发展的全球命题，主动围绕服务长三角一体化发展、全面推进乡村振兴以及碳达峰、碳中和等国家战略布局，先后成功发行全国首批创新创业债券、首批创新创业可转换债券、全国首单绿色碳中和科技创新债等。双创债发行数量连续多年位居行业第一。东吴证券希望以这样的大契机为起点，真正探索构建具有全国、全球特色的专业的金融服务方案，输出东吴证券的实力，塑造典型与标杆。

此外，企业积极响应国家战略服务“走出去”，尤其关注走向东南亚国家的国内企业或机构，为其开展境外上市、境外并购提供有效支撑。2015年、2016年，东吴证券先后设立了东吴新加坡和东吴香港，构建跨境服务体系，为长三角客户“走出去”开展境外上市、境外并购等提供有效支撑。2020年，东吴证券（香港）收购中投证券（香港）后全牌照营业。同时，围绕苏州市委市政府要求，加快做大做强，打造苏港合作金融纽带。“我们的境外发展逻辑不像大券商那样求大求全，而是跟着服务的客户走。”范力董事长表示。苏州工业园区和新加坡渊源颇深，两地的客户存在双向投资的需求，新加坡子公司就是为服务这些客户需求做准备。中国香港是大部分境内企业走出去的重要平台，布局中国香港子公司正是希望服务那些将来可能走出去的企业，以此打造东吴国际化品牌。

东吴证券已经站到新征程的历史起点上，奔赴充满光荣和梦想的征程。

企业家专访

一张蓝图绘到底

——专访东吴证券股份有限公司党委书记、董事长范力

《样本》：中小微企业融资难一直是个待解问题。请您结合东吴证券在这方面的实际成果和我们分享心得与经验。

范力：国家需要什么，我们就应该朝着那个方面多发一点力。作为国企，东吴证券心怀使命，自觉服务国家战略。服务中小微企业，不应当只算当前一时一例的经营“小账”，要算服务实体经济发展的“大账”。

新经济、科创企业的发展需要依靠股权投资以及更加完善的金融服务体系提供更多的金融产品和工具。东吴证券的经验是，万事从基础做起，深入一线探索、解决真正的问题和困难。十几年的转型，苏州正从全球最大代工厂城市转变为以先进制造业、高科技产业为核心的制造业强市。不积跬步，无以至千里。东吴证券正是依据根据地优势，紧紧贴合着企业一起成长。因此我们在探索中专门设立“中小企业融资总部”作为服务中小企业的归口管理部门，构建了一支高素质、经验丰富的团队进行专项服务。对处于初创期的很多企业，我们采取不符合常规的“免费服务”形式，就是希望和它们一起成长，形成黏性以及精准服务的模式。事实也证明，这为我们的投行业务建设了一个庞大的业务蓄水池。截至2023年6月底，我们共帮助460余家企业挂牌新三板。新三板业务规模全国前五，挂牌公司累计募集资金超百亿元。一大批企业借力东吴证券服务平台，驶上发展的快车道。

同时，我们积极推动资源向科技型企业和项目集聚，不仅是在北交所、新三板和债券领域深耕，更是整合资源，将投行全产业链服务贯穿企业发展全过程，让更多科技成果从实验室走向市场。在北交所板块，我们保荐上市的项目已有12单，2022年完成北交所项目6单，均为江苏企业，而且多地项目为当地北交所首单。

在中国，高成长型企业正成为未来经济增长的生力军。东吴证券未来一定尽己所能，在推动科技自立自强、产业转型升级、开放创新合作中挑更重的担子、扛更大的责任，助力更多企业走向“顶天立地”，让更多技术惠及更多人群。

《样本》：人才是券商的未来。请您结合东吴证券的具体案例，分享在人才体系建设上的成果。

范力：夯实资本实力、建设高质量人才队伍，是证券公司提升内生发展动力的关键所在。

功以才成，业以才广。高水平、专业化人才队伍对我们的发展至关重要，在30年发展历程中，我们始终敞开怀抱迎人才、量体裁衣用人才。近年来，我们实施市场化的人才机制，引进高端人才，当前在职员工40岁以下年轻员工占比72.04%，已成为中坚力量；研究生以上学历占比32.45%，其中博士学位36人；具有海外学历或学习背景的有721人，占比16.54%，人才队伍不断优化。

正是在人才团队的有力支撑下，东吴证券深入推进财富管理转型，设立研究所，坚持“研究创造价值”的理念，赋能苏州产业集群建设。

《样本》：在证券公司分类监管评价中，东吴证券已连续九年保持A类A级，业务能力突出。请结合东吴证券的具体事例分享企业在合规经营上的宝贵经验。

范力：身处资本市场，有风有雨是常态，风雨无阻是心态，风雨兼程是姿态。金融行业不是比谁跑得快，而是要比谁走得远，这是我们在过去30年发展历程中所积累的宝贵经验。不管处于何种市场形势下，我们都要保持定力、坚持稳和慎的原则，以“时时放心不下”的责任感防风险、守底线，确保公司长治久安。我们牢固树立合规风控就是利润的理念。2022年，资本市场出现较大波动，我们能经受住市场的考验，很大的原因就是各项业务未出现重大风险事件，各项风控指标持续符合监管要求。首先，在跌宕起伏的市场形势和全面从严的监管基调之下，我们清醒地看到，投行业务质控能力、投资者适当性管理能力等方面，越来越显著地影响着业务份额的变动、监管资源的获取以及声誉价值的维护。其次，我们探索实行了互动互通的全过程双向管理。以史为鉴，可以知兴替。东吴证券非常重视合规风控管理，并浸入企业文化血脉里。我们强化合规风控过程管理，在容易出现风险的环节，提升合规风控人员的话语权。尤其在创新业务开展中，合规风控部门和业务部门要加强同业交流，主动借鉴先进券商经验，提升专业能力。此外，我们完善全面统一的合规风控体系。子公司风险管理如果不能真正纳入母公司监管体系，就是风险敞口。东吴证券坚决落实严监管的要求，完善子公司风险管理的组织体系，持续构建大风控“一体化”格局，建成集团化、垂直化合规风控管理体系，全面筑牢高质量发展生命线。只要合规经营，拥有不断前进的愿景，就可以不断引入源头活水，实现更好更快发展。

《样本》：东吴证券在新时期如何抓住机遇期赋能长三角经济发展？

范力：东吴证券积极在江苏全省复制根据地经验，已经与镇江、常州、无锡、南通、淮安等江苏重要城市签署战略合作协议，对接当地资源、融入产业发展，服务省内一体化。2022年，完成IPO项目11单，江苏市场占有率第一。

我们主动融入长三角一体化发展大局，基于长三角稳扎稳打，完善全国业务布局。新设了淮安、长沙、上海自贸区分公司，加速发力北京、上海、深圳等关键市场，打造与总部高度协调、具有竞争力的区域综合化经营平台，进一步提升东吴品牌在全国的影响力。目前，东吴证券的债券业务已率先实现向外突破，在浙江、山东等省外市场多点开花。

《样本》：请您谈谈行业未来的发展趋势以及东吴证券的未来规划。

范力：证券行业仍然是一个朝阳行业。当前，国家大力发展直接融资的决心十分坚决，尤其是修订后的《中华人民共和国证券法》的颁布、全面注册制不断推进、对外开放广度和深度不断增强等一系列政策红利，将带来资本市场大繁荣，为证券行业带来重大发展机遇。

站在新的发展起点上，东吴证券一张蓝图绘到底。未来，我们将站在“完整准确全面贯彻新发展理念”的高度，坚守金融服务实体经济的初心，牢牢把握这一历史性战略机遇，在资本市场改革中自加压力、全力以赴、奋勇争先，深耕长三角，服务全省一体化，坚守服务实体经济、满足人民财富管理需求，开创更加美好的未来。

专家点评

把差异化、特色化做到极致

东吴证券作为苏州市属唯一一家本土国有综合性证券企业，积极响应国家战略、服务实体经济，充分发挥“家门口企业”“身边的券商”的区位优势和资源禀赋，顺势而为，稳居地级市券商头名，成为区域经济发展中不可或缺的重要力量。可以说，东吴证券创业奋斗的30年闪光历程，也是苏州金融业不断跃升的生动缩影，更体现了江苏经济社会发展的坚定步履。东吴证券的差异化和特色化，主要体现在以下几个方面。

第一，立足苏州，积极服务长三角一体化发展。长三角地区产业基础雄厚，是推动制造业稳定发展和转型升级的“主战场”。苏州以制造立市，有着相当丰富的实体经济资源。东吴证券深耕根据地，较早与江苏部分地级市和苏州各县市（区）签订全面战略合作协议，为地方政府及其辖区内企业提供全方位的金融服务。同时，东吴证券积极在江苏全省复制经验，拓展根据地外延、对接当地资源、融入产业发展，服务长三角一体化。

第二，陪伴成长，大力发展中小企业融资。东吴证券建立了中小企业融资总部，第一时间触达客户需求，帮助传统行业企业规划发展路径，为初创期企业提供免费法律咨询、担当财务顾问、积极整合资源、引进天使投资等，投早投小，也为后续的债券、股权、资产证券化、产业基金等业务打造了“蓄水池”，以无用之用为大用。这里面，既有家国情怀的担当，也有尊重金融活水本质、精准科学灌溉的智慧。

第三，智能投研，助力优质企业价值发现。基于“研究创造价值”的原则，东吴证券2015年开始筹备卖方研究所，并采用市场化机制建设研究所。三年时间，研究所实现分仓佣金收入破亿元，到2022年实现近6亿元。此外，研究所在总量研究、上游能源、高端制造、大消费、TMT等多个研究领域形成了优势，覆盖宏观、固定收益、金融工程、策略、新三板、海外及20余个行业研究领域，并在以上领域具有领先优势，一跃成为证券研究领域的实力派选手，受到了业界的关注与好评。

苏州目前重点发展四大产业集群，涉及25个门类，对金融机构服务实体企业提出了更高要求。东吴证券研究所重点针对四大产业提供服务，发布产业研究报告、组建专题会议等，搭建了地方政府、上市公司、产业园区、行业协会沟通交流的平台，也专业化地展现了苏州创新企业的整体表现，加强了资本市场对苏州板块的配置效率，提升了投资者对苏州上市公司的关注度。同时，东吴证券对重点产业进行布局，有效地串联起当地丰富的上市公司资源、投行资源以及高净值客户资源，充分补充了东吴证券在投早投小之外的资源，为东吴证券促进投行业务、财富管理等方面的转型升级发挥了至关重要的作用。未来，若市场研究与地方产业政策更好地结合起来，有更多像东吴证券这样专业化的研究所为市场提供服务，将有效助推产业的高质量发展。

第四，科技赋能，打造“数字化智能券商”。多年来，东吴证券积极探索金融科技和数字化赋能，取得了卓越的成绩，尤其在财富管理板块成长迅速。2015年，东吴证券成立了网络金融事业部，并上线运营了财富管理平台秀财App，全力推进互联网财富管理体系建设。2022年，秀财App搭载A5核心交易系统全面上线，积极探索互联网产品数字化运营，拓展引流渠道，交易速度处于市场领先水平。在新阶段，东吴证券将持续深耕大数据、云计算、区块链等前沿技术领域，建设业务管理数字化平台，促进业务发展、提升工作效能、优化客户体验。

面向未来，我们有理由相信，企业有了金融“活水”支持，将在创新创业的道路上轻装上阵、大胆发展。随着后续政策的陆续出台，以及像东吴证券这样金融机构的不断努力，将有越来越多的金融“活水”精准浇灌企业，实质性改善企业的融资环境，提高企业金融服务获得感和满意度，激发企业的动力、动能和活力，助力经济发展腾飞。

黄　蓉　复旦大学管理学院李达三讲席教授

后　记

2022年的样本已是第六期，是甄选曲折的一年。

每一年，我们都在竭力寻找最能代表中国经济发展和产业创新路径与未来的企业，其志烈烈。但创新就意味着尝试，更意味着需要更多的上下求索，所以我们始终心怀敬畏，慎之又慎。新冠疫情给经济带来的影响，在2022年度已累加至最高点，尤其是年初年尾的跌宕，让经济生产一度处于“安静”状态，也让选样的工作一度“停滞”。所幸在各级领导、专家以及有关单位的指导与支持下，我们将甄选领域大大扩容，从更多维度观察、挖掘创新的能量与活力。

走访考察中，我们深刻感知企业面对全球经济因灰犀牛叠加黑天鹅带来的重大影响时，那股担当与韧劲。尤其是承担着特殊使命的长三角区域，前所未有地感受着挑战冲击，也前所未有地体会着命运与共。正如李强总理所说，不管时代怎么变化，企业家筚路蓝缕、披荆斩棘的创业精神是永远需要的。他们保持着高度的敏锐和自觉、清醒与乐观，在各自的领域里躬身力行、创新践行、协同成长，创造出许多样本、探出许多新路，领时代风气之先。与他们同行，与有荣焉，也是甚幸！

中国正以具有全球性意义的创新发展，与世界同享。2022年度样本的体系进一步升级。在“长三角商业创新指数研究计划”及“长三角商业创新案例”两大项目基础上，联合复旦大学管理学院，并在东方财富、圆通速递等中国头部企业提供战略和专业支持下，知新工程——创新样本赋能中国商学计划正式发布，开启了赋能商学教育，助推经济高质量发展的全新探索。

冲破阴霾，走向光明，最强大的力量是同心合力，最有效的方法是和衷共济。2022年的样本项目，得到了诸多领导和伙伴的支持与鼓励。无论是画龙点睛式的点拨，还是协同作业中的严谨指导，我们都能深深感受到，样本正在形成自己的能量，走进更多人的案头和心里。在访谈中，我们听到最多也最受鼓舞的一句话是：你们真的不一样！简单的话语，犹如甘洌的清泉，激励着我们坚持再坚持，努力再努力，以不辜负“不一样”的现在以及未来！

在此，特别感谢陆雄文院长和林环教授长期以来的全程指导和关心鼓励！也感激复旦大学管理学院、东方财富、圆通集团、迪安诊断、优刻得科技、天汇资本、上海社会科学院、东南大学长三角碳中和战略发展研究院等协作伙伴，感谢中国商业出版社以及理事们对样本工作的关注、关心和热情推荐。在这里，要特别感谢迪安诊断董事长陈海斌、优刻得科技董事长季昕华的全程关心指导和推荐支持！同时，也十分感谢样本企业家的启发和鼓励、各样本企业品宣团队的专业、认真和协同支持。

作为承载特殊战略使命的希望之地，长三角汇聚全球科研力量、人才资源和科教资源，必将以更扎实的创新成绩协同建设科创高地，让世界不仅知道了“发展中的中国”“开放中的中国”，也期待“现代化的中国”和“为人类文明作贡献的中国”，继续引领世界经济迈向更加普惠、更有韧性、更可持续的未来。

上海长三角商业创新研究院
《2022长三角商业创新样本》执委会
2023年7月20日

项目组织单位

主办单位： 上海长三角商业创新研究院

支持单位： 复旦大学管理学院、东方财富信息股份有限公司、华东理工大学社会科学高等研究院、汉歌文化发展机构

承办单位： 浙江汉歌文化创意有限公司

特邀专顾委、编委会及主要团队成员

总 顾 问： 陆雄文 上海长三角商业创新研究院院长、复旦大学管理学院院长

规划统筹： 林 环 上海长三角商业创新研究院创始理事、研究员

专家委员会： 吴晓波 浙江大学社会科学学部主任

吴柏钧 华东理工大学社会科学高等研究院院长

余玉刚 中国科学技术大学管理学院院长

朱晓明 东南大学长三角碳中和战略发展研究院院长

沈桂龙 上海社会科学院世界中国学研究所所长

季昕华 上海优刻得科技股份有限公司董事长

汤哲辉 安永大中华区硬科技行业中心审计主管合伙人

袁安根 上海长三角医药创新发展研究中心主任

采编委员会

主 任： 蒋 斌 上海长三角商业创新研究院秘书长兼常务副院长

副 主 任： 吴文平 浙江汉歌文创有限公司首席顾问、杭州市记者协会副主席

委 员： 岑 岑 复旦大学管理学院科创办公室主任

于保平 复旦大学管理学院案例研究中心主任

唐小愉 上海长三角商业创新研究院传播中心

出 品： 蒋 斌 上海长三角商业创新研究院秘书长兼常务副院长

执行主编： 唐小愉 上海长三角商业创新研究院传播中心

出版总监： 苏文婷 上海长三角商业创新研究院外联部主任

特约审校： 顾金生 《浙江日报》原主任编辑、著名作家

执行团队： 苏文婷、蒋书澄、刘 莹、于佳平、倪 敏、刘玉娟、朱光函、原竟格

发布会组委会秘书处： 张 莉、苏文婷、唐小愉、夏婷婷

调研及采编指标说明

1. 本书所涉及企业相关内容及数据由项目团队通过企业方提供、主流媒体报道、行业调查数据、第三方咨询报告及与企业创始人、高管访谈所得，并经项目采编团队整合提炼而成，最终数据由企业方明确确认。

2. 主要调研指标及采编内容包括：企业基本概况、战略定位和发展状况、商业或经营模式和主营业务结构及特征、政府扶持状况、公司治理、企业文化创新和社会责任、资本和金融发展及近3~5年的创新情况、创新点及实施成果与新创新计划、企业可持续发展战略等九大项超过39个细项指标。

3. 整个调研过程围绕创新样本企业和上海长三角商业创新研究院自身所积累的数据结合开展。重点关注及反映样本企业近3~5年来的重大变革和创新经营智慧、科技创新能力、文化建设、社会责任和创新模式的探索成果，以及为产业和区域经济、社会财富所创造的政治、经济、文化与社会环境的价值。

4. 整个调研采编及出版过程共历时近16个月，分为五个阶段：前期筹备（2个月）、调研和访谈执行（4~5个月）、采编创作（3~4个月）、成稿审核（2个月）、出版和发布（3个月），访谈与编写局部交叉进行。

5. 样本企业所需提供的材料中主要采用2018—2022年的数据，并对企业成立以来的基本材料及企业发展进行历史性的对照。

6. 样本企业选择参照的历史依据主要包括：国际、国内以及区域内领先者地位；业界品牌知名度或美誉度；有独特创新模式和重大创新能力；营收、净资产、利润或净利润等主要增长指标稳健或优良；研发的持续性投入及产品的转移转化能力；行业隐形冠军或独角兽、准独角兽，建立技术壁垒或依托数据等专业技术领先；产业贡献优良、文化或品牌建设标杆性和典型性等辅助指标。

主要参考材料及文献

［1］刘晨．我国人工智能产业竞争力评估：国内格局和全球比较［J］．宏观观察（中国银行研究院），2022（19）：41.

［2］2021年基因检测细分行业报告［R］．动脉网&蛋壳研究院，2021-12.

［3］2021年中国临床级基因检测行业概览［R］．头豹研究院，2022-03-07.

［4］2022年中国商业查询平台行业：大数据赋能信用风险防控［R］．头豹研究院，2022-03-31.

［5］基因测序行业深度报告：高壁垒叠加自主可控，国内基因测序龙头上市在即［R］．信达证券，2022-08-14.

［6］《中国数据要素市场发展报告（2021—2022）》［R］．国家工信安全发展研究中心，2022-11.

［7］稀土及磁性材料行业深度分析：新能源汽车磁材篇—景气下游叠加头部企业产能扩张，磁材赓续前行［R］．华金证券，2022-11-01.

［8］2022年中国文字识别OCR行业概览：产业数字化转型浪潮驱动OCR需求持续释放［R］．头豹研究院，2022-11-11.

［9］横店东磁公司深度报告：光伏锂电+磁材器件双轮驱动，高增长预期+产业龙头两翼齐飞［R］．长城证券股份有限公司，2022-12-09.

［10］2022精准诊疗年度创新白皮书［R］．动脉网&蛋壳研究院，2023-01.

［11］横店东磁光伏锂电为翼，磁材龙头再出发［R］．中邮证券有限责任公司，2023-03-27.

［12］电力设备新能源行业周报：国内光热发电政策出台，中法联合声明有望缓解光伏出口风险［R］．东海证券股份有限公司，2023-04-11.

［13］光伏新技术系列（一）：成结、镀膜、金属化：探究电池技术进步的本质［R］．光大证券股份有限公司，2023-04-12.

［14］电气设备深度报告：为何认为跌价之后光伏盈利会再超预期？［R］．长江证券股份有限公司，2023-04-14.

［15］光伏设备行业深度报告：追光而遇，沐光而行［R］．首创证券股份有限公司，2023-04-21.

［16］光伏行业2023年中期投资策略：经济性持续凸显，需求有望快速增长［R］．开源证券股

份有限公司，2023-05-10.
[17] 光伏行业2022年报及2023年一季报点评：行业持续高景气，产业链利润将迎再分配[R]. 华创证券，2023-05-11.
[18] 行业龙头领跑磁材产业，布局光伏锂电打开新空间[R]. 海通国际，2023-05-11.
[19] 新能源行业：欧洲光伏组件进口需求旺，高景气度有望延续[R]. 海通国际，2023-05-14.
[20] 中国精准医疗"确立自己的方向"[EB/OL]. 新华社，(2018-03-13). https://baijiahao.baidu.com/s? id=1594783897948983332&wfr=spider&for=pc.
[21] 从"信用长三角"到长三角征信机构联盟，信用正助推长三角一体化[EB/OL]. 国际金融报，(2020-07-01). https://baijiahao. baidu. com/s? id=1671026225505304347&wfr=spider&for=pc.
[22] 80余家世界500强的一致选择：智能文字识别之王合合信息崛起的秘诀到底在哪？[EB/OL]. 懂财帝，(2021-03-18). https://www.163.com/dy/article/G5CBSFB20519MB19.html.
[23] King & Wood Mallesons. 新规第53条后，LDT离彻底"翻身"还有多远？[EB/OL]. 金杜律师事务所，(2021-04-09). https://www. lexology. com/library/detail. aspx? g=6b944df5-1f2e-40fe-95d5-8e1f11c5b036.
[24] 早筛，能避免多少突如其来的癌症[EB/OL]. 新京报，(2021-04-29). https://baijiahao.baidu.com/s? id=1698336308405783034&wfr=spider&for=pc.
[25] 智慧女神MINERVA评分重磅上市，助力肺癌辅助治疗"精准再精准"[EB/OL]. 测序中国，(2022-03-20). https://ishare. ifeng. com/c/s/v002Sm7IkDX8AoBWBbJc3CkW4R5Jv2gyipUsO0R-_OyBqHtE__.
[26] 合合信息智能文字：依托精准识别技术破解表格识别难点[EB/OL]. 上观，(2022-09-22). https://sghexport.shobserver.com/html/baijiahao/2022/09/22/860527.html.
[27] 沈右荣. 安旭生物产品热销前三季赚31亿 研发费激增22倍已接海外猴痘检测订单[EB/OL]. 长江商报，(2022-11-04). https://baijiahao.baidu.com/s? id=1748517234940559352&wfr=spider&for=pc.
[28] 后疫情时代，安旭生物如何乘风破浪？[EB/OL]. 金融界，(2022-12-27). https://tongbi-capital.com/news/detail? _id=63aa4bddff92761f42fa80d6.
[29] 刘音婕. 从研究走向应用：合成生物学临床应用进展[EB/OL]. 火石创造，(2023-01-05). https://mp.weixin.qq.com/s/_WPDm_9y-ZXH9JA-_oXnbQ.
[30] 萧山"开年第一会"：20年前，工业冲千亿；20年后，打响"百千万"[EB/OL]. 萧山网，

（2023-01-30）. https://www.xsnet.cn/content/2023-01/30/content_313501.html.
[31] “单项冠军”科百特：自主创新释放中国“膜”力[EB/OL]. 新华社，（2023-03-21）. https://baijiahao.baidu.com/s？id=1760945991740441486&wfr=spider&for=pc.
[32] 交银金租董事长徐斌：金融租赁行业高质量发展要找准新赛道新路径[EB/OL]. 全球租赁业 http://m.gcleasing.cn/h-nd-4210.html.
[33] 提升投行业务能力也是一种家国情怀！范力：做好“三个队”，而立东吴助推地方经济转型升级[EB/OL]证券时报，https://baijiahao.baidu.com/s？id=1766120565026931488&wfr=spider&for=pc.
[34] 东吴证券董事长范力：以实干蹚出券商的家国同行之路[EB/OL]荔枝新闻，https://baijiahao.baidu.com/s？id=1766673009745735753&wfr=spider&for=pc.
[35] 高质量发展调研行丨推进长三角现代化产业体系建设[EB/OL]人民日报，https://www.gov.cn/lianbo/difang/202306/content_6887388.htm.

样本企业的年度报告、年度总结报告、所属产业的相关年度报告及同业相关年度报告，不一一列举。